utb 5107

Eine Arbeitsgemeinschaft der Verlage

Böhlau Verlag · Wien · Köln · Weimar
Verlag Barbara Budrich · Opladen · Toronto
facultas · Wien
Wilhelm Fink · Paderborn
Narr Francke Attempto Verlag · Tübingen
Haupt Verlag · Bern
Verlag Julius Klinkhardt · Bad Heilbrunn
Mohr Siebeck · Tübingen
Ernst Reinhardt Verlag · München
Ferdinand Schöningh · Paderborn
Eugen Ulmer Verlag · Stuttgart
UVK Verlag · München
Vandenhoeck & Ruprecht · Göttingen
Waxmann · Münster · New York
wbv Publikation · Bielefeld

Klaus Dorn

Paulus

Geschichte – Überlieferung – Glaube

Ferdinand Schöningh

Der Autor:

Geboren am 20.8.1951 in Laufach bei Aschaffenburg, Besuch des Musischen Gymnasiums, Studium der Katholischen Theologie und Physik an der Uni Würzburg und im Theologischen Studienjahr Jerusalem an der Dormition Abbey, Assistent am Lehrstuhl für Biblische Einleitungswissenschaft an der Uni Würzburg, Promotion ebd. Hochschuldozent am Katholisch-Theologischen Seminar an der Philipps-Universität Marburg in den Fächern Einleitung AT, Einleitung NT, Exegese NT, Hebräisch. Vortragstätigkeit in der Erwachsenenbildung und in der Weiterbildung, div. Publikationen zu unterschiedlichen Themen aus dem biblischen Bereich.

Umschlagabbildung:

© Jorisvo/iStock 995433336

Online-Angebote oder elektronische Ausgaben sind erhältlich unter **www.utb-shop.de**

Bibliografische Information der Deutschen Nationalbibliothek

Die Deutsche Nationalbibliothek verzeichnet diese Publikation in der Deutschen Nationalbibliografie; detaillierte bibliografische Daten sind im Internet über http://dnb.d-nb.de abrufbar.

Internet: www.schoeningh.de

Printed in Germany.
Herstellung: Brill Deutschland GmbH, Paderborn
Einbandgestaltung: Atelier Reichert, Stuttgart

UTB-Band-Nr: 5107
ISBN 978-3-8252-5107-9

Ich widme dieses Buch einer Frau,
die mich zum Schreiben ermutigt hat und der ich sehr vieles verdanke.
Sie und viele andere können mit Paulus nicht viel anfangen.
Ich möchte dazu beitragen, dass sich das ändert.

Ich danke dem Verlag Schöningh und der Verlagsgemeinschaft utb
für die Aufnahme meiner Titel in die utb-Reihe.
Mein besonderer Dank gilt meiner Lektorin Frau Dr. Nadine Albert
für die exzellente Betreuung und die hervorragende Zusammenarbeit!

Inhalt

Einleitung

Paulus ist für mich die schillerndste Figur des Neuen Testament, ein enfant terrible, ein Fanatiker, zunächst für die Sache des Judentums, dann für die Sache des Auferstandenen. Er ist ein zäher Kämpfer, der sich durch nichts und niemand entmutigen, geschweige denn aufhalten lässt, ein brillanter Theologe und gleichzeitig ein Seelsorger und auf keinen Fall ein Frauenfeind. Er sei ein herausragender Schreiber, aber ein armseliger Redner gewesen – behaupten seine Gegner. Paulus zitiert sie in einem seiner Briefe:

> *2Kor 10,10 Denn die Briefe, sagt man, sind gewichtig und stark, aber die leibliche Gegenwart ist schwach und die Rede zu verachten.*

Wir können diesen Vorwurf leider nicht mehr nachprüfen, aber die verschiedenen Briefe, die er verfasst hat, belegen, dass die Behauptung der Gegner zumindest bezüglich des Schreibens stimmt. Die Briefe sind jedenfalls sehr aussagekräftig, bisweilen auch sehr militant gehalten. Dies gilt besonders für den Galaterbrief.

Sein Werk wird studiert, interpretiert, geliebt und gefürchtet, verleumdet und gehasst. Vielfach liest man, vor allem in jüdischen Schriften, die sich mit dem Neuen Testament befassen, Jesus sei Jude und als Jude aufgetreten. Seine Botschaft blieb im Rahmen der jüdischen Religion und jüdischen Denkens. Erst Paulus habe aus ihm und seiner Bewegung eine neue Religion gemacht, und diese Aussage trägt sogar ein Körnchen Wahrheit in sich. Beliebt macht ihn das in den Augen des Judentums natürlich nicht und auch unter Muslimen gibt es die Ansicht, Paulus habe die jesuanische Verkündigung verfälscht!

In der Tat wird bis zum heutigen Tag darüber gestritten, inwieweit sich Paulus selbst noch als Jude verstand, oder besser: sich als Jude verhielt oder seine jüdischen Wurzeln, wenn dies opportun erschien, vernachlässigte. Er schreibt z.B., das (jüdische) Gesetz sei heilig und gut *(Röm 7,12 So ist also das Gesetz heilig und das Gebot heilig und gerecht und gut)*, aber er sagt auch, dass es als Weg zum Heil ausgedient habe und das Einhalten der Gebote den Menschen vor Gott nicht „gerecht" mache. Freilich muss man das nicht gleich als Widerspruch verstehen: Er meint damit, dass die vor allem in der evangelischen Theologie wenig geschätzten „Werke des Gesetzes" keine Heilsrelevanz mehr besitzen. Sie ließen den Menschen vor Gott nicht (mehr) als Gerechten dastehen, wie dies von Seiten des Judentums angenommen werde. Im Katholizismus ist man – bis heute – mehr oder weniger der Ansicht, man könne durch gute Taten sein Plus-Konto im Himmel aufbessern, auch wenn der Gegensatz zum evangelischen Denken, das dem paulinischen sehr nahe steht, längst nicht mehr so schroff daherkommt wie noch vor 50 Jahren.

Für Paulus muss man dann aber auch fragen, was er damit meint, wenn er sagt, er sei den Juden ein Jude gewesen und den Heiden ein Heide:

1Kor 9,20 Und ich bin den Juden wie ein Jude geworden, damit ich die Juden gewinne; denen, die unter Gesetz sind, wie einer unter Gesetz – obwohl ich selbst nicht unter Gesetz bin –, damit ich die, welche unter Gesetz sind, gewinne; 21 denen, die ohne Gesetz sind, wie einer ohne Gesetz – obwohl ich nicht ohne Gesetz vor Gott bin, sondern unter dem Gesetz Christi –, damit ich die, welche ohne Gesetz sind, gewinne.

War Paulus ein Wendehals, ein Opportunist, der sein Fähnchen in den Wind hängte? Seine fast schon an Besessenheit grenzenden Missionsaktivitäten, gerade bei den so genannten Heiden, machen dies unwahrscheinlich.

Sein Auftreten ruft allerdings jede Menge Gegner auf den Plan, Juden, Heiden, aber auch (Juden-) Christen. Gegen sie kämpft er mit geschliffenen Argumenten.

Ihr Profil und ihre Vorwürfe gegen ihn können wir freilich nur aus seinen Antworten rekonstruieren, wobei ihre Anliegen und Anschuldigungen nur bruchstückhaft und vielleicht auch verzerrt wiedergegeben sein dürften. Paulus schreibt ja nicht zum Vergnügen. Er kämpft darum, als Apostel anerkannt zu werden. Er kämpft um die Anerkennung „seines Evangeliums“ und behauptet gleichzeitig, ein anderes Evangelium als das Seine gebe es nicht. Dennoch ist er auch um Ausgleich und Übereinstimmung seiner Botschaft mit dem „mainstream“ der Verkündigung seiner Zeit bemüht.

Wie also soll man diesen Menschen beschreiben, wie bestimmen, was er eigentlich wollte und was er eigentlich gepredigt hat?

Man gewinnt jedenfalls den Eindruck: Wenn die Offenbarung ein Buch mit sieben Siegeln ist, dann ist Paulus ein Mann mit sieben Siegeln! Das vorliegende Buch möchte versuchen, ihn und seine Botschaft etwas verständlicher zu machen.

Soweit nicht anders vermerkt, geben die Schriftzitate die Elberfelder Bibel wieder und sind dem Programm „Bibleworks 8“ entnommen. Eckige Klammern und deren Inhalt in Bibeltexten wurden von mir gesetzt, spitze Klammern und deren Inhalte sind Bestandteil der Elberfelder Übersetzung.

1. Wer ist Paulus von Tarsus? Eine erste Einschätzung

Abb.1: Paulus; Hagia Sophia Istanbul, Foto: K. Dorn

„Paulus war klein von Gestalt, hatte einen Kahlkopf und krumme Beine, seine Augenbrauen waren zusammengewachsen, seine Nase war klein, ein wenig hervortretend. Dennoch verkörperte er eine edle Haltung und war voller Freundlichkeit." Diese Informationen liefert ein gewisser Onesiphorus, der eine Beschreibung von Titus, dem zeitweiligen Begleiter des Paulus erhalten habe. Sie finden sich in der nichtbiblischen Schrift Taten des Paulus und der Thekla („Acta Pauli et Theclae" Hennecke/Schneemelcher 216, 2f).

Die hier genannte Thekla sei eine Begleiterin und Mitarbeiterin gewesen.

Was Paulus antrieb, war die intensive Nah- bzw. Parusieerwartung, d.h., er rechnete mit dem Einbruch der Endzeit und der Wiederkunft des auferstandenen Christus in unmittelbarer zeitlicher Nähe. Diese wird z.B. sichtbar in 1Thess 4,15, wenn er schreibt:

> *Denn dies sagen wir euch nach einem Wort des Herrn: Wir, die Lebenden, die noch übrig sind, wenn der Herr kommt, werden den Verstorbenen nichts voraushaben.*

Im Laufe seines weiteren Lebens tritt die unmittelbare Naherwartung möglicherweise etwas zurück.

Daneben wird ihm seine Rastlosigkeit auch von außen aufgezwungen, durch offensichtlich stets neue Verfolgung, veranlasst von unterschiedlich ausgerichteten Gruppierungen und Gegnern.

Diesbezügliche biographische Informationen über Paulus finden wir zunächst einmal in seinen eigenen Briefen. Diese sind freilich nicht in der Absicht verfasst, seine Lebensdaten bekannt zu machen, sondern zumeist in apologetischen Kontexten eingesetzt, d.h., in Aussagen, die seiner Verteidigung dienen. Besonders sind hier folgende Schriftstellen zu nennen: Philipperbrief (Phil) 3,5; Römerbrief (Röm) 11,1; Galaterbrief (Gal) 1+2; 4,12; 2.Korintherbrief (2Kor) 11,7-33 in der so genannten Narrenrede; 2Kor 12,2-10.

Daneben finden sich auch ausführliche Aussagen über ihn in der vom Evangelisten Lukas verfassten Apostelgeschichte (Apg). Allerdings gibt es bisweilen keine oder nur teilweise Übereinstimmungen in den Angaben von Apg und Paulus selbst, manchmal widersprechen sie sich sogar! So weiß die Apg mehrfach davon zu berichten, Paulus sei römischer Bürger gewesen. Paulus lässt nie etwas in dieser Richtung verlauten. Seine Hinrichtung in Rom, von der wir freilich nur aus außerbiblischen Zeugnissen wissen, scheinen die Aussagen der Apg zwar zu stützen, aber letzte Sicherheit ist nicht zu gewinnen.

Die Biographie des Paulus in der Apg – dort ist sie als eine solche zu verstehen –, wird nach den Regeln der antiken Biographie stilisiert. Es ergeben sich Beziehungen zur Darstellung des zeitgenössischen Apollonius von Tyana (* um 40; † um 120 in Kappadokien, Philosoph und Wundertäter in der Tradition des Pythagoras) oder auch des Sokrates.

Die Botschaft des Lk lautet: Das Christentum ist in der antiken Welt angekommen.

Die Apg parallelisiert zudem Paulus mit Petrus nach dem Lk-Evangelium, ja sogar mit der Person Jesu: Paulus ist der fantastische Prediger, der aus allen Gefahren unbeschadet hervorgeht, dem niemand widerstehen kann, der vor Königen und Statthaltern mutig auftritt, kurz: der Superheld. Parallelen zu Petrus finden sich z.B. bei Strafwundern oder wenn die Kleider des Paulus als wundertätig dargestellt werden: Bei Petrus ist es dessen Schatten. Auch Türöffnungswunder entsprechen sich: Apg 16,25-40 vgl. Apg 12,5-19.

Bezüglich der Unterschiede in der Biographie, die sich aus dem Vergleich der Apg mit seinen eigenen Aussagen ergeben, wird man natürlich zuerst einmal den paulinischen Angaben vertrauen. Es ist allerdings offensichtlich (und auch nicht verwunderlich), dass Paulus seine Briefe ebenfalls stilisiert – zu seinen Gunsten versteht sich. Eine „objektive" Dokumentation über ihn haben wir also nicht.

Zusammenfassung

Über die Person des Paulus sind heutige Leser recht gut unterrichtet, zum einen aus eigenen biographischen Angaben, die sich über seine Briefe verstreut finden, zum anderen durch die Apostelgeschichte, die ab Kap. 15 eigentlich eher „Geschichte des Paulus" heißen müsste.

2. Welche Briefe hat Paulus geschrieben?

Es mag überraschen, dass von 27 Schriften des NT fast die Hälfte, 13 an der Zahl, den Namen „Paulus“ als Autor tragen. Allerdings sind nicht alle Briefe, die den Namen des Paulus als Absender tragen, tatsächlich auch von ihm geschrieben worden. Nicht überall, wo Paulus draufsteht, ist auch Paulus drin! Er war demnach eine bedeutende Persönlichkeit in der frühchristlichen Zeit, auf die man sich gerne und häufig berufen hat.

Von den sog. paulinischen Briefen, welche die Einheitsübersetzung als solche bezeichnet – als da wären: Römerbrief, 1+2Korintherbrief; Galaterbrief, Epheserbrief, Philipperbrief, Kolosserbrief, 1+2Thessalonicherbrief (diese Abfolge im NT ist leicht zu merken: **Röm**ische **Kor**inthen **Gal**t **En** **Phil** bei den **kol**ossalen **Thessalonichern**) – werden nur die folgenden in der neutestamentlichen (ntl.) Forschung als „echt“ paulinisch bewertet:

- Röm
- 1+2Kor
- Gal
- Phil
- 1Thess.

Als echter „Pauline“ gilt auch noch ein „Privatbrief“ des Paulus an seinen Freund Philemon.

Nichtpaulinisch und damit pseudopaulinisch, d.h., ihm zugeschriebenen, sind der Ephesser-, Kolosser-, 2Thessalonicher-, 1+2Timotheus- und der Titusbrief.

Woher weiß man das? – oder besser: Warum vermutet man das?

- Brief*inhalt* und *Sprache* entsprechen in den nichtpaulinischen Schreiben nicht dem, was und wie Paulus sonst, in den als „echt“ vermuteten Briefen, formuliert.
- Die Aussagen über „Amtsträger“ z.B. in 1+2Tim oder auch bei Tit sind nicht mit den Aussagen des Paulus über seine (charismatischen) Mitarbeiter vereinbar, stammen daher nicht von ihm und/oder aus einer anderen Zeit.
- Es werden in den späteren Briefen teilweise Gemeindestrukturen vorausgesetzt, die es zur Zeit des Paulus noch gar nicht gab, ja noch nicht geben konnte.
- 2Thess 2: Hier wird die Naherwartung relativiert, die in 1Thess noch so dringend im Raum steht.
- D.h. demnach: Sprache, Gemeindevorstellungen, Theologie, Christologie, Eschatologie (Vorstellungen vom Ende und der Wiederkunft Christi) weichen in den „echten“ Briefen deutlich von den „Pseudopaulinen“, also den ihm zugeschriebenen, aber nicht von ihm verfassten Briefen, ab.

Die letztgenannten Schreiben wurden in einer deutlich späteren Zeit der Kirche geschrieben. Eine solche Erkenntnis mag unbedeutend erscheinen und der „Wert" dieser Schreiben wird dadurch nicht gemindert, aber sie ist von Wichtigkeit bei der Frage nach Gestalt und Entstehung von Kirche im 1. Jahrhundert.

Es ist freilich auch bedeutsam, welchen Aussagen die kirchliche Tradition bis heute in jenen Fällen folgt, in denen frühe Briefe (des Paulus) jüngeren Überlegungen innerhalb des NT widersprechen. Das ist gar nicht so selten der Fall. Das NT selbst enthält bzw. ist ja bereits Tradition und es muss zumindest hinterfragt werden, welche Positionen sich aus welchen Gründen letzten Endes durchgesetzt haben bzw. durchgesetzt wurden. Ich habe schon oft danach gefragt, nach welchem Prinzip, nach welchen Richtlinien die eine Position bevorzugt, die andere dagegen vernachlässigt wird. Eine Antwort darauf habe ich nie bekommen, weil es keine konsequent angewandten Kriterien gibt. Vielmehr entscheidet die kirchliche Tradition offensichtlich nach eigenem Gutdünken, wie z.B. in der Frage, ob Frauen öffentlich im Gottesdienst reden dürfen oder nicht. Hier hat man sich Jahrhunderte lang ohne Begründung dafür entschieden, die strengere Position aus 1Kor einzunehmen, die da lautet: Die Frau schweige in der Gemeinde (14,33b-36 – eine in den Brief später eingetragene Notiz). Die vermutlich wirklich paulinische Fassung, die Frau solle bei öffentlicher Rede ihr Haupt bedecken (1Kor 11,1-16), hat man dabei schlichtweg ignoriert. In gleicher Weise hat man stets gepredigt, dass sich der Mensch der staatlichen Macht zu unterwerfen habe, denn sie stamme ja von Gott, wie Paulus sagt. Staatskritische Positionen, wie etwa das verheerende Urteil über die Staatsmacht aus der Offenbarung des Johannes, verschwanden dagegen in der Versenkung. Hier entsteht der Eindruck völliger Beliebigkeit in der Auswahl der christlichen Botschaft.

Mehr zu dieser Frage später (s. S. 135f., 154).

Handelt es sich bei den *angeblichen* Paulusbriefen demnach um Fälschungen?

- Die Briefe sind unter dem Namen des Paulus verfasst worden, um ihnen Autorität zu verleihen. Ein solches Vorgehen ist in der Antike üblich. Dies gilt auch für das AT: Das als Aneinanderreihung von mosaischen Reden gestaltete Buch Deuteronomium, das fünfte Buch Mose, wurde mit Sicherheit nicht von Mose zusammengestellt. Das belegen die Spuren der Redaktion(en) in diesem Buch. Auch bei den Prophetenbüchern handelt es sich um sukzessiv entstandene Werke: Neben mutmaßlich „echten" Worten von Propheten finden sich – zumeist sogar im größeren Umfang – Textpassagen, die mitunter mehrere hundert Jahre später verfasst wurden. Die Weisheitsliteratur stammt nicht von Salomo, und David hat kaum alle Psalmen verfasst – vielleicht noch nicht einmal einen einzigen. Er gilt als Psalmendichter und wird mit Harfe abgebildet, weil er dem depressiven Saul vorgesungen haben soll.
- Die Deuteropaulinen sind von Schülern des Paulus geschrieben, zweifellos im Geiste des Paulus, teilweise in seiner Sprache und in Anlehnung an seine Theologie, aber doch nicht persönlich von ihm.

- Die Antike hat ein anderes Verständnis von geistigem Eigentum als wir heute.
- In der Antike konnte nicht jeder schreiben; von daher waren viele Schriften ohnedies nicht von ihrem „geistigen" Verfasser „zu Papier" gebracht worden. Paulus konnte schreiben, scheint aber einzelne Briefe dennoch diktiert zu haben, so dass am Ende der Gruß lautet: *Dies* (also das Schlusswort) *schreibe ich mit eigener Hand* (s.u.).
- Gleichwohl darf nicht unterschlagen werden, dass die Briefe bewusst unter einem anderen Namen als dem eigenen herausgegeben wurden, eben um ihnen Autorität zu verleihen.
- Es gibt freilich auch Elemente in den Briefen, die man als bewusste Lesertäuschung bezeichnen muss. Z.B. schreibt „Paulus" angeblich an seinen zeitweiligen Reisebegleiter Timotheus:

> *2Tim 4,7 Ich habe den guten Kampf gekämpft, ich habe den Lauf vollendet, ich habe den Glauben bewahrt; 8 fortan liegt mir bereit der Siegeskranz der Gerechtigkeit, den der Herr, der gerechte Richter, mir ›als Belohnung‹ geben wird an jenem Tag: nicht allein aber mir, sondern auch allen, die sein Erscheinen liebgewonnen haben. 9 Beeile dich, bald zu mir zu kommen! 10 Denn Demas hat mich verlassen, da er den jetzigen Zeitlauf liebgewonnen hat, und ist nach Thessalonich gegangen, Kreszenz nach Galatien, Titus nach Dalmatien. 11 Lukas ist allein bei mir. Nimm Markus und bringe ihn mit dir! Denn er ist mir nützlich zum Dienst. 12 Tychikus aber habe ich nach Ephesus gesandt. 13 Den Mantel, den ich in Troas bei Karpus zurückließ, und die Bücher, besonders die Pergamente, bringe mit, wenn du kommst! 14 Alexander [ein Alexander wird auch in 1Tim 1,20 genannt], der Schmied, hat mir viel Böses erwiesen; der Herr wird ihm vergelten nach seinen Werken. 15 Vor ihm hüte auch du dich! Denn er hat unseren Worten sehr widerstanden.*

  Hier soll durch die Erinnerung an sehr persönliche Details ganz bewusst der Eindruck der Echtheit erweckt werden.
- In die gleiche Richtung weist 1Tim 5,23: *Trinke nicht länger ›nur‹ Wasser, sondern gebrauche ein wenig Wein um deines Magens und deines häufigen Unwohlseins willen!* Der Verfasser gibt vor, er kenne Timotheus sehr genau, sei ihm vor noch nicht langer Zeit begegnet und gebe ihm noch ein paar Ratschläge mit auf den Weg, seine Gesundheit betreffend.
- In einem Fall wird bewusst der Briefschluss des Paulus aus einem anderen Brief kopiert, um auf diese Weise den Eindruck der Authentizität zu erwecken:

> *2Thess 3,17 Der Gruß mit meiner, des Paulus, Hand. Das ist ein Zeichen in jedem Brief; so schreibe ich. 18 Die Gnade unseres Herrn Jesus Christus ›sei‹ mit euch allen! vgl. 1Kor 16,21 Der Gruß mit meiner, des Paulus, Hand.*

- Besonders dreist mag uns heute erscheinen, wenn in den Pseudobriefen vor Pseudobriefen gewarnt wird (Vgl. 2Thess 2,2).

Zusammenfassung

Nicht alle Briefe, die Paulus als Verfasser beanspruchen, sind tatsächlich auch von ihm geschrieben worden. Spätere Briefe wurden ihm zugeschrieben, um das entsprechende Schreiben unter die Autorität des großen Heidenapostels zu stellen.

3. Was können wir über Paulus wissen?

Wie schon gesagt: Das Leben des Paulus lässt sich aufgrund der guten Quellenlage besser rekonstruieren als von jedem anderen Jesusanhänger. Eine halbwegs abgesicherte Biographie aus den verstreuten Daten zu erstellen, geschieht nicht nur aus wissenschaftlichem Interesse. Vielmehr tragen diese Daten auch erheblich zur Interpretation der Briefinhalte bei. Gelegentlich geben sie auch Hinweise darauf, wie früh oder spät sich christliche Vorstellungen und Bekenntnisse entwickelt haben, denn vom Himmel gefallen sind sie ja nicht.

Was sagt Paulus von sich?

Paulus war Jude, vermutlich ein Diasporajude. D.h., dass er nicht in Palästina geboren und/oder dort aufgewachsen ist.

Zunächst zum Philipperbrief:

- *Phil 3,5-6 Ich wurde am achten Tag beschnitten,*
- *bin aus dem Volk Israel, vom Stamm Benjamin, ein Hebräer von Hebräern,* (vgl. auch 11,1; 2Kor 11,22)
- *lebte als Pharisäer nach dem Gesetz,*
- *verfolgte voll Eifer die Kirche und war untadelig in der Gerechtigkeit, wie sie das Gesetz vorschreibt.*

Paulus wurde, wie jeder jüdische Junge bis zum heutigen Tag, am achten Tag beschnitten. Benjamin und Juda sind die beiden Stämme des so genannten Südreiches, dessen Bevölkerung im Jahre 586 in die Babylonische Gefangenschaft geführt wurde, 538 aber wieder zurückkehren durfte. Paulus sieht sich als Nachfahre des Stammes Benjamin (vgl. Phil 3,5), nach dessen König er benannt ist. Pharisäer gab es nach heutigem Kenntnisstand nur in Israel selbst, nicht aber in der umfangreichen, sich über das gesamte römische Reich erstreckenden jüdischen Diaspora. D.h., dass der im heutigen Kleinasien geborene Paulus (in Tarsus – sagt die Apg; Damaskus als Geburtsort vermutet Trobisch, 37-40) irgendwann einmal von dort nach Jerusalem gekommen sein muss. Von daher ist es keineswegs unwahrscheinlich, dass die Schwester des Paulus in Jerusalem verheiratet war, wie dies die Apg erzählt.

Paulus wäre nach den heutigen politischen Verhältnissen demnach ein jüdischer Türke oder ein türkischer Jude. Zur Zeit des Paulus gab es allerdings in Kleinasien noch keine Turk-Stämme: Die türkische Besiedlung Anatoliens beginn erst mit dem Eintreffen der Seldschuken im 11. Jahrhundert n. Chr. Die ursprüngliche Heimat der Türken liegt in Zentralasien und Westchina.

Wenn Paulus in der Diaspora zur Welt gekommen ist, müssen seine Vorfahren irgendwann von Palästina nach Tarsus ausgewandert oder dorthin verschleppt

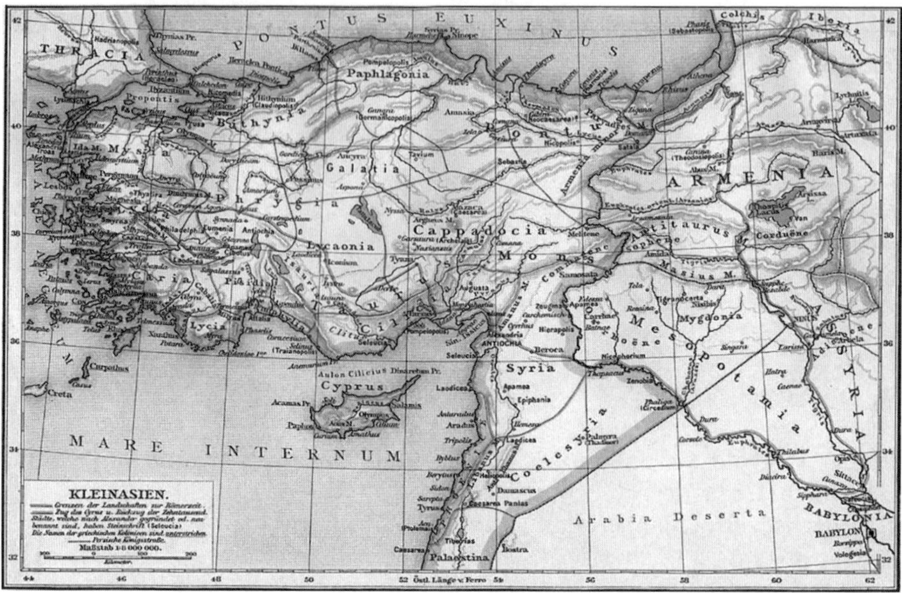

Abb. 2: Kleinasien in Griechisch-Römischer Zeit.

worden sein – vielleicht als Sklaven verkauft, als Soldaten dort stationiert oder aus wirtschaftlichen Gründen umgesiedelt.

Weitere Informationen erhält man aus dem Galaterbrief. Auch hier bekennt er sich dazu, die Christen früher verfolgt zu haben:

> *Gal 1,13 Ihr habt doch gehört, wie ich früher als gesetzestreuer Jude gelebt habe, und wißt, wie maßlos ich die Kirche Gottes verfolgte und zu vernichten suchte. 14 In der Treue zum jüdischen Gesetz übertraf ich die meisten Altersgenossen in meinem Volk, und mit dem größten Eifer setzte ich mich für die Überlieferungen meiner Väter ein.*

Paulus ist demnach ein „Taliban", im wörtlichen Sinne, nämlich ein Schüler. Er rühmt sich seiner besonderen Gesetzestreue. Als Diasporajude konnte Paulus Griechisch sprechen und schreiben. In seinen Schriften wird auch deutlich, dass er in griechischer Rhetorik geschult und fähig war, entsprechend zu argumentieren und zu diskutieren. Damit ist er geradezu prädestiniert, die christliche Botschaft in die Hellenistische Welt zu tragen. Ob er, wie die Apg mehrfach sagt, das römische Bürgerrecht besaß, und dies von Geburt an, ist nicht mit letzter Sicherheit zu sagen. Völlig auszuschließen ist dies keinesfalls, hängt aber u.a. auch damit zusammen, wie die Vorfahren nach Tarsus gekommen sind. Die Möglichkeit besteht, dass im Falle einer Versklavung seiner Vorfahren diese eines Tages von ihrem Herrn freigelassen wurden und dabei auch das römische Bürgerrecht erhielten.

Unter diesen Umständen, als Diasporajude, ist es jedenfalls nicht gerade selbstverständlich, mit dem Christentum in Kontakt zu kommen.

Zusammenfassung

Paulus ist Diasporajude, d.h., er ist nicht in Palästina geboren, sondern in einer griechischen Stadt in der heutigen Türkei. Er beherrscht die Griechische Sprache und kennt Griechische Argumentationsmuster (Rhetorik). Gleichwohl ist er auch ein strenger, toratreuer Jude. Er sagt von sich, er gehöre der damals volksnahen Partei der Pharisäer an. Insofern muss er auch Verbindungen zum jüdischen Mutterland gehabt haben, denn nach heutigem Kenntnisstand sind Pharisäer nur dort anzutreffen.

4. Paulus, der Christenverfolger: Welche Rolle spielt er bei der Steinigung des Stephanus?

Die Information, Paulus habe beim Tod des Stephanus irgendwie mitgewirkt, geht aus der Apg hervor, genauer gesagt, nur aus einem einzigen Satz:

> *Apg 7,57 Sie schrien aber mit lauter Stimme, hielten ihre Ohren zu und stürzten einmütig auf ihn los. 58 Und als sie ihn [Stephanus] aus der Stadt hinausgestoßen hatten, steinigten sie ihn. Und die Zeugen legten ihre Kleider ab zu den Füßen eines jungen Mannes mit Namen Saulus.*

Dazu sind einige Fragen zu stellen: Warum legen die Zeugen ihre Kleider zu Füßen von Saulus? Ist die Steinigung des Stephanus vielleicht keine spontane Lynchaktion durch das wütende „Volk“, sondern Paulus ist ein Beauftragter der jüdischen Obrigkeit, der das Vorgehen gegen Stephanus überwachen sollte? Hat er vielleicht sogar den „spontanen“ Aufruhr angezettelt?

In erster Linie stellt sich freilich dabei die Frage, ob die Anwesenheit des Saulus beim Tod des Stephanus überhaupt chronologisch vertretbar ist! Dazu sind einige Bemerkungen zum Auftreten der sieben Diakone erforderlich.

Dieses Gremium wird einmal mehr nur in der Apg genannt. Ausgelöst wird die Wahl der Diakone durch die Behauptung, die Apostel seien in Folge der umfangreichen Sozialarbeit unter den Christen in Jerusalem, genauerhin durch die Sorge um christliche Witwen, derart in Anspruch genommen, dass sie sich nicht im gewünschten Maße der Verkündigung widmen können:

> *Apg 6,1 In diesen Tagen aber, als die Jünger sich mehrten, entstand ein Murren der Hellenisten gegen die Hebräer, weil ihre Witwen bei der täglichen Bedienung übersehen wurden. 2 Die Zwölf aber riefen die Menge der Jünger herbei und sprachen: Es ist nicht gut, daß wir das Wort Gottes vernachlässigen und die Tische bedienen. 3 So seht euch nun um, Brüder, nach sieben Männern unter euch, von gutem Zeugnis, voll Geist und Weisheit, die wir über diese Aufgabe setzen wollen! 4 Wir aber werden im Gebet und im Dienst des Wortes verharren. 5 Und die Rede gefiel der ganzen Menge; und sie erwählten Stephanus, einen Mann voll Glaubens und Heiligen Geistes, und Philippus und Prochorus und Nikanor und Timon und Parmenas und Nikolaus, einen Proselyten aus Antiochia. 6 Diese stellten sie vor die Apostel; und als sie gebetet hatten, legten sie ihnen die Hände auf. 7 Und das Wort Gottes wuchs, und die Zahl der Jünger in Jerusalem mehrte sich sehr; und eine große Menge der Priester wurde dem Glauben gehorsam.*

Da von den Jüngern die Rede ist, darf man annehmen, dass es sich um eine innerchristliche Auseinandersetzung handelt. Wer hier die „Hebräer" sind und wer die „Hellenisten" lässt sich recht einfach beantworten: Unter „Hebräern" hat man die Judenchristen des semitischen Sprachraums, unter den „Hellenisten" die Christen aus dem Diasporajudentum zu verstehen. Dafür spricht, dass Stephanus ausdrücklich von Juden angefeindet wird, die verschiedenen Synagogen des Diasporajudentums anzugehören scheinen:

> *Apg 6,9 Es standen aber einige aus der sogenannten Synagoge der Libertiner [aus der Sklaverei freigelassene Juden?] und der Kyrenäer [aus der Gegend des heutigen Libyens] und der Alexandriner [aus Alexandria in Ägypten] auf und derer von Zilizien und Asien [beides Provinzen oder Landschaften aus Griechenland und Kleinasien] und stritten mit Stephanus.*

Von einer größeren Gruppe von „Heidenchristen" in Jerusalem ist zu diesem Zeitpunkt eigentlich noch gar nicht auszugehen, denn die Heidenmission hat doch gerade erst begonnen! Freilich ist es auffällig, dass zu dieser Gruppe ein Proselyt namens Nikolaus gehört, der aus Antiochia stammt. Natürlich ist es denkbar, dass er während seines Aufenthaltes in Jerusalem den Glauben angenommen hat. Man sollte aber auch nicht vorschnell von der Hand weisen, dass Nikolaus schon in seiner Heimatstadt Christ wurde. Dort aber dürfte es zur Zeit des Stephanus eigentlich noch keine Christen geben. Nikolaus könnte daher ein Indiz dafür sein, dass die Bildung des Siebenerkreises von Diakonen erst einer späteren Zeit zuzuordnen ist.

Es gibt also einen Streit um die Versorgung. Von einer großen, in einer friedlichen Kommunität lebenden Gruppe von Christen in Jerusalem, wie sie zu Anfang der Apg vorgestellt wird, ist nicht (mehr) die Rede. Die beiden Gruppen erklären sich vielleicht aus der Tatsache, dass sie sich sprachlich gar nicht mehr verständigen konnten. Wie dem auch sei – es gibt angeblich Unstimmigkeiten. Um diese zu lösen, werden eigens sieben christliche Männer aus dem Diasporajudentum – sie tragen griechische Namen – ausgewählt, die der Ungerechtigkeiten der Unterversorgung hellenistischer Witwen dauerhaft entgegenwirken sollen. Ob die Sieben als reale oder symbolische Zahl zu verstehen ist, lässt sich einmal mehr nicht beantworten.

Auswahlkriterien für diese Männer sind, dass sie „von gutem Zeugnis, voll Geist und Weisheit" sein sollen, mithin über Charismen verfügen, die man für caritative Aufgaben nur bedingt benötigt. Befremdlich scheint an dieser Stelle auch, dass die Apostel sich nunmehr völlig aus der Versorgung herausziehen und sich dem Gebet und dem Dienst des Wortes, d.h., der Verkündigung widmen wollen. Dies aber war eigentlich gar nicht der Grund für die Bestellung der Sieben, deren Anführer mutmaßlich Stephanus war. Es ging viel mehr um die *gerechtere* Versorgung der *hellenistischen* Witwen und nicht darum, diese Aufgabe insgesamt völlig den Diakonen zu überlassen! Und noch etwas fällt auf: Wieso kommt es ganz plötzlich und schon in den Anfängen des Christentums zu einer offensichtlich so großen Anzahl von Witwen, die versorgt werden müssen, dass man dafür *sieben* Männer abstellen muss, und dies alleine für die griechisch sprechenden Frauen. Die jüdisch-christlichen Witwen sind dabei scheinbar noch gar nicht mitgezählt Und schließlich ist zumindest Stephanus gar nicht beim Tischdienst anzutreffen, sondern bei der öffentlichen Verkündigung, die er mit Inspiration und Eloquenz versieht.

Es wird deutlich: An dieser Erzählung stimmt einiges nicht.

Tatsächlich lesen wir in den übrigen Schriften des NT erst in den Pastoralbriefen vom Problem der Witwenversorgung und es scheint so, dass es im letzten Viertel des ersten Jahrhunderts tatsächlich so etwas wie einen – mehr oder weniger geschlossenen – Kreis von Witwen gibt, einen „Witwenstand“, der versorgt werden muss. Um diesem Kreis anzugehören, müssen gewisse Bedingungen erfüllt werden:

> *1Tim 5,3 Ehre die Witwen, die wirklich Witwen sind! 4 Wenn aber eine Witwe Kinder oder Enkel hat, so mögen sie zuerst lernen, dem eigenen Haus gegenüber gottesfürchtig zu sein und Empfangenes den Eltern zu vergelten; denn dies ist angenehm vor Gott. 5 Die aber wirklich Witwe und vereinsamt ist, hofft auf Gott und verharrt in Flehen und Gebeten Nacht und Tag. 6 Die aber in Üppigkeit lebt, ist lebendig tot. 7 Und dies gebiete, damit sie untadelig seien! 8 Wenn aber jemand für die Seinen und besonders für die Hausgenossen nicht sorgt, so hat er den Glauben verleugnet und ist schlechter als ein Ungläubiger. 9 Eine Witwe soll ins Verzeichnis eingetragen werden, wenn sie wenigstens sechzig Jahre alt ist, eines Mannes Frau war, 10 ein Zeugnis in guten Werken hat, wenn sie Kinder auferzogen, wenn sie Fremde beherbergt, wenn sie der Heiligen Füße gewaschen, wenn sie Bedrängten Hilfe geleistet hat, wenn sie jedem guten Werk nachgegangen ist. 11 Jüngere Witwen aber weise ab! Denn wenn sie Christus zuwider üppig geworden sind, wollen sie heiraten 12 und fallen unter das Urteil, daß sie das erste Gelöbnis verworfen haben. 13 Zugleich aber lernen sie auch, müßig in den Häusern umherzulaufen, nicht allein aber müßig, sondern auch geschwätzig und vorwitzig, indem sie reden, was sich nicht geziemt. 14 Ich will nun, daß jüngere Witwen heiraten, Kinder gebären, den Haushalt führen, dem Widersacher keinen Anlaß zur Schmähung geben; 15 denn schon haben sich einige abgewandt, dem Satan nach. 16 Wenn eine Gläubige Witwen hat, leiste sie ihnen Hilfe, und die Gemeinde werde nicht belastet, damit sie denen Hilfe leiste, die wirklich Witwen sind.*

Eine solche „Organisation“ ist in der ersten Hälfte des ersten Jahrhunderts kaum vorstellbar, mithin kann es auch noch keinen Streit um die Versorgung der Witwen gegeben haben. Es sieht so aus, dass der Verfasser der Apg die Situation, die 1Tim erzählt, in die Frühzeit des Christentums zurückprojiziert. Auf diese Weise erreicht er für den Umgang mit den Witwen zur Zeit der Abfassung der Apg um 90 n. Chr. die „Weihe“ bzw. Legitimation aus der Anfangszeit des Christentums: Schon in der Frühzeit der Apostel wird die Frage der Witwen in der Weise dargestellt, dass ein eigenes Gremium begründet wird, eben die so genannten Diakone, das sich um caritative Probleme kümmert. Dass zumindest Stephanus im Gegensatz zu dieser Darstellung ursprünglich ein begnadeter Verkündiger war, unterschlägt Lk als Verfasser der Apg nicht, auch wenn er den „Zweck" des Diakonats als solches anders verortet.

Und in der Tat: Stephanus wäre wohl kaum der möglicherweise provozierten Steinigung zum Opfer gefallen, wenn er sich um die Witwenversorgung in den Hausgemeinden gekümmert hätte.

Wenn die ersten Diakone aber nichts mit der Sozialarbeit zu tun hatten, zumindest nicht mit der Versorgung der Witwen, die es noch gar nicht gab, und sie stattdessen in der Glaubensverkündigung an hellenistischen (Diaspora-) Juden in Jerusalem unterwegs waren, so kann das Auftreten dieser Männer theoretisch schon sehr früh nach dem Tod und der Auferstehung Jesu angesetzt werden und zwar bereits ab Pfingsten.

Ähnliches gilt aber auch für Paulus. Es ist zwar unklar, wie lange sich Osteroffenbarungen ereigneten, aber es ist anzunehmen, dass diese keine Jahrzehnte weitergingen. Paulus erzählt von sich aus, dass er der Letzte war, dem eine Offenbarung zuteil wurde (*1Kor 15,8 ... zuletzt aber von allen, gleichsam der unzeitigen Geburt, erschien er auch mir*). Wann das genau war, wissen wir nicht. Es ist noch nicht einmal nachweisbar, dass diese Behauptung zutrifft. Es müsste eigentlich heißen: So weit mir bekannt, erschien er schließlich auch mir, als dem letzten Zeugen. Wie in der Rekonstruktion der Vita des Paulus noch zu zeigen sein wird, dürfte seine Berufung in den 30er Jahren stattgefunden haben. Dies wird somit auch für das Auftreten des Stephanus gelten, so dass eine Beteiligung des Paulus an dessen Tod kaum gesichert scheint. Möglicherweise ereignete sich die Steinigung des Stephanus zeitlich erst *nach* der Berufung des Paulus. Paulus selbst erwähnt dieses Ereignis jedenfalls mit keiner Silbe.

Offen ist auch die Frage nach den Kleidern, die die Zeugen zu Füßen des Saulus legen. Wenn es sich bei der Steinigung des Stephanus um eine spontane Aktion handelte, stellt sich die Frage, wozu hochoffizielle Zeugen benötigt werden. Zudem ist zu überlegen, was diese Zeugen bestätigen sollen, und wem gegenüber: Dass Stephanus Gott gelästert hat – wem gegenüber sollte das bestätigt werden? Er wird ja sofort gesteinigt, so dass eine nachträgliche Legitimation wenig hilfreich erscheint. Dass Stephanus wirklich tot war? Sicher konnten die Zeugen nicht bestätigen, dass das Ganze von Rechts wegen so ablief, denn es handelte sich ja um eine spontane Lynchjustiz. Wozu also legen die Zeugen ihre Kleider ab – etwa um besser werfen zu können? Und warum werden die Kleider vor Saulus gebracht? Soll er darauf aufpassen?

Fakt ist einzig und allein, dass Saulus hier völlig unvermittelt eingeführt wird. Es ist auch festzuhalten, dass es zu den Zeugen und ihren Kleidern keine befriedigende Lösung gibt. Eine solche Gepflogenheit ist nicht bekannt und so bleibt die Bedeutung dieser Aussage ungeklärt. Es entsteht der Eindruck, Saulus muss ganz einfach hier auftreten, um in der Folgezeit als Christenverfolger bekannt zu sein.

Zusammenfassung

Entgegen der Darstellung der Apg lag die Aufgabe des griechischen Siebenerkollegiums nicht in der Erledigung caritativer Aufgaben. Vielmehr dürften die so genannten „Diakone" die Verkündigung des Evangeliums unter griechisch sprechenden Juden vorangebracht haben, die es offensichtlich (vgl. Apg 6,9) auch in Jerusalem gab, zumindest zeitweise und vielleicht besonders bei den großen jüdischen Wallfahrtsfesten, zu denen neben Pascha und Laubhütten auch das Wochenfest (d.i. „unser" Pfingsten) gehört. Paulus, der aus Kleinasien stammt, gehört auch zu den „Diasporajuden". Er wird hier überraschend als Christenverfolger eingeführt. Es lässt sich allerdings nicht zweifelsfrei ermitteln, ob er etwas mit dem Tod des Stephanus zu tun hatte. Evtl. war er zu dieser Zeit selbst schon ein Christusgläubiger.

5. Paulus, der Christenverfolger: Was will Paulus in Damaskus?

Die Apg erzählt davon, dass Paulus sein Bekehrungs- oder Berufungserlebnis auf dem Weg nach Damaskus hatte. Und sie gibt auch den Grund an, weshalb Paulus überhaupt nach Damaskus gezogen ist. Angeblich sei er von der Jerusalemer „Regierung" mit Empfehlungsschreiben ausgestattet worden, die ihn ermächtigten, die Christen in Damaskus festzunehmen und dem Gericht in Jerusalem zuzuführen. Ein solches Vorgehen setzt zum einen voraus, dass es in Damaskus Christen gab, und zum zweiten, dass die Stadt selbst unter der Regentschaft des Hohepriesters bzw. des Hohen Rates von Jerusalem stand.

Abb. 3: Paulus Flucht aus Damaskus

Während ersteres durchaus wahrscheinlich ist, gibt es für die zweite Voraussetzung keinerlei Hinweise. Zwar wäre es denkbar, dass Paulus Empfehlungsschreiben an die Leitung der Synagoge in Damaskus bei sich trug, aber die Vorsteher der jüdischen Gemeinde in Damaskus haben selbstverständlich nicht das Recht, Menschen in dieser Stadt gefangenzunehmen und nach Jerusalem zu überführen, es sei denn durch Kidnapping. Am ehesten wäre es denkbar, dass christusgläubig gewordene Juden vor Ort mit einer Synagogalstrafe zu belegen seien. Mehr aber auch nicht. Wenn Paulus behauptet, er habe sich vor den Wachen des Königs Aretas in Sicherheit bringen müssen, die an den Stadttoren standen und sei deshalb in einem Korb über die Stadtmauer geflohen (2Kor 11,33 s.u.), so ist anzunehmen, dass Damaskus in dieser Zeit zum Königreich der Nabatäer gehörte, über die noch zu sprechen sein wird.

Zusammenfassung

In allen drei Bekehrungsgeschichten aus der Apg heißt es, Paulus sei vom Hohepriester mit Empfehlungsschreiben oder Vollmachten ausgestattet worden, um die damaszenischen Christen gefangenzunehmen und nach Jerusalem zu überführen, um sie dort vor Gericht zu stellen. Ob der Verfasser der Apg, der Evangelist Lukas, es nicht besser weiß oder die Position des Paulus „nur" literarisch überhöht, wissen wir letztlich nicht genau. Es gilt aber als sicher, dass der Hohepriester in keiner Weise in der Lage war, in Damaskus derart gegen Christen vorzugehen. Damaskus gehörte zu jener Zeit vermutlich zum Reich der Nabatäer oder stand unter römischer Verwaltung.

6. Wie lernt Paulus die Botschaft Jesu kennen und wie kommt er dazu, an den Auferstandenen zu glauben?

In Gal 1,15 spricht er davon, wie er zu Christus gefunden hat. Laut Apg, die dieses Ereignis gleich dreimal überliefert, handelt es sich um eine Bekehrung, Paulus selbst dagegen spricht von einer Berufung. Damit liegt ein Beispiel für die unterschiedliche Darstellung des Paulus durch die Apg einerseits und in seinen Selbstaussagen andererseits vor. Bekehrung/Berufung – das hört sich zunächst so an, als wollten sich die Bibelwissenschaftler mit minuziösen Unterscheidungen wichtig machen, aber zwischen beiden Darstellungen liegen auch inhaltliche Unterschiede. Zunächst sei die Aussage des Paulus dargestellt.

Gal 1,15 Als aber Gott, der mich schon im Mutterleib auserwählt und durch seine Gnade berufen hat	vgl. Ps 22,11 Von Geburt an bin ich geworfen auf dich, vom Mutterleib an bist du mein Gott. Jer 1,5 Noch ehe ich dich im Mutterleib formte, habe ich dich ausersehen, noch ehe du aus dem Mutterschoß hervorkamst, habe ich dich geheiligt, (vgl. auch Jes 49,5f)
mir in seiner Güte 16 seinen Sohn offenbarte, damit ich ihn unter den Heiden verkündige,	zum Propheten für die Völker habe ich dich bestimmt.

Paulus präsentiert sich selbst demnach als Prophet(!) – und zwar als jüdischer Prophet. Nun gehört zu einem Propheten und seiner Berufung stets ein konkreter Auftrag – so auch hier. Dieser Auftrag – und sein Inhalt – ist Gegenstand der Berufung! Daraus muss gefolgert werden: Paulus bekommt beides, nach eigenem Verständnis, nicht von Menschen, sondern von dem, der ihn beruft. Dies behauptet er zumindest in Gal 1,16bf:

> *...da zog ich keinen Menschen zu Rate; 17 ich ging auch nicht sogleich nach Jerusalem hinauf zu denen, die vor mir Apostel waren, sondern zog nach Arabien und kehrte dann wieder nach Damaskus zurück.*

Als Vergleich für eine Prophetenberufung sei die Erzählung von Mose am brennenden Dornbusch herangezogen. Obwohl Mose nach unserer Vorstellung gar kein Prophet war, erzählt das AT die Auftragsvergabe an ihn dennoch in dieser Form:

Mose kommt zum Dornbusch, wo ihn der Herr anredet. Ziehe deine Schuhe aus, denn der Ort an dem du stehst ist heiliger Boden usw. Die Schuhe muss er ausziehen, weil sie aus Leder, der Haut eines toten Tieres hergestellt sind, und Tote (nicht nur Tiere) sind Quellen der Unreinheit. Dann gibt ihm Gott den Auftrag:

> *Ex 3,10 Nun aber geh hin, denn ich will dich zum Pharao senden, damit du mein Volk, die Söhne Israel, aus Ägypten herausführst.*

Wie bekannt, weigert sich Mose mit verschiedenen Ausflüchten, dem Ruf Gottes Folge zu leisten. Freilich übertreibt es Mose mit seinen Ausreden ein bisschen, so dass Gott gezwungen ist, ihm letztlich weitere Widersprüche zu untersagen. Der Widerspruch, häufig ein Stilmerkmal einer Prophetenberufung, fehlt freilich bei Paulus.

Für ihn ist die Offenbarung des Auferstandenen gleichzeitig Grund und Inhalt seiner Botschaft:

> *Gal 1,7 Doch es gibt kein anderes Evangelium, es gibt nur einige Leute, die euch verwirren und die das Evangelium Christi verfälschen wollen. 1,8 Wer euch aber ein anderes Evangelium verkündigt, als wir euch verkündigt haben, der sei verflucht, auch wenn wir selbst es wären oder ein Engel vom Himmel...11 Ich erkläre euch, Brüder: Das Evangelium, das ich verkündigt habe, stammt nicht von Menschen; 12 ich habe es ja nicht von einem Menschen übernommen oder gelernt, sondern durch die Offenbarung Jesu Christi empfangen...17: ich ging nicht nach Jerusalem zu denen, die vor mir Apostel waren...*

Wie kann Paulus behaupten, sein Evangelium sei das Einzige und einzig Wahre, obwohl doch anzunehmen ist, dass er Jesus nie getroffen hat? Und warum betont er so sehr, dass er es nicht von Menschen habe, also niemals „christlichen Religionsunterricht" erhalten habe? Das will er ja zum Ausdruck bringen, wenn er sagt, dass er nach seinem Erlebnis auf dem Weg nach Damaskus keinen Kontakt mit anderen Jüngern hatte! Dies zu behaupten hat natürlich seine Gründe: Er wehrt damit Vorwürfe seiner Gegner ab. Möglicherweise hat man ihn mit der Aussage konfrontiert, er sei ja nur ein Jünger zweiten Grades, der Jesus nicht gekannt und der sein Evangelium, seine Verkündigung, nur aus zweiter Hand habe. Dagegen wehrt er sich. Es geht aber auch darum, seine Missionsbotschaft v.a. seine Weise der Heidenmission, zu verteidigen. Man muss zwar bedenken, dass sich Paulus gerade im Galaterbrief besonders kämpferisch gibt. Die Christologie des Paulus und sein Selbstverständnis können und dürfen sich nicht nur auf den Galaterbrief berufen. Dies ergäbe ein sehr einseitiges Bild. Aber auch in seinem Schreiben an die Gemeinde von Korinth lässt er durchblicken, dass „sein" Evangelium zum Heil führt:

1Kor 15,1 Ich tue euch aber, Brüder, das Evangelium kund, das ich euch verkündigt habe, das ihr auch angenommen habt, in dem ihr auch steht, 2 durch das ihr auch errettet werdet, wenn ihr festhaltet, mit welcher Rede ich es euch verkündigt habe, es sei denn, daß ihr vergeblich zum Glauben gekommen seid.

Offensichtlich definiert Paulus den Begriff „Evangelium" völlig anders als wir, wenn von den vier Evangelien die Rede ist. In diesen geht es wesentlich um die Botschaft Jesu vom Kommen der Königsherrschaft Gottes, die durch Jesu Wirken unmittelbar in die Gegenwart hineinreicht. Dies ist die frohe Botschaft, die Jesus verkündigt hat. Und von und über diese Botschaft Jesu erzählen die Evangelien, die auch von biographischen Angaben über sein öffentliches Wirken geprägt sind. Paulus, der kaum ein Wort über die Reich-Gottes-Botschaft Jesu verliert, spricht stattdessen von dem Gekreuzigten und Auferstandenen. *Das* ist für *ihn* die frohe Botschaft. In Tod und Auferstehung liegt für Paulus das Heil der Menschen, und das „Wissen" darum hat er nun ja tatsächlich nicht von Menschen, sondern aus der Offenbarung, die ihm Gott zuteil werden ließ. Wie noch zu zeigen sein wird, zieht Paulus den Schluss, die Heilsbotschaft *allen* Menschen zuteil werden zu lassen, ebenfalls aus dieser Offenbarung. Insofern hat er Recht, wenn er sagt: Ein anderes Evangelium gibt es nicht, denn letztlich gipfeln auch die vier erzählenden Evangelien in der Aussage von Tod und Auferstehung Jesu, in der zugleich Himmelfahrt und Inthronisation zur Rechten des Vaters sowie der Auftrag zur Verkündigung enthalten sind.

Die Frage, ob sich Paulus der Tatsache bewusst ist, dass er seine Jesusoffenbarung im Stile der Prophetenberufung beschreibt und damit eine Aussage zu seinem *Status* macht, wird man bejahen können. Gerade und besonders in der apologetischen Situation des Galaterbriefes, in der er seine Verkündigung verteidigen muss, ist dies durchaus wahrscheinlich. Das aber bedeutet auch: Über das *historische Geschehen* der „Bekehrung"/Berufung des Paulus erfahren wir aus seinen Angaben kaum etwas – wohl aber über sein *Selbstverständnis.*

Bekehrung und Berufung

Was eine Berufung meint – ein Anruf Gottes und ein Auftrag – wurde eben vorgestellt. Im Auftrag Gottes ist der Inhalt der Paulinischen Mission enthalten: Die Verkündigung des Auferstandenen an die Heiden.

Die Apg erzählt dagegen die *Umkehr* des Paulus mit unterschiedlichen Details als ein *Bekehrungserlebnis*: Paulus wird von einer Stimme/einem Licht von seinen antichristlichen Maßnahmen abgehalten und zum Glauben an den Auferstandenen „bekehrt".

Apg 9,1 Saulus aber schnaubte immer noch Drohung und Mord gegen die Jünger des Herrn,	*Apg 22,3 Ich bin ein jüdischer Mann, geboren in Tarsus in Zilizien; aber auferzogen in dieser Stadt, zu den Füßen Gamaliels [ein bedeutender jüdischer Gelehrter dieser Zeit] unterwiesen nach der Strenge des väterlichen Gesetzes, war ich, wie ihr alle heute seid, ein Eiferer für Gott. 4 Ich habe diesen Weg verfolgt bis auf den Tod, indem ich sowohl Männer als auch Frauen band und in die Gefängnisse überlieferte,*	*Apg 26,9 Ich meinte freilich bei mir selbst, gegen den Namen Jesu, des Nazoräers, viel Feindseliges tun zu müssen, 10 was ich auch in Jerusalem getan habe; und auch viele der Heiligen habe ich in Gefängnisse eingeschlossen,*
ging zu dem Hohenpriester 2 und erbat sich von ihm	*5 wie auch der Hohepriester und die ganze Ältestenschaft mir Zeugnis gibt. Von ihnen empfing ich auch Briefe an die Brüder und*	*nachdem ich von den Hohenpriestern die Vollmacht empfangen hatte; und wenn sie umgebracht wurden, so gab ich meine Stimme dazu. 11 Und in allen Synagogen zwang ich sie oftmals durch Strafen, zu lästern; und indem ich über die Maßen gegen sie wütete, verfolgte ich sie sogar bis in die ausländischen Städte. 12 Und als ich dabei mit Vollmacht und Erlaubnis von den Hohenpriestern*
Briefe nach Damaskus an die Synagogen, damit, wenn er einige, die des Weges wären, fände, Männer wie auch Frauen, er sie gebunden nach Jerusalem führe.	*reiste nach Damaskus, um auch diejenigen, die dort waren, gebunden nach Jerusalem zu führen, daß sie bestraft würden.*	*nach Damaskus reiste,*
3 Als er aber hinzog, geschah es, daß er sich Damaskus näherte. Und plötzlich umstrahlte ihn ein Licht aus dem Himmel;	*6 Es geschah mir aber, als ich reiste und mich Damaskus näherte, daß um Mittag plötzlich aus dem Himmel ein helles Licht mich umstrahlte.*	*13 sah ich mitten am Tag auf dem Weg, o König, vom Himmel her ein Licht, das den Glanz der Sonne übertraf, welches mich und die, die mit mir reisten, umstrahlte.*
*4 und **er fiel** auf die Erde und **hörte** eine Stimme, die zu ihm sprach: Saul, Saul, was verfolgst du mich?*	*7 Und **ich fiel** zu Boden und **hörte** eine Stimme, die zu mir sprach: Saul, Saul, was verfolgst du mich?*	*14 Als wir aber **alle zur Erde niedergefallen** waren, **hörte ich** eine Stimme in hebräischer Mundart zu mir sagen: Saul, Saul, was verfolgst du mich? Es ist hart für dich, gegen den Stachel auszuschlagen.*

5 Er aber sprach: Wer bist du, Herr? Er aber sagte: Ich bin Jesus, den du verfolgst. 6 Doch steh auf und geh in die Stadt, und es wird dir gesagt werden, was du tun sollst!	8 Ich aber antwortete: Wer bist du, Herr? Und er sprach zu mir: Ich bin Jesus, der Nazoräer, den du verfolgst.	15 Ich aber sprach: Wer bist du, Herr? Der Herr aber sprach: Ich bin Jesus, den du verfolgst. 16 Aber richte dich auf und stelle dich auf deine Füße! Denn hierzu bin ich dir erschienen, dich zu einem Diener und Zeugen dessen zu verordnen, was du gesehen hast, wie auch dessen, worin ich dir erscheinen werde.
7 Die Männer aber, die mit ihm des Weges zogen, standen sprachlos, da **sie** wohl die Stimme **hörten**, aber **niemand sahen.**	9 Die aber bei mir waren, **sahen zwar das Licht, aber die Stimme dessen,** der mit mir redete, **hörten sie nicht.** 10 Ich sagte aber: Was soll ich tun, Herr? Der Herr aber sprach zu mir: Steh auf und geh nach Damaskus! Und dort wird dir von allem gesagt werden, was dir zu tun verordnet ist.	
8 Saulus aber richtete sich von der Erde auf. Als sich aber seine Augen öffneten, sah er nichts. Und sie leiteten ihn bei der Hand und führten ihn nach Damaskus. 9 Und er konnte drei Tage nicht sehen und aß nicht und trank nicht.	11 Da ich aber vor der Herrlichkeit jenes Lichtes nicht sehen konnte, wurde ich von denen, die bei mir waren, an der Hand geleitet und kam nach Damaskus.	
10 Es war aber ein Jünger in Damaskus, mit Namen Hananias; und der Herr sprach zu ihm in einer Erscheinung: Hananias! Er aber sprach: Siehe, hier bin ich, Herr! 11 Der Herr aber sprach zu ihm: Steh auf und geh in die Straße, welche die „Gerade" genannt wird, und frage im Haus des Judas nach einem mit Namen Saulus von Tarsus! Denn siehe, er betet;	12 Ein gewisser Hananias aber, ein frommer Mann nach dem Gesetz, der ein gutes Zeugnis hatte von allen dort wohnenden Juden,	

12 und er hat im Gesicht einen Mann mit Namen Hananias gesehen, der hereinkam und ihm die Hände auflegte, damit er wieder sehend werde. *13 Hananias aber antwortete: Herr, ich habe von vielen über diesen Mann gehört, wie viel Böses er deinen Heiligen in Jerusalem getan hat.* *14 Und hier hat er Vollmacht von den Hohenpriestern, alle zu binden, die deinen Namen anrufen.*		
15 Der Herr aber sprach zu ihm: Geh hin!	*13 kam zu mir, trat heran und sprach zu mir: Bruder Saul, sei wieder sehend! Und zu derselben Stunde schaute ich zu ihm auf.*	
Denn dieser ist mir ein auserwähltes Werkzeug, meinen Namen zu tragen sowohl vor Nationen als Könige und Söhne Israels. *16 Denn ich werde ihm zeigen, wie vieles er für meinen Namen leiden muß.* *17 Hananias aber ging hin und kam in das Haus; und er legte ihm die Hände auf und sprach: Bruder Saul, der Herr hat mich gesandt, Jesus – der dir erschienen ist auf dem Weg, den du kamst – damit du wieder sehend und mit Heiligem Geist erfüllt werdest.*	*14 Er aber sprach: Der Gott unserer Väter hat dich dazu bestimmt, seinen Willen zu erkennen und den Gerechten zu sehen und eine Stimme aus seinem Mund zu hören.* *15 Denn du wirst ihm an alle Menschen ein Zeuge sein von dem, was du gesehen und gehört hast.* *16 Und nun, was zögerst du? Steh auf, laß dich taufen und deine Sünden abwaschen, indem du seinen Namen anrufst!*	17 Ich werde dich herausnehmen aus dem Volk und den Nationen, zu denen ich dich sende, 18 ihre Augen zu öffnen, daß sie sich bekehren von der Finsternis zum Licht und von der Macht des Satans zu Gott, damit sie Vergebung der Sünden empfangen und ein Erbe unter denen, die durch den Glauben an mich geheiligt sind.
18 Und sogleich fiel es wie Schuppen von seinen Augen, und er wurde sehend und stand auf und ließ sich taufen.		

Bei der Lektüre der drei – unterschiedlichen – Darstellungen des Damaskuserlebnisses wird deutlich, dass es sich laut Apg um ein außergewöhnliches Vorkommnis handelt, in das auch die Begleiter des Paulus in unterschiedlicher Weise einbezogen werden. Der Auferstandene offenbart sich zwar dem Paulus, die Bedeutung des Ereignisses und die nötigen Informationen über ihn werden Paulus jedoch erst sekundär durch den Jünger Hananias in Damaskus vermittelt.

Abb. 4: Das Damaskuserlebnis, Fenster in der Pauluskirche Gießen

Eine Anmerkung zu dem Sprichwort: „Er wird vom Saulus zum Paulus“: Nach der Apg kann der Eindruck entstehen, Paulus habe nun, nach seiner „Bekehrung“ einen christlichen Namen angenommen, etwa wie ein Mönch, der beim Eintritt in ein Kloster einen neuen Namen erhält. Dem ist aber nicht so (vgl. Apg 13,9!). Vielmehr handelt es sich bei dem Namen „Saulus“ um seinen jüdischen Namen (vgl. Israels erster König Saul), Paulus ist dagegen der Name, den Paulus in der griechisch-römischen Welt, in der er sich bewegte, verwendet. Nachdem Saulus fortan unter den „Griechen“ missioniert, wird er mit dem griechischen Namen Paulus angesprochen.

Zusammenfassung

Paulus betrachtet und beschreibt seine „*Bekehrung*“ nicht als solche, sondern als eine Berufung durch den Auferstandenen. Paulus ist also nicht zu einer anderen Religion – etwa zum Christentum – „konvertiert“ (das es ja noch gar nicht gibt!), sondern er bekennt den gekreuzigten Juden Jesus als den Auferstandenen. Von einer „Bekehrung“ spricht hingegen die Apg, in der das „verlorene Schaf Saulus“ der christlichen Herde zugeführt und zugefügt wird.

7. Vermittelt Paulus selbst einen Eindruck von seinem Berufungserlebnis?

In einem seiner Briefe schreibt Paulus von einem merkwürdigen Ereignis, das jemandem, scheinbar einem Bekannten von ihm, widerfahren sei. Es handelt sich um eine Art Offenbarung, die mit einer „Entrückung“ in den Himmel verbunden gewesen sei.

Entrückungen finden sich sowohl im AT als auch im NT. Im AT wird mehrfach von Propheten erzählt, sie seien „entrückt“, d.h., auf wunderbare Weise von ihrem Standort zu einem anderen transferiert worden. Dies geschieht durch das Wirken eines Engels oder des Geistes. Im NT hören wir von Philippus (Apg 8,39f), dass er entrückt worden sei. Wie das in der Realität vor sich gegangen sein mag, entzieht sich unserer Kenntnis. Man wird dabei wohl in erster Linie an eine Vision denken. Paulus jedenfalls schreibt:

> *2Kor 12,2 Ich kenne jemand, einen Diener Christi, der vor vierzehn Jahren bis in den dritten Himmel entrückt wurde; ich weiß allerdings nicht, ob es mit dem Leib oder ohne den Leib geschah, nur Gott weiß es. 3-4 Und ich weiß, daß dieser Mensch in das Paradies entrückt wurde; ob es mit dem Leib oder ohne den Leib geschah, weiß ich nicht, nur Gott weiß es. Er hörte unsagbare Worte, die ein Mensch nicht aussprechen kann. 5 Diesen Mann will ich rühmen; was mich selbst angeht, will ich mich nicht rühmen, höchstens meiner Schwachheit. 6 Wenn ich mich dennoch rühmen wollte, wäre ich zwar kein Narr, sondern würde die Wahrheit sagen. Aber ich verzichte darauf; denn jeder soll mich nur nach dem beurteilen, was er an mir sieht oder aus meinem Mund hört. 7 Damit ich mich wegen der einzigartigen Offenbarungen nicht überhebe, wurde mir ein Stachel ins Fleisch gestoßen: ein Bote Satans, der mich mit Fäusten schlagen soll, damit ich mich nicht überhebe. 8 Dreimal habe ich den Herrn angefleht, daß dieser Bote Satans von mir ablasse. 9 Er aber antwortete mir: Meine Gnade genügt dir; denn sie erweist ihre Kraft in der Schwachheit. Viel lieber also will ich mich meiner Schwachheit rühmen, damit die Kraft Christi auf mich herabkommt. 10 Deswegen bejahe ich meine Ohnmacht, alle Mißhandlungen und Nöte, Verfolgungen und Ängste, die ich für Christus ertrage; denn wenn ich schwach bin, dann bin ich stark.*

Aufgrund von V 6 in diesem Abschnitt ist allerdings dann doch davon auszugehen, dass Paulus von seinem eigenen Widerfahrnis spricht. Vermutlich handelt es sich dabei um seine Christusvision. Die Rede vom dritten Himmel, in den er entrückt wurde, liefert freilich keine weitergehenden Auskünfte außer der Erkenntnis, dass Paulus, und vermutlich auch seine Zeitgenossen, von einem mehrdimensionalen Himmel ausgehen in Form von Schalen, die sich übereinander wölben. Erhellendes erfährt man dazu (vgl. Gen 1,14f) vor allem aus den außer-

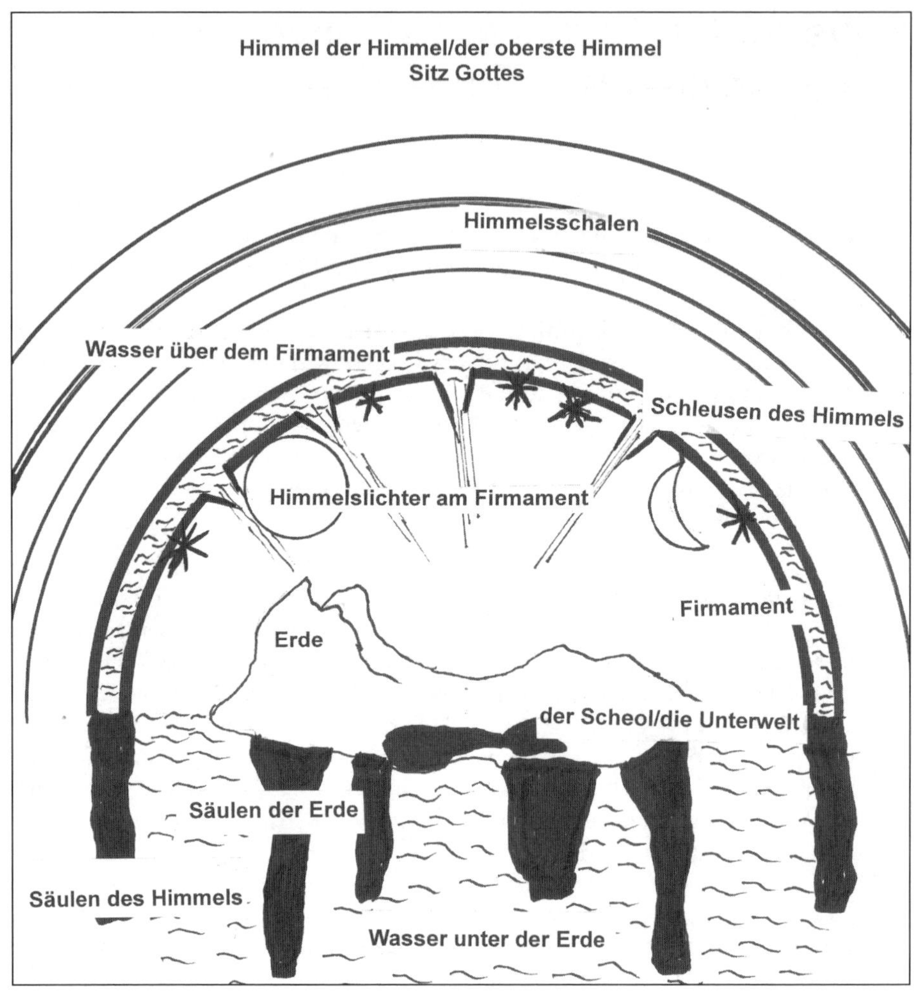

Abb. 5: Antikes, alttestamentliches Weltbild, Skizze: K. Dorn

kanonischen Schriften, denen zufolge die Gestirne am Himmel hängen, allerdings beweglich, so dass sie dort ihre Bahnen ziehen können, vom Aufgang bis zum Untergang. Des Weiteren ist aus der Genesis, besonders der Sintfluterzählung, geläufig, dass sich über dem Firmament, einer mehr oder weniger festen Himmelsschale, die oberen Wasser befinden, die bei Regen durch Schleusentore in der Schale auf die Erde niedergehen. Den Thron Gottes wird man dabei über der obersten Schale vermuten dürfen. Paulus erzählt jedenfalls davon, dass sich über der dritten Schale das Paradies erstreckt. Bis dorthin konnte er, wie auch immer, vordringen. Was er da gesehen hat erzählt er nicht. Die Erzählung geht nicht nur von einem völlig anderen Weltbild aus, sondern ist heute im Wesentlichen bildlich zu verstehen.

Zusammenfassung

Mit 2Kor 12 spricht Paulus mutmaßlich von einem eigenen Erlebnis, möglicherweise von seiner Christusoffenbarung. Er sei in den dritten Himmel versetzt worden und habe dort wunderbare Dinge gesehen, die er nicht wiedergeben kann.

Etwas konkret Inhaltliches erfährt der Leser nicht.

8. Wie kommt Paulus zu seinem Evangelium?

Jesus hat Paulus nicht gekannt, auch wenn er gelegentlich zu zitieren behauptet: *Dies aber sage ich Euch nach einem Wort des Herrn...* (1Thess 4,15 u.a., s.u.). Dabei zitiert Paulus bestenfalls seine (vorpaulinische) Tradition, in der ein solches Wort überliefert wird. Da Paulus aber auch einerseits betont, er sei anderen Christen erst nach Jahren begegnet und habe somit keinen „Religionsunterricht" genossen (anders hier die Apg), andererseits aber die frühen Christen verfolgt, muss er in irgendeiner Weise an Informationen gekommen sein, was es mit dieser Gruppe von messianischen Juden auf sich hat. Völlig unbekannt war ihm das Christentum demnach keineswegs. Die Kenntnisse, die er als Gegner der frühchristlichen Bewegung gewonnen hatte, können aber auf keinen Fall derart gewesen sein, dass er hätte behaupten können, es sei das einzig wahre Evangelium, ganz gleich, wer da etwas anderes behaupten würde.

Somit bleibt als primäre Quelle seines Evangeliums das „Damaskuserlebnis", das er als Christusoffenbarung im Kontext einer zeitweiligen Entrückung erfahren hat. Abgesehen davon, dass wir nicht rekonstruieren können, welche Ereignisse Paulus widerfuhren, ist es aber kaum vorstellbar, dass er bei dieser Gelegenheit ein ganzes Evangelium vorgelegt bekam. Mutmaßlich hat er dabei „nur" erfahren, dass der Gekreuzigte lebt, das „Ereignis" der Auferstehung also. Dies scheint für Paulus ausreichend gewesen zu sein, „sein" Evangelium auszuformulieren. Die Christusunmittelbarkeit stand für Paulus somit außer Frage. Aber er lässt auch keinen Zweifel daran, dass er die „richtige" Interpretation gefunden zu haben glaubt. Demnach muss er etwas erfahren haben, das für ihn unumstößlich war. Und damit kommen wir zweifelsfrei wieder auf den Tod und die Auferstehung Jesu zurück. Sie muss sowohl Inhalt wie auch Interpretationsschlüssel des paulinischen Evangeliums sein.

Vielleicht helfen einige verstreute Aussagen des Paulus weiter, um „sein" Evangelium zu belegen:

> *1Thess 4,13 Wir wollen euch aber, Brüder, nicht in Unkenntnis lassen über die Entschlafenen, damit ihr nicht betrübt seid wie die übrigen, die keine Hoffnung haben. 14 Denn wenn wir glauben, daß Jesus gestorben und auferstanden ist, wird auch Gott ebenso die Entschlafenen durch Jesus mit ihm bringen. 15 Denn dies sagen wir euch in einem Wort des Herrn, daß wir, die Lebenden, die übrigbleiben bis zur Ankunft des Herrn, den Entschlafenen keineswegs zuvorkommen werden. 16 Denn der Herr selbst wird beim Befehlsruf, bei der Stimme eines Erzengels und bei dem Schall der Posaune Gottes herabkommen vom Himmel, und die Toten in Christus werden zuerst auferstehen; 17 danach werden wir, die Lebenden, die übrigbleiben, zugleich mit ihnen entrückt werden in Wolken dem Herrn entgegen in die Luft; und so werden wir allezeit beim Herrn sein.*

Paulus spricht hier der Gemeinde von Thessalonich Mut zu: Offensichtlich sind einige Gemeindemitglieder verstorben und die Angehörigen befürchten nun Nachteile für sie im Falle der Parusie, der Wiederkunft Christi. Paulus erklärt deshalb, dass dies keineswegs der Fall sein wird, weil beim Kommen Christi *als erstes* die Toten auferweckt werden, bevor irgendetwas anderes geschieht. Die Toten werden nach ihrer Auferstehung zusammen mit den Lebenden auf den Wolken des Himmels entrückt, Christus entgegen. Das Bild, das Paulus hier gebraucht, findet sich auch bei der Himmelfahrt in Apg 1. Die Wolken sind das Transportmittel und gleichzeitig auch der „Vorhang" der die hiesige von der „oberen" Welt trennt. In diesem kleinen Abschnitt findet sich nun eine entscheidende Aussage: Es ist die Rede von *„wir, die Lebenden, die übrigbleiben"*. Paulus erwartet demnach in unmittelbarer Zukunft, man könnte sagen stündlich, die Wiederkunft des Herrn, das Ende von Welt und Zeit und damit das Kommen der Gottesherrschaft. In dieser Erwartung steht er Jesus von Nazareth in nichts nach, denn auch er erwartete das Kommen der göttlichen Königsherrschaft in unmittelbarer Zukunft, ja mehr noch: In seinem Wirken, so seine Aussage, bricht sich die Herrschaft Gottes bereits exemplarisch und anfanghaft Bahn:

> *Lk 11,20 Wenn ich aber durch den Finger Gottes die Dämonen austreibe, so ist also das Reich Gottes zu euch gekommen.*

Eine zweite Stelle aus den paulinischen Schriften sei genannt:

> *1Kor 15,20 Nun aber ist Christus aus [den: der Artikel fehlt im griechischen Original!] Toten auferweckt, der Erstling der Entschlafenen;*

Diesen Satz formuliert Paulus im Kontext seiner Ausführungen über Auferstehung. Es ist wohl kaum zu viel zu diesem Text gesagt, wenn man folgert, dass nach dem „Erstling" alle anderen in absehbarer Zeit folgen werden. Auch dies wäre somit ein Hinweis, dass Paulus wie auch die frühen Christen insgesamt, die Auferstehung Jesu im Kontext der Endzeit sehen. Nun besagen die meisten Endzeitaussagen, auch die aus der prophetischen Tradition und des außerkanonischen Schrifttums, dass diese nicht etwa nur Israel betrifft, sondern viel mehr die ganze Erde, ja sogar den Kosmos. Das kommt zum Ausdruck, wenn gesagt wird, dass Himmel und Erde vergehen, dass die Sterne vom Himmel fallen, Sonne und Mond kein Licht mehr geben etc. Bei mehreren Propheten, allen voran Jesaja, heißt es, dass es am Ende der Zeit eine Hinwendung aller Völker zum Gott Israels geben wird. Jesaja spricht von einer großen Wallfahrt der Völker zum Gottesberg in Jerusalem, zum Zion, der Prophet Daniel vom Weltgericht:

> *Dan 12,2 Und viele von denen, die im Land des Staubes schlafen, werden aufwachen: die einen zu ewigem Leben und die anderen zur Schande, zu ewigem Abscheu.*

Da hier vom Endgericht gesprochen wird, müssen mit den „vielen" „alle" gemeint sein, denn sonst stellte sich die Frage: Was geschieht mit dem Rest? „Alle" bezieht sich auf alle Nationen, gerade in Daniel. Denn das Buch aus dem zweiten Jahrhundert vor Christus stammt aus einer Zeit, in der nicht nur Juden gegen Nichtjuden kämpfen, sondern Juden im Bündnis mit „Heiden“ gegen „gesetzestreue“ Juden. Wenn aber nun in Christus, in seiner endzeitlichen Auferstehung, das Heil neu gegeben ist, muss es auch allen Völkern angesichts des Endes offenstehen. Daher ist Eile geboten, die Völker zu missionieren, um ihnen das Heil zu ermöglichen. Die Schranken zwischen Juden und Nichtjuden sind in der Endzeit durchbrochen und überwunden. Aus dieser Erkenntnis resultiert vermutlich nicht nur die Eile und Rastlosigkeit des Paulus bei seiner Verkündigung, sondern auch „sein“ Evangelium, das von der Beschneidungs- und Gesetzesfreiheit ausgeht.

Zusammenfassung

Man versteht die Heidenmission des Paulus nur dann, wenn man berücksichtigt, dass er, wie auch die anderen neutestamentlichen Schriftsteller, die Auferstehung als Anbruch der Endereignisse sieht. Nach verbreiteten Vorstellungen des Judentums zurzeit Jesu glaubte und hoffte vermutlich die Mehrheit im Judentum auf die Auferstehung der Toten, wie es im Buch Daniel, das aus dem 2. Jahrhundert vor Christus stammt, formuliert wird. Die Endereignisse sind somit von universaler Bedeutung und somit auch Tod und Auferstehung Jesu. Das aber heißt, dass das von Gott in Tod und Auferstehung eröffnete Heil auch allen Völkern offensteht.

9. Was versteht Paulus unter „seinem“ Evangelium und wie verteidigt er es?

Im vorausgehenden Kapitel deutet sich schon an, dass Paulus „sein Evangelium“ vehement verteidigt. Er ist auch von der Richtigkeit „seines Evangeliums“, das nach der gängigen Vorstellung von „Evangelium“ als Erzählungen über Jesus gar keines ist, felsenfest überzeugt. Es ist dabei aber doch die Frage zu stellen, was ihn einerseits dazu veranlasst und andererseits hinsichtlich der Wahrheit seines Evangeliums so sicher macht.

Es klang schon mehrfach an, dass Paulus angefeindet wird. Im Zentrum der Angriffe gegen ihn steht seine Verkündigung an die Heiden. Dabei geht es nicht um die Heidenmission an sich, als vielmehr um deren Inhalt bzw. deren paulinische Prägung. Der „Heidenapostel“ muss sich immer wieder dagegen verteidigen, dass er Heiden durch die Taufe in die Glaubensgemeinschaft aufnimmt, ohne sie auf das Judentum zu verpflichten. Er besteht darauf, dass kein Heide beschnitten werden muss. Mit der Behauptung, wer sich beschneiden ließe, müsse auch das ganze Gesetz halten, das nebenbei nach Aussage des Paulus gar nicht in seiner Gänze einzuhalten ist (s.u.), sagt er natürlich auch umgekehrt: Für den, der nicht beschnitten ist, gilt auch das Gesetz nicht. Es hat für die Heidenchristen keine Relevanz, weil für sie mit der Taufe der neue, von Jesus durch Tod und Auferstehung erwirkte Heilsweg offensteht. Dies betont er immer und immer wieder und stellt dazu fest, dass aus „Gesetzeswerken“ niemand „gerechtfertigt“ wird. Die Bedeutung des zugegebenermaßen schwierigen Begriffs „Rechtfertigung“ lässt sich am besten damit umschreiben, dass Gott dem Menschen seine (Gottes) Gnade oder sein (Gottes) Heil schenkt, wozu der Mensch von sich aus oder aus sich nicht fähig wäre. Der Glaube an und die Taufe auf Jesus Christus bringt den Menschen in einen Zustand, der ihn „heilsfähig“ macht. Die Einhaltung des Gesetzes, das dem Judentum als Heilsweg geschenkt wurde, spielt für Paulus scheinbar keine Rolle mehr, denn er wiederholt fast schon gebetsmühlenartig, dass der Mensch eben nicht aus Gesetzeswerken gerechtfertigt wird:

> *Röm 3,20 Darum: aus Gesetzeswerken wird kein Fleisch vor ihm gerechtfertigt werden; denn durch Gesetz kommt Erkenntnis der Sünde.*
>
> *Röm 3,28 Denn wir urteilen, daß der Mensch durch Glauben gerechtfertigt wird, ohne Gesetzeswerke.*
>
> *Röm 5,1 Da wir nun gerechtfertigt worden sind aus Glauben, so haben wir Frieden mit Gott durch unseren Herrn Jesus Christus,*

1Kor 6,11 Und das sind manche von euch gewesen; aber ihr seid abgewaschen, aber ihr seid geheiligt, aber ihr seid gerechtfertigt worden durch den Namen des Herrn Jesus Christus und durch den Geist unseres Gottes.

Gal 2,16 aber da wir wissen, daß der Mensch nicht aus Gesetzeswerken gerechtfertigt wird, sondern nur durch den Glauben an Christus Jesus, haben wir auch an Christus Jesus geglaubt, damit wir aus Glauben an Christus gerechtfertigt werden und nicht aus Gesetzeswerken, weil aus Gesetzeswerken kein Fleisch gerechtfertigt wird.

Gal 5,4 Ihr seid von Christus abgetrennt, die ihr im Gesetz gerechtfertigt werden wollt; ihr seid aus der Gnade gefallen.

Mit dem letzten Satz aus Gal 5,4 betont er noch einmal den Gegensatz von „Gesetz“ und „Glauben“. Der Mensch muss sich entscheiden, welchen Weg er wählen möchte. Wer sich für das Gesetz entscheidet, ist theoretisch nicht auf den Glauben angewiesen. Dann wäre freilich Christus umsonst gestorben (Gal 2,21).

Doch warum negiert Paulus den „alten“, jüdischen Heilsweg? Warum behauptet er, dass die Einhaltung des Gesetzes nicht mehr dem Heil dient?

Gal 3,11 Daß aber durch Gesetz niemand vor Gott gerechtfertigt wird, ist offenbar, denn „der Gerechte wird aus Glauben leben“... 3,24 Also ist das Gesetz unser Zuchtmeister auf Christus hin geworden, damit wir aus Glauben gerechtfertigt würden.

Das Gesetz hatte einmal durchaus seine Bedeutung und seine Berechtigung: Zum einen war es nötig, um die Welt nicht in Anarchie versinken zu lassen. Paulus sagt dies so nicht; er drückt sich negativ aus: Durch das Gesetz kam die Sünde (vgl. z.B. *Röm 7,7 Was sollen wir nun sagen? Ist das Gesetz Sünde? Das sei ferne! Aber die Sünde hätte ich nicht erkannt als nur durch Gesetz.*) Er stellt damit einfach die Tatsache fest, dass erst durch ein Ge- oder Verbot eine Handlung oder ein Verhalten als Recht oder Unrecht ausgewiesen wird.

Wo es kein Gesetz gibt, kann es auch keine Übertretung eines Gesetzes geben:

Röm 4,15 Denn das Gesetz bewirkt Zorn; aber wo kein Gesetz ist, da ist auch keine Übertretung vgl. auch Röm 5,13: denn bis zum Gesetz war Sünde in der Welt; Sünde aber wird nicht zugerechnet, wenn kein Gesetz ist.

Zum anderen hätte die Einhaltung des Gesetzes natürlich Heil bedeutet, denn eigentlich ist es ja „gut“:

Röm 7,12 So ist also das Gesetz heilig und das Gebot heilig und gerecht und gut.

Und dabei meint Paulus nicht, dass „das Gesetz“, die Tora, Verweise auf Christus enthält, die von Christus „erfüllt“ werden. Die Schwachstelle des Gesetzes besteht vielmehr darin, dass es den Menschen überfordert und ihn damit stets in der Sünde belässt.

Gal 3,10 Denn alle, die aus Gesetzeswerken sind, die sind unter dem Fluch; denn es steht geschrieben: „Verflucht ist jeder, der nicht bleibt in allem, was im Buch des Gesetzes geschrieben ist, um es zu tun!“

Der Mensch bleibt ein Sünder, weil er nicht fähig ist, das (ganze) Gesetz zu erfüllen.

Röm 3,22 Gottes Gerechtigkeit aber durch Glauben an Jesus Christus für alle, die glauben. Denn es ist kein Unterschied, 23 denn alle haben gesündigt und erlangen nicht die Herrlichkeit Gottes

Schon alleine deshalb kann aus dem Gesetz kein Heil kommen. Ob man diesen Argumenten zustimmt, ist freilich noch einmal eine ganz andere Frage. Sicherlich wird es so manchen Juden geben, der Paulus in dieser Haltung widerspricht und dafür plädiert, dass das Gesetz sehr wohl einzuhalten ist.

Vielleicht verlässt sich Paulus auch deswegen nicht alleine auf seine scheinbar logische Argumentation, sondern sucht und findet auch Argumente aus der Schrift. Für seine Behauptung, dass die Beschneidung nicht heilsnotwendig ist, führt er die Gestalt des Abraham ein, der in der Darstellung in Gen chronologisch zum Glauben kommt, ehe er beschnitten wurde. Daraus, so Paulus, resultiert ein Vorrang des Glaubens:

Röm 4,9 Bezieht sich diese Seligpreisung nun auf die Beschneidung oder auch auf das Unbeschnittensein? Denn wir sagen, daß der Glaube dem Abraham zur Gerechtigkeit gerechnet worden ist. 10 Wie wurde er ihm denn zugerechnet? Als er beschnitten oder unbeschnitten war? Nicht in der Beschneidung, sondern in dem Unbeschnittensein.

Uns mag eine derartige Schriftauslegung heute fremdartig vorkommen; in der Zeit des Paulus war sie jedoch an der Tagesordnung und niemand hätte Paulus diesen Umgang mit der Schrift verübelt oder gar diese Methode als unstatthaft ausgewiesen.

Zusammenfassung

Paulus legt großen Wert auf die Unabhängigkeit seines Evangeliums, ja er nimmt sogar für sich in Anspruch, *das* Evangelium schlechthin zu verkündigen. Dieses ist jedoch ein ganz besonderes Evangelium, denn zum einen entspricht es nicht den vier Evangelien – es bietet keine Erzählungen über Jesus, keine Gleichnisse, keine Passionsgeschichte, keine Ostererzählungen – zum anderen ist es auch inhaltlich etwas besonderes: Sein Evangelium ist auf die „Völker“ ausgerichtet, nach gängiger Sprachregelung auf die Heiden. Besonders daran ist zudem auch, dass er im Gegensatz zu seinen judenchristlichen Gegnern eine Judaisierung der getauften Heiden für absolut überflüssig hält und Beschneidungs- und Gesetzesfreiheit der Heidenchristen mit Zähnen und Klauen verteidigt. Er begründet dies damit, dass Gott durch Tod und Auferstehung seines Sohnes einen neuen Heilsweg eröffnet hat und dieser jedermann offensteht.

10. Was erzählt Paulus von sich aus der Zeit nach seinem Berufungserlebnis?

Paulus behauptet, er sei nach seinem Berufungserlebnis nicht erst nach Jerusalem, sondern unmittelbar nach Arabien (eis Arabian) gegangen. Das Gebiet, das er aufgesucht hat, ist nicht so genau zu umschreiben oder zu begrenzen, aber es besteht weitgehende Einigkeit, dass damit der südliche Jordangraben und das Gebiet östlich davon gemeint sind. Damit befindet sich Paulus im Gebiet der Nabatäer, im Herrschaftsgebiet des Königs Aretas IV. (ca. 9 v. Chr.–40 n. Chr.).

Apg 9,13b-30	Paulus
Paulus trifft nach seinem Berufungserlebnis in Damaskus ein: Er bleibt dort für einige Zeit, nimmt „Religionsunterricht“ ... *Apg 9,17 Hananias aber ging hin und kam in das Haus; und er legte ihm die Hände auf und sprach: Bruder Saul, der Herr hat mich gesandt, Jesus – der dir erschienen ist auf dem Weg, den du kamst – damit du wieder sehend und mit Heiligem Geist erfüllt werdest.* *9,22...Saulus aber erstarkte noch mehr im Wort und brachte die Juden, die in Damaskus wohnten, in Verwirrung, indem er bewies, daß dieser der Christus ist.*	*Gal 1,17 ich ging auch nicht nach Jerusalem hinauf zu denen, die vor mir Apostel waren, sondern ich ging sogleich fort nach Arabien und kehrte wieder nach Damaskus zurück.*
9,23 Als aber viele Tage verflossen waren, ratschlagten die Juden miteinander, ihn umzubringen. 24 Es wurde aber dem Saulus ihr Anschlag bekannt. Und sie bewachten auch die Tore [von Damaskus] sowohl bei Tag als auch bei Nacht, damit sie ihn umbrächten.	*2 Kor 11,32 In Damaskus bewachte der Statthalter des Königs Aretas die Stadt der Damaszener, um mich gefangen zu nehmen,*
25 Die Jünger aber nahmen ihn bei Nacht und ließen ihn durch die Mauer hinab, indem sie ihn in einem Korb hinunterließen.	

26 Als er aber nach Jerusalem gekommen war, versuchte er, sich den Jüngern anzuschließen; und alle fürchteten sich vor ihm, da sie nicht glaubten, daß er ein Jünger sei.	*Gal 1,18 Darauf, nach drei Jahren, ging ich nach Jerusalem hinauf, um Kephas kennenzulernen, und blieb fünfzehn Tage bei ihm.*
27 Barnabas aber nahm ihn und brachte ihn zu den Aposteln und erzählte ihnen, wie er auf dem Weg den Herrn gesehen habe und daß der zu ihm geredet und wie er in Damaskus freimütig im Namen Jesu gesprochen habe. 28 Und er ging mit ihnen aus und ein in Jerusalem und sprach freimütig im Namen des Herrn.	*Gal 1,19 Keinen anderen der Apostel aber sah ich außer Jakobus, den Bruder des Herrn.*
29 Und er redete und stritt mit den Hellenisten; sie aber trachteten, ihn umzubringen. 30 Als die Brüder es aber erfuhren, brachten sie ihn nach Cäsarea hinab und sandten ihn weg nach Tarsus	*Gal 1,21 Darauf kam ich in die Gegenden von Syrien und Zilizien. 22 Ich war aber den Gemeinden in Judäa, die in Christus sind, von Angesicht unbekannt.*

Warum Paulus in die „Arabia“ zog, scheint zunächst nicht klar zu sein. Die Überlegungen reichen von der Vermutung, er habe die Einsamkeit in der Wüste als Vorbereitungszeit für seine Tätigkeit gesucht, vergleichbar dem Wüstenaufenthalt Jesu vor seinem öffentlichen Auftreten, bis zu der Ansicht, bei den frühen Christen habe ein antipaulinisches Klima geherrscht, dem er sich entziehen musste (so Gnilka, Pls S.50). Eine Kombination der verschiedenen – vermuteten – Motive ist natürlich ebenfalls möglich.

Betrachtet man indes die weitere Tätigkeit des Paulus, so fällt es schwer zu glauben, er habe sich drei Jahre in die Wüste gesetzt und meditiert. Das widerspricht seinem Naturell und es widerspricht auch der Unruhe und Hast, mit denen er in der Folgezeit die Heidenmission betreibt. Es kann also durchaus sein, dass er sich zunächst nicht unter den Juden blicken lassen konnte, zumal auch seine früheren Auftraggeber kaum erfreut darüber gewesen sein werden, dass Paulus die Seiten gewechselt hatte. Ausgeruht hat er sich dort indes sicherlich nicht, sondern mit hoher Wahrscheinlichkeit Mission betrieben, freilich erfolglos. Er schreibt keine Briefe dorthin und erwähnt seinen Aufenthalt dort auch kein einziges weiteres Mal. Die Dauer seines Aufenthaltes kann nach antiker Zählung tatsächlich drei volle Jahre betragen haben, aber eben auch nur wenig über ein Jahr, denn wie schon erwähnt, zählt jedes angefangene Jahr voll mit.

Für seine missionarische Tätigkeit dort spricht, dass er laut 2Kor 11,32 (s.o.) nach seiner Rückkehr nach Damaskus keineswegs von den Juden, sondern von den Wachen des Nabatäerkönigs Aretas verfolgt wurde. Vermutlich hat die Missionstätigkeit in „Arabien“ zu Unruhen unter der Bevölkerung geführt, wie dies auch im weiteren Wirken des Paulus immer wieder einmal der Fall ist.

Abb. 6: „Felsentempel" in Petra oder auch „Kloster" Ad Deir; vermutlich handelt es sich dabei tatsächlich um einen Tempel im Kontext einer größeren Anlage, wie neuere archäologische Untersuchungen ergeben haben, Foto: K. Dorn

Die Nabatäer waren in dieser Zeit ein Beduinenvolk mit einem König. Hauptstadt des Reiches war die lange Zeit verschollene und erst im 20. Jahrhundert wiederentdeckte Stadt Petra, die nicht nur Hauptstadt, sondern gleichzeitig auch Nekropole, d.h. Begräbnisstadt, war mit zum Teil heute noch erhaltenen grandiosen Gräbern.

Von einem Beduinenvolk erwartet man nicht ohne weiteres einen König als Regenten und auch keine derartig große und pompöse Hauptstadt im hellenistischen Stil. Die finanzielle Grundlage für solche Bauten schufen die Nabatäer durch den Weihrauchhandel, indem sie den Weihrauch auf der saudiarabischen Halbinsel, möglicherweise auch in Äthiopien und Somalia aufkauften und über die in Jordanien von Süd nach Nord verlaufende „Weihrauchstraße" in die Gebiete des heutigen Jordanien und Palästina transportierten. Etliche Wüstenstädte im südlichen Negev (Avdat, Shivta) dürften ebenfalls auf die Nabatäer zurückgehen oder zumindest Handelsposten gewesen sein, denn sie transportierten den Weihrauch auch an die Mittelmeerküste.

Das Herrscherhaus war immerhin so bedeutend, dass die Herodianer teilweise mit nabatäischen Prinzessinnen verheiratet waren. In der zweiten Hälfte des ersten nachchristlichen Jahrhunderts wurden die Nabatäer von Rom unterworfen und somit als Zwischenhändler ausgeschaltet oder zumindest kontrolliert. Mit der beginnenden Kaiserzeit dürfte die Verwendung von Weihrauch für den neuen und umfangreich geübten Kaiserkult zugenommen haben und entsprechend war Rom an einem kontrollierten Import dieses Stoffes ohne Zwischenhändler interessiert. Bei Weihrauch handelt es sich um getrocknetes Harz des Weihrauchbaumes. Es wird nicht nur als Räucherwerk, sondern auch für medizinische Zwecke verwendet. Das Herrschaftsgebiet der nabatäischen Könige erreichte vermutlich unter Aretas IV seine größte Ausdehnung und schloss für eine gewisse Zeit auch Damaskus ein. Die Stadt wurde zwar als wichtige Handelsstadt schon vorchristlich unter Pompejus dem römischen Reich zugeschlagen, doch zeitweise fehlende römische Münzfunde lassen vermuten, dass die Stadt teilweise wieder von den Nabatäern kontrolliert wurde.

Zusammenfassung

Es scheint so, dass Paulus nach seiner Berufung sein ursprüngliches Ziel, die Stadt Damaskus, aufgesucht hat. Im Anschluss daran kehrte er jedoch nicht, wie vielleicht zu vermuten wäre, nach Jerusalem zurück. Die Gründe dafür kennen wir nicht. Vielmehr zieht er in die so genannte Arabia, das Gebiet des östlichen Jordangrabens und des heutigen südlichen Jordanien. Er bleibt dort nach eigener Aussage drei Jahre und kehrt von dort nach Damaskus zurück. Die Verfolgung des Paulus in Damaskus durch die Polizei von König Aretas IV, König der Nabatäer, lässt zwei Schlüsse zu: Damaskus stand in dieser Zeit – wir befinden uns in der Zeit um 35 n. Chr. – unter der Vorherrschaft dieses Königs. Zum zweiten ist es wahrscheinlich, dass Paulus seinen Aufenthalt in der Arabia nicht zur Meditation, sondern zur Mission nutzte. Die Verfolgung durch Aretas könnte aus dem öffentlichen Auftreten des Paulus in seinem Herrschaftsgebiet resultieren.

11. Wann fand die so genannte Erste Missionsreise statt und wohin führte sie?

Paulus erzählt im Galaterbrief, erst nach drei Jahren sei er zum ersten Mal wieder nach Jerusalem gekommen. Von wann ab er diese drei Jahre zählt, ist nicht ganz sicher. Am ehesten wird man annehmen können, dass er von seinem Berufungserlebnis als Ausgangspunkt spricht.

Gal 1,18 Darauf, nach drei Jahren, ging ich nach Jerusalem hinauf, um Kephas kennenzulernen, und blieb fünfzehn Tage bei ihm. 19 Keinen anderen der Apostel aber sah ich außer Jakobus, den Bruder des Herrn. 21 Darauf kam ich in die Gegenden von Syrien und Zilizien. 22 Ich war aber den Gemeinden in Judäa, die in Christus sind, von Angesicht unbekannt.

Erst jetzt also, drei Jahre nach Berufung und seinem Aufenthalt in der Arabia, kehrt Paulus nach Jerusalem zurück und begegnet dabei Petrus, den Paulus mehrmals mit dem aramäischen Wort für „Fels", Kephas, anspricht. Joh 1,42 zufolge hat Jesus den Petrus so „getauft":

Und er führte ihn zu Jesus. Jesus blickte ihn an und sprach: Du bist Simon, der Sohn des Johannes; du wirst Kephas heißen – was übersetzt wird: Stein [Fels].

Paulus betont, dass er keinem anderen Apostel begegnet sei mit Ausnahme des Jakobus. Jakob/Jakobus ist im Judentum ein verbreiteter Name und so wundert es nicht, dass Jesus einen Jünger namens Jakobus hatte. Er wird gewöhnlich näher beschrieben mit: Jakobus, der Bruder des Johannes, die Söhne des Zebedäus.

Mt 4,21 Und als er von dort weiterging, sah er zwei andere Brüder: Jakobus, den Sohn des Zebedäus, und Johannes, seinen Bruder, im Boot mit ihrem Vater Zebedäus, wie sie ihre Netze ausbesserten; und er rief sie.

Eine solche Präzisierung war spätestens zu der Zeit erforderlich, als ein weiterer Jakobus zum engeren Jüngerkreis gezählt wurde, Jakobus, der Bruder Jesu.

Der erstgenannte Jakobus, der Bruder des Zebedäus lebte vermutlich um diese Zeit schon nicht mehr. Er ist der erste Apostel, der den Märtyrertod erleidet, und dies unter dem Herodianer Agrippa I., Enkel des Herodes des Großen, der für kurze Zeit von 41 bis 44 n. Chr. als Günstling Roms noch einmal das Reich in den Ausmaßen seines Großvaters regierte. Vom Tod des Jakobus unter seiner Regierungszeit erzählt die Apostelgeschichte:

Apg 12,1 Um jene Zeit aber legte Herodes, der König, Hand an einige von der Gemeinde, sie zu mißhandeln; 2 er tötete aber Jakobus, den Bruder des Johannes, mit dem Schwert.

Es handelt sich dabei um jenen Jakobus, der auf wunderbare Weise in einem Boot, in den ihn seine Jünger gelegt hatten, bis an die spanische Küste gelangt ist und vom 9. Jahrhundert bis heute in Santiago de Compostella verehrt wird. Dieser Jakobus wird in der Tradition auch als Jakobus der Ältere bezeichnet, während der Jakobus, der Herrenbruder, Jakobus der Jüngere oder Jakobus der Kleine genannt wird. Laut Apg stirbt Agrippa I. kurze Zeit nach der Hinrichtung des Jakobus sehr plötzlich und man kann darüber spekulieren, ob er an Blindarmentzündung litt, einen Magendurchbruch hatte oder an römischem Gift starb, etwa weil er den Römern zu „national" eingestellt war.

> *Apg 12,21 An einem festgesetzten Tag aber hielt Herodes [Agrippa I.], nachdem er königliche Kleider angelegt und sich auf den Thron gesetzt hatte, eine öffentliche Rede an sie. 22 Das Volk aber rief ihm zu: Eines Gottes Stimme und nicht eines Menschen! 23 Sogleich aber schlug ihn ein Engel des Herrn, dafür, daß er nicht Gott die Ehre gab; und von Würmern zerfressen, verschied er.*

So, wie die Apg es erzählt, stirbt er den Tod eines Gottesfeindes, ähnlich wie schon sein Großvater Herodes der Große.

Eine Variante seines Todes überliefert Eusebius in seiner Kirchengeschichte und zitiert dabei auch den Jüdischen Historiker Josephus Flavius:

Eusebius von Cäsarea († um 340) – Kirchengeschichte (Historia Ecclesiastica), Zweites Buch

> *10. Das, was dem König für sein Einschreiten gegen die Apostel gebührte, ließ nicht lange auf sich warten. [S. 72] Sofort ereilte ihn der rächende Bote der göttlichen Gerechtigkeit, und zwar, wie die Apostelgeschichte erzählt, gleich nach seinem Anschlag auf die Apostel, als er nach Cäsarea kam und daselbst an einem hohen Festtage in glänzendem königlichen Gewande vor dem Volke vom Throne herab eine feierliche Ansprache hielt. Als nämlich das ganze Volk seinen Worten Beifall schenkte, als wären sie nicht von einem Menschen, sondern von Gott gesprochen, schlug ihn, wie die Geschichte berichtet, sofort ein Engel des Herrn, so daß er, von Würmern zerfressen, seinen Geist aufgab. Man muß sich wundern, wie auch bezüglich dieses seltsamen Vorfalles mit der göttlichen Schrift der deutlich seinen Wahrheitssinn ehrende Bericht des Josephus im neunzehnten Buche seiner „Altertümer" übereinstimmt. Daselbst führt er die wunderbare Geschichte mit folgenden Worten aus: „Drei Jahre nachdem er (Agrippa) die Herrschaft über ganz Judäa erhalten hatte, kam er nach Cäsarea, das früher Stratonturm hieß. Hier veranstaltete er zu Ehren des Kaisers Schauspiele, weil er wußte, daß eben Festtage für das Wohlergehen desselben gefeiert würden. Eine Menge durch Rang und Würde ausgezeichneter Personen der Provinz war zum Feste herbeigeströmt. Am zweiten Tage der Schauspiele begab er sich in einem kunstvoll ganz aus Silber gewirkten Gewande bei Tagesanbruch ins Theater. Da funkelte und schimmerte das Silber in den ersten Sonnenstrahlen so wunderbar, daß sein Glanz schreckte und das Auge*

blendete. Alsbald jubelten ihm die Schmeichler bald hier, bald dort mit keineswegs glückbringenden Worten zu, soferne sie ihn als Gott bezeichneten und zu ihm beteten: ‚Sei uns gnädig! Wenn wir dich bisher auch nur als Menschen geehrt haben, von jetzt ab bekennen wir es jedoch, daß du mehr bist als ein sterbliches Wesen. Der König machte ihnen deswegen keinen Vorwurf und wies ihre [S. 73] gotteslästerliche Schmeichelei nicht zurück. Als er aber bald darauf nach oben schaute, gewahrte er über seinem Haupte einen Engel, und sogleich erkannte er, daß dieser ein Unglücksbote sei, wie er seinerzeit ein Glücksbote gewesen war, und wurde in seinem Herzen von Schmerz ergriffen. Sofort traten Unterleibsbeschwerden auf welche mit großer Heftigkeit einsetzten. Seine Freunde anblickend sagte er: ‚Ich, euer Gott, muß nunmehr aus dem Leben scheiden. Das Schicksal zeigt plötzlich, daß eure soeben an mich gerichteten Worte Lüge sind: Ihr nanntet mich unsterblich, und nun muß ich sterben. Doch muß man sein Schicksal hinnehmen, wie es von Gott bestimmt ist. Habe ich doch keineswegs in kümmerlichen Verhältnissen, sondern in höchstem Glanze gelebt. Während dieser Worte wurde er noch mehr von Schmerzen gepeinigt. Eilig verbrachte man ihn in seinen Palast. Und überall verbreitete sich die Kunde, daß er gar bald sterben müsse. Sogleich warf sich die Menge mit Weibern und Kindern nach väterlichem Brauch auf Säcke und flehte zu Gott für den König. Alles war voll Klagen und Weinen. Der König, welcher in einem hochgelegenen Zimmer lag und sehen konnte, wie unten das Volk auf dem Boden lag, blieb selbst nicht ohne Tränen. Noch fünf Tage lang wurde er ununterbrochen von Unterleibsbeschwerden gequält, dann verschied er im 54. Jahre seines Lebens und im siebten seiner Regierung. (zitiert aus: https://www.unifr.ch/bkv/kapitel48-10.htm 6.10.2018)

Es gibt hier offensichtlich standardisierte Elemente und Merkmale, die beim Tod eines Gottesfeindes zur Anwendung kommen, auch bei Papias, der den Tod des Judas Iskariot in einer eigenen Fassung, anders als die Evangelien des Mt und des Lk, überliefert:

Als ein großes Beispiel von Gottlosigkeit wandelte Judas in dieser Welt, indem sein Körper so sehr anschwoll, dass nicht einmal dort, wo ein Wagen leicht hindurchgeht, er hindurchgehen konnte, ja nicht einmal allein die Masse seines Kopfes. Seine Augenlider nämlich, heißt es, seien so sehr angeschwollen, dass er einerseits das Licht überhaupt nicht mehr sah, und dass andererseits seine Augen (sogar) durch den Augenspiegel vom Arzt nicht gesehen werden konnten; so tief lagen sie unter der äußeren Oberfläche. Sein Schamglied erschien widerwärtiger und größer als jegliches Schamglied; er trug aber Eiterströme an sich, die aus dem ganzen Körper flossen, und Würmer, zur Qual schon allein aufgrund der (natürlichen) Bedürfnisse. Als er, hieß es, nach vielen Qualen und Strafen auf seinem eigenen Grundstück zugrundegegangen war, blieb aufgrund des Gestanks das Land öde und unbewohnbar bis jetzt, und nicht einmal bis zum heutigen Tag kann jemand an diesem Ort vorübergehen, ohne dass er sich die Nase mit den Händen zuhält. Papias von Hierapolis, Fragment 3,2 (zitiert nach https://www.bibelwissenschaft.

de/wibilex/das-bibellexikon/lexikon/sachwort/anzeigen/details/judas-iskarioth/ch/40e73698784d2e872b42ebcb802d33b4/#h 14, 6.10.21018)

Jakobus, der Bruder Jesu, dem Paulus in Jerusalem begegnet, erleidet ebenfalls den Märtyrertod, allerdings erst Jahrzehnte später. Von ihm wird noch öfter die Rede sein, denn er kristallisiert sich im Laufe der Zeit als *die* Autorität in der frühen Kirche von Jerusalem heraus.

Es ist einerseits erstaunlich, dass nicht mehr Mitglieder aus der Familie Jesu „Karriere" in der frühchristlichen Zeit gemacht haben, andererseits weiß das Johannesevangelium noch in Kap. 7,5 zu berichten, dass auch die Brüder Jesu nicht an ihn geglaubt hätten.

Katholische Christen und auch den Christen der Orthodoxie fällt es aus dogmatischen Gründen schwer, von Geschwistern Jesu zu sprechen, obgleich diese mehrfach, z.T. auch namentlich, erwähnt werden.

Mt 13,55 Ist er nicht der Sohn des Zimmermanns [Baumeisters]? Heißt nicht seine Mutter Maria und seine Brüder Jakobus und Josef und Simon und Judas?

Es entwickeln sich in den außerneutestamentlichen Schriften unterschiedliche Erzählungen, wonach Josef aus einer früheren Ehe Kinder gehabt habe, so dass es sich bei den „Brüdern und Schwestern Jesu" um Halbgeschwister handelte. Diese Erzählungen werden mit wunderbaren Zügen ausgestattet, und natürlich ist Josef zur Zeit seiner Zweitehe mit Maria bereits ein alter Mann. Das passt einerseits zu der Hypothese einer früheren Ehe, andererseits aber auch zu der Tatsache, dass Josef, von den Kindheitsgeschichten abgesehen, kaum mehr genannt wird. Dies betrachtet man als Hinweis, dass er noch in der Kinder- oder Jugendzeit Jesu gestorben sei. (Ausführlicher wird dieser Punkt in meinem Buch „Jesus Christus" behandelt. Eine umfangreiche bildliche Darstellung einer der Legenden findet sich u.a. als Fresko im so genannten Chorakloster in Istanbul.)

Kurzum: Dieser Jakobus der Jüngere, den Paulus trifft, ist ein Verwandter Jesu, gleich welchen Grades.

Von Jerusalem aus zieht Paulus *in die Gegenden von Syrien und Zilizien,* d.h., er wendet sich nach Norden und kommt, möglicherweise mit Aufenthalt in Antiochia am Orontes (heute Antakya) in die Südosttürkei. Geht man von der Berufung des Paulus um 33/34 n. Chr. aus und rechnet volle drei Jahre Aufenthalt in der Arabia, so wäre Paulus um 37 in Syrien und Zilizien angekommen und hätte dort mit seiner Heidenmission begonnen. Wo er sich genau aufhielt, in welchen Städten er tätig war und ob er Erfolg hatte – das alles erfahren wir nicht von ihm.

Es ist indes wahrscheinlich, dass diese Reise in der Apostelgeschichte erzählt wird, als die so genannte Erste Missionsreise des Paulus, die ca. 12 bis 13 Jahre gedauert haben könnte. Die Apg stellt die Reise weitaus ausführlicher und umfänglicher vor. Sie nennt die Städte, die Paulus aufgesucht hat und schildert in Erzählungen einzelne Erlebnisse des Paulus auf diesen Stationen. Die Apg dehnt die Reise auch noch auf Zypern aus. Laut Apg führt sie zunächst nach Antiochia

(Apg 13,1), von dort nach Seleuzia und Zypern (13,4). Dort tritt Paulus vor dem römischen Statthalter Sergius Paulus (13,7) auf und reist von Paphos aus zurück aufs Festland, nach Perge in Pamphylien (13,3). Die Reise geht weiter zu einer weiteren Stadt namens Antiochia, die aber in Pisidien liegt. Wegen des ungeheuren Erfolgs in dieser Stadt kommt es zu Auseinandersetzungen mit den Juden, die Paulus vertreiben. Im Kontext des Aufenthaltes dort ist auch davon die Rede, dass Paulus nicht nur bei den „Nationen", d.h. den Nichtjuden oder Heiden, großen Erfolg hatte, sondern auch bei den Proselyten (13,43). Bei dieser Personengruppe handelte es sich um ehemalige „Heiden", die zum Judentum übergetreten waren, also um so genannte Konvertiten.

Eine hier nicht genannte Gruppe muss in diesem Kontext allerdings auch erwähnt werden: Die so genannten Gottesfürchtigen. Bei diesen handelt es sich um „Heiden", die mehr oder weniger öffentlich mit dem Judentum sympathisieren, sich an jüdischen Geboten orientieren und auch den Eingottglauben angenommen haben. Den letzten Schritt zum Übertritt ins Judentum vollzogen Gottesfürchtige jedoch nicht. Zum einen müssen sich Männer beschneiden lassen – ein im Erwachsenenalter nicht ganz ungefährlicher Eingriff – zum anderen könnten auch gesellschaftliche Gründe eine Rolle gespielt haben, die es z.B. erforderlich machten, sich dem traditionellen Götterkult nicht völlig zu versagen. Für sie dürfte das Christentum besonders attraktiv gewesen sein, denn nicht nur die Beschneidung, sondern auch die Einhaltung des umfangreichen jüdischen Vorschriftenkatalogs entfiel für sie, wie unten noch ausführlicher dargestellt wird. Bei Lukas heißt es nun in Lk 7,5, der Hauptmann von Kapharnaum, der als Gottesfürchtiger stilisiert wird, habe die Synagoge finanziert. Eine derartige Aussage dürfte nicht aus der Luft gegriffen sein, denn die Gottesfürchtigen stammten, wie auch die Proselyten, teilweise aus der Mittel- und Oberschicht. Mit der Hinwendung zum Christentum verlor die lokale jüdische Gemeinde somit wichtige Sponsoren. Damit gewinnt die Auseinandersetzung um Proselyten und Gottesfürchtige zwischen Juden und Christen auch eine wirtschaftliche Dimension.

Die Reise führt weiter nach Ikonion, wo Paulus eine Steinigung droht über *die Städte von Lykaonien, Lystra und Derbe, und die Umgegend* (Apg 14,6). In Lystra, wo Paulus wiederum große Erfolge zu verzeichnen hat, wird er aufgrund der Intervention von Juden aus Ikonion und Antiochia gesteinigt. Er überlebt und zieht weiter nach Derbe. Von dort aus reist er nicht mehr weiter nach Osten sondern kehrt um und zieht auf dem gleichen Weg zurück nach Antiochia. Es ist dabei seltsam, dass er die Stationen Lystra und Ikonion, an denen man ihm übel mitgespielt hatte, nicht meidet (vgl. Apg 14,21). Auch im weiteren Fortgang reist Paulus auf der alten Route zurück, durch Pisidien und Pamphylien nach Perge. In Attalia schifft sich Paulus ein und segelt zurück nach Antiochia am Orontes, seine Ausgangsposition. Auf dieser ganzen Reise wird Paulus von Barnabas begleitet.

Wie gesagt erfahren wir von Paulus selbst zu dieser Reise nichts weiter. Es sind auch keine Briefe bekannt, die Paulus in der Folgezeit an die dort von ihm angeb-

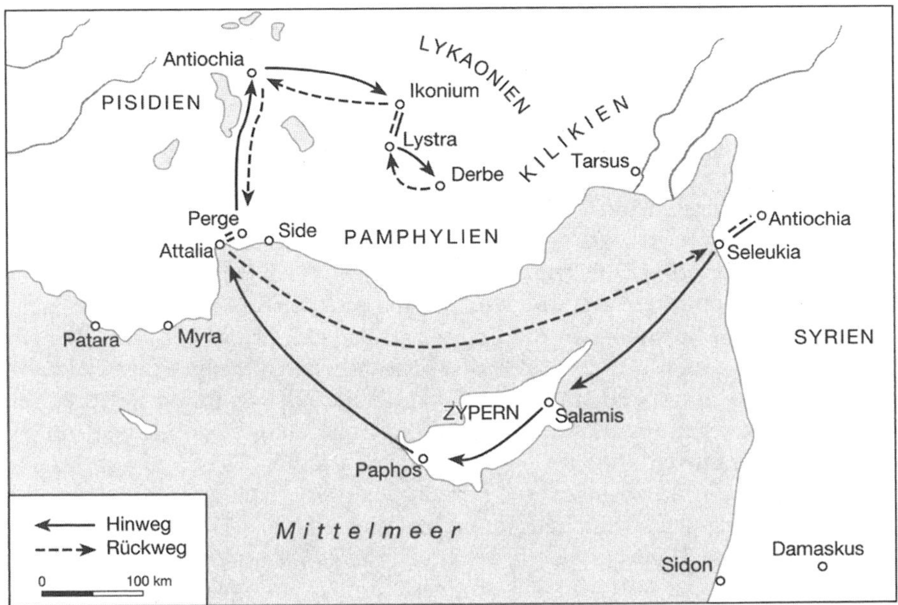

Abb. 7

lich gegründeten Gemeinden geschrieben hätte, so dass für die grandiosen Erfolge wie auch die Reiseroute des Paulus in dieser Region keine bestätigenden paulinischen Aussagen existieren. Dass die eben skizzierte „erste Missionsreise" aus der Apg mit der kurzen Notiz bei Paulus, er sei in den Gegenden von Syrien und Zilizien gewesen (Gal 1,21) übereinstimmt, kann zwar vermutet werden – Paulus will im Gal ja keine Biographie vorlegen – , eindeutig nachweisen lässt sich dies aber nicht.

Natürlich stellt sich dabei die Frage, woher der Verfasser der Apg, der Evangelist Lukas, derart detailliert über die Missionstätigkeit des Paulus Bescheid wissen konnte.

Teilweise handelt es sich bei den diesbezüglichen Erzählungen um Aussagen von Lukas selbst. Er stilisiert Paulus in seiner Apg als großen Verkündiger, der vor den Prominenten der damaligen Zeit, Statthaltern und Königen, auftritt und dabei mit seinen ausgefeilten Reden eine höchst passable Figur macht. Er ist derart überzeugend, dass diese „Intellektuellen" geneigt sind, sich zu Christus zu bekennen. Dazu gehört freilich auch, dass Paulus immer wieder in Auseinandersetzungen unterschiedlichster Art hineingezogen wird, ausgelöst zumeist von den Juden der örtlichen Synagoge oder aus den Nachbarstädten. Es bleibt dabei keineswegs bei einem Verweis, die Stadt zu verlassen, sondern das Leben des Verkündigers ist ernsthaft bedroht. Diesbezüglich steht er dem Leidens- und Verfolgungsweg Jesu kaum nach. Die ständige Gefährdung, der sich Paulus ausgesetzt sieht, wird durch ihn selbst in der so genannten Narrenrede in 2Kor 11 bestätigt, wenngleich wir nicht erfahren, wann und wo, in welchen Städten oder bei welchen Reisen ihm diese widerfuhren.

Abgesehen von der redaktionellen Darstellung des Paulus durch Lk wird aber auch schon längere Zeit vermutet, Lk habe auf ein „Reisetagebuch“ des Paulus zurückgreifen können und dieses ausgewertet. Zumindest kann man sich die Kenntnisse des Lk nicht anders erklären, denn entgegen frühkirchlicher Aussagen wird die Behauptung, Lk sei selbst ein Reisebegleiter des Paulus gewesen, heute kaum mehr akzeptiert. Dazu sind wiederum die Unterschiede zwischen Paulus und Lk zu groß! So stellt sich die Frage, ob der paulinische Reisebegleiter Lk, seinem Vorbild und Idol die Apostolizität abgesprochen hätte, wie dies Lk konsequent in Evangelium und in der Apg praktiziert. Eine Schnittstelle zwischen Paulus und Lk könnte es allerdings geben: Es ist eindeutig, dass sich beide in der Darstellung der Eucharistie auf die gleiche Praxis beziehen. Es ist also wahrscheinlich, dass sie sich in der gleichen Gegend oder sogar Stadt aufgehalten haben, wenngleich zu unterschiedlichen Zeiten. Bei dieser Stadt – Lk scheint ein Stadtmensch zu sein (vgl. Dorn, Basiswissen Bibel: Neues Testament) – könnte es sich um den „christlichen Brückenkopf“ Antiochia am Orontes gehandelt haben, den Paulus sich als „Hauptquartier“ und „Rückzugsbasis“ ausgewählt hat. Antiochia in der Türkei war zu dieser Zeit eine Großstadt mit geschätzt 500.000 Einwohnern. Damit dürfte es nach Rom und Alexandria im Nildelta die drittgrößte Stadt im Römischen Reich gewesen sein. Nachweislich der Apg gab es in dieser Stadt schon früh eine nennenswerte Anzahl von Christen. Diese traten derart in Erscheinung, dass sie, vermutlich von ihren Mitbürgern, (erstmalig?) als „Christen“ bezeichnet werden.

Alternativ käme freilich auch Korinth in Frage, da sich Paulus mit seinen Anmerkungen zur eucharistischen Praxis an die Korinther wendet (s. S. 115-121).

Zusammenfassung

Nach der Zeit in der Arabia und kurzem Besuch in Jerusalem zieht Paulus nach seiner Selbstaussage nach Syrien und Zilizien, wo er sich ca. 14 Jahre aufhält. Weitere Angaben dazu macht Paulus nicht. Die Apg erzählt in einem Zeitrahmen, der den paulinischen Angaben entsprechen könnte, von einer detaillierten und umfangreichen Reise des Paulus in der südlichen Türkei sowie auf Zypern. Dass es sich in beiden Darstellungen um die gleiche Reise handelt, lässt sich nicht mit letzter Sicherheit feststellen.

12. Worin bestand der Anlass für den „Apostelkonvent“ (Apg 15) und welche Beschlüsse wurden dort getroffen?

Das angebliche Problem der Witwenversorgung ist nicht das einzige, das die frühe Gemeinde lösen muss. Im weiteren Fortgang der Apostelgeschichte wird berichtet, es habe Meinungsverschiedenheiten in Antiochia gegeben und Paulus samt Begleitung sei nach Jerusalem gereist, um dort die strittigen Fragen zu klären. Im Vordergrund der Auseinandersetzung steht, ganz allgemein gesagt, die rasche Ausbreitung des Glaubens unter den Heiden und daran anschließend die Beziehungen zwischen Juden- und Heidenchristen. Auch diese Begebenheit im Leben des Paulus wird zweifach erzählt: Einmal in der Apg und ein weiteres Mal in Kurzfassung im Galaterbrief. In den beiden Erzählungen wird einmal mehr deutlich, dass jeder der beiden Verfasser, Lk einerseits und Paulus andererseits, mit je eigenem Interesse berichten. Auch hier ist eine Synopse hilfreich.

Apg 15,1 Und einige kamen von Judäa herab und lehrten die Brüder: Wenn ihr nicht beschnitten worden seid nach der Weise Moses, so könnt ihr nicht errettet werden.	*Vgl. Gal 2,4 und zwar wegen der heimlich eingedrungenen falschen Brüder, die sich eingeschlichen hatten, um unsere Freiheit, die wir in Christus Jesus haben, zu belauern, damit sie uns in Knechtschaft brächten.*
15,2 Als nun ein Zwiespalt entstand und ein nicht geringer Wortwechsel zwischen ihnen und Paulus und Barnabas, ***ordneten sie an, daß Paulus und Barnabas und einige andere von ihnen zu den Aposteln und Ältesten nach Jerusalem hinaufgehen sollten*** *wegen dieser Streitfrage…*	*2,1 Darauf, nach vierzehn Jahren, zog ich wieder nach Jerusalem hinauf mit Barnabas und nahm auch Titus mit.* *2,2* ***Ich zog aber einer Offenbarung zufolge hinauf*** *und legte ihnen das Evangelium vor, das ich unter den Nationen predige, den Angesehenen aber besonders, damit ich nicht etwa vergeblich laufe oder gelaufen wäre.*
15,4 Als sie aber nach Jerusalem gekommen waren, wurden sie von der Gemeinde und den Aposteln und Ältesten aufgenommen, und sie verkündeten alles, was Gott mit ihnen getan hatte.	

15,5 Einige aber von denen aus der Sekte der Pharisäer, die gläubig waren, traten auf und sagten: Man muß sie beschneiden und ihnen gebieten, das Gesetz Moses zu halten.	*2,3 Aber nicht einmal Titus, der bei mir war, wurde, obwohl er ein Grieche ist, gezwungen, sich beschneiden zu lassen;* *2,4 und zwar wegen der heimlich eingedrungenen falschen Brüder, die sich eingeschlichen hatten, um unsere Freiheit, die wir in Christus Jesus haben, zu belauern, damit sie uns in Knechtschaft brächten.*
15,6 Die Apostel aber und die Ältesten versammelten sich, um diese Angelegenheit zu besehen.	
...15,19 Deshalb urteile ich, man solle die, welche sich von den Nationen zu Gott bekehren, nicht beunruhigen,	
	2,5 Denen haben wir auch nicht eine Stunde durch Unterwürfigkeit nachgegeben, damit die Wahrheit des Evangeliums bei euch verbliebe.
15,20 sondern ihnen schreiben, daß ***sie sich enthalten von den Verunreinigungen der Götzen und von der Unzucht und vom Erstickten und vom Blut.***	*2,6 Von denen aber, die in Ansehen standen – was immer sie auch waren, das macht keinen Unterschied für mich, Gott sieht keines Menschen Person an –* ***die Angesehenen haben mir nämlich nichts zusätzlich auferlegt,***
15,22 Dann schien es den Aposteln und den Ältesten samt der ganzen Gemeinde gut, Männer aus ihrer Mitte zu erwählen und sie mit Paulus und Barnabas nach Antiochia zu senden, Judas mit dem Beinamen Barsabbas und Silas, führende Männer unter den Brüdern... *27 Wir haben nun Judas und Silas gesandt, die auch selbst mündlich dasselbe verkünden werden. 28 Denn es hat dem Heiligen Geist und uns gut geschienen, keine größere Last auf euch zu legen als diese notwendigen Stücke:* ***29 euch zu enthalten von Götzenopfern und von Blut und von Ersticktem und von Unzucht.*** *Wenn ihr euch davor bewahrt, so werdet ihr wohl tun. Lebt wohl!" 30 Nachdem sie nun entlassen waren, kamen sie nach Antiochia hinab; und sie versammelten die Menge und übergaben den Brief.*	*2,9 und als sie die Gnade erkannten, die mir gegeben worden ist, gaben Jakobus und Kephas und Johannes, die als Säulen angesehen werden, mir und Barnabas den Handschlag der Gemeinschaft, damit wir unter die Nationen gingen, sie aber unter die Beschnittenen.* *10 Nur sollten wir der Armen gedenken, was zu tun ich mich auch befleißigt habe.*

Die beiden Darstellungen unterscheiden sich vor allem in zwei Punkten: Laut Apg werden Paulus und seine Begleiter mehr oder weniger „offiziell“ von der Gemeinde in Antiochia nach Jerusalem gesandt, um den strittigen Punkt zu klären, ob die nichtjüdischen Christen beschnitten werden müssen und die Gebote einzuhalten haben. Paulus hingegen gibt an, er sei eben nicht geschickt worden, sondern aufgrund einer Offenbarung dorthin gereist. Er will unter allen Umständen den Eindruck vermeiden, sein Evangelium, das von einer beschneidungsfreien Mission ausging, müsste in irgendeiner Weise von den Jerusalemern „genehmigt“ werden; gleichwohl muss er dann letztlich doch zugeben, dass es genau darum geht:

> *Gal 2,2b: Ich legte ihnen das Evangelium vor, das ich unter den Nationen predige, den Angesehenen aber besonders, damit ich nicht etwa vergeblich laufe oder gelaufen wäre.*

Diese Aussage erstaunt, da er ja oben festgestellt hat, es gebe kein anderes Evangelium als das, welches er verkündigt habe. In Gal 2,6 spricht er daher von den *Säulen* so, als seien sie für ihn bedeutungslos. Man gewinnt den Eindruck, er wolle sagen: Eigentlich bin ich niemandem Rechenschafft schuldig und ich muss mein Evangelium eigentlich auch vor niemandem rechtfertigen, aber um nicht den Eindruck zu erwecken, ich würde von der Linie der christlichen Verkündigung abweichen, habe ich mich bereiterklärt, die grundsätzliche Übereinstimmung feststellen zu lassen. Dies mit breiter Brust vorzutragen ist der Grund der paulinischen Darstellung, und er kann dies sagen, weil der ganze Vorgang bereits Vergangenheit ist, als er den Galaterbrief schreibt. Damals, so seine Botschaft, beim Zusammentreffen in Jerusalem, habe ich in allen Punkten recht bekommen. Und dies stellt er gegenüber irgendwelchen Gegnern in Galatien fest, welche die paulinische Linie offensichtlich in Zweifel ziehen.

Es liegt also auch hier wiederum kein biographisches Interesse hinter der Darstellung des Paulus, sondern ein apologetisches: Er verteidigt sein Evangelium mit dem Hinweis auf die Vereinbarung in Jerusalem. Ob er nun gesandt wurde oder aufgrund einer von ihm genannten Offenbarung ging, lässt sich nicht grundsätzlich entscheiden, zumal zwischen beiden Aussagen kein unüberbrückbarer Gegensatz besteht. Grundsätzlich aber haben sowohl Paulus als auch Lk als Verfasser der Apostelgeschichte ihre guten Gründe für ihre Darstellung: Während Lk sehr daran gelegen ist, Jerusalem und die dortige Gemeinde zusammen mit den Honorationen Petrus, Jakobus dem Herrenbruder und Johannes in gewisser Weise als Zentrale darzustellen – was sie vermutlich sogar war (s.u.) – geht es Paulus darum, seine Unabhängigkeit von den Jerusalemern zu behaupten.

Ein zweiter Punkt ist für Paulus wichtig und dieser ist mit dem ersten eng verbunden. Auch hierbei unterscheidet sich Paulus von der Apg, wenn er behauptet: Er habe, abgesehen von der Armenpflege (s.u.) keinerlei Auflagen im Kontext der Zusammenkunft, des so genannten Apostelkonzils, bekommen, während doch in der Apg festgestellt wird, dass es drei Auflagen gibt, welche die Heidenchristen zu erfüllen hätten. Sie müssen zwar nicht beschnitten werden und/oder das jüdische „Gesetz" halten, aber doch die folgenden Weisungen beachten:

> *Apg 15,28 Denn es hat dem Heiligen Geist und uns gut geschienen, keine größere Last auf euch zu legen als diese notwendigen Stücke: 29 euch zu enthalten von Götzenopfern und von Blut und von Ersticktem und von Unzucht. Wenn ihr euch davor bewahrt, so werdet ihr wohl tun.*

An dieser Stelle muss thematisiert werden, wie denn überhaupt irgendjemand auf die Idee kommen konnte, dass es für Heiden Sonderauflagen geben müsse: Es scheint so, als ob „konservative" Judenchristen die Maxime aufgestellt hätten, neben der Taufe auf den Namen Jesu Christi sei es darüber hinaus erforderlich, gewissermaßen ins Heilsvolk Israel einzutreten, um Gottes Heil zu erlangen. Die Apg weist sie der Partei der (christlichen) Pharisäer zu, Paulus spricht von ihnen als den falschen Brüdern, wörtlich den „Pseudo"-Brüdern. Unter „falsche Brüder" kann Paulus eigentlich nur Mitchristen meinen, denn sonst hätte er sie nicht als „Brüder" bezeichnet. Sie wollen die „Freiheit" beschneiden, heißt es. Dies ist ein wichtiger Fingerzeig, denn wenn Paulus von „Freiheit" spricht, meint er zumeist die Freiheit vom Gesetz. Offensichtlich geht es in den frühen christlichen Gemeinden um die alles entscheidende Frage, ob ein Nichtjude, der zum Glauben findet und sich taufen lässt, danach die jüdischen Gesetze halten muss. Das würde auch Beschneidung bedeuten. So merkwürdig es uns vielleicht heute vorkommen mag, ist dieses Ansinnen nicht einfach in Frage zu stellen. Jesus entstammt dem auserwählten Volk der Juden. Das endzeitliche Heil, das Paulus propagiert, ist zwar untrennbar mit dem Auferstandenen verknüpft, aber Paulus stellt im Römerbrief auch fest, dass der Bund Gottes mit seinem Volk Israel bleibenden Bestand hat. Die oft geäußerte Ansicht, Gott habe Israel verworfen, indem er einen neuen Bund in und durch Christus geschlossen habe, stimmt auf keinen Fall. Der Abrahamsbund gilt weiter und Gott wird für sein Volk einen (eigenen?) Heilsweg am Ende finden.

> *Röm 11:1 Ich sage nun: Hat Gott etwa sein Volk verstoßen? Das ist ausgeschlossen! Denn auch ich bin ein Israelit aus der Nachkommenschaft Abrahams, vom Stamm Benjamin. 2 Gott hat sein Volk nicht verstoßen, das er vorher erkannt hat...*

Weil nun Israel die Gebote als Heilsweg von Gott als seine Weisungen verordnet wurden, ist es also keineswegs unlogisch zu fordern, dass auch für Heiden der Weg zum Heil nur über das „Gesetz" führen kann. Dem widerspricht Paulus aber vehement. Er sieht Taufe und Beschneidung als miteinander konkurrierende Heilsmöglichkeiten. Für Heidenchristen ist es eben nicht erforderlich, sich, gewissermaßen sekundär, noch judaisieren zu lassen, denn die Taufe an sich ist der neue Weg zum Heil Gottes, und dieser neue Weg wurde eröffnet durch Tod und Auferstehung Jesu. Christus ist umsonst gestorben, sagt Paulus, wenn „das Gesetz" weiterhin zum Heil führt. Es gibt für ihn nur ein „entweder – oder", zumindest für die Heidenchristen. Paulus steht also jedem Versuch, diese Gruppe mit dem jüdischen Gesetz zu belasten, ablehnend gegenüber. Es bedarf nicht der Einhaltung irgendwelcher jüdischen Gebote. Das sehen aber offensichtlich bestimmte Gruppen von Judenchristen völlig anders.

Vermutlich ist diese Frage auch *der* Streitpunkt im Galaterbrief. Den Aussagen des Paulus zufolge gibt es auch hier falsche Brüder, welche die Galater verunsichern und von ihnen fordern, sie müssten die Gebote halten (s.u.). Die Aufteilung der Mission(sgebiete?) zwischen Petrus und Paulus – Petrus zu den Juden, Paulus zu den Heiden – spiegelt möglicherweise den Stand der Dinge wider: Das frühe Christentum scheint mit dem Erfolg unter den Nichtjuden zunächst noch überfordert gewesen zu sein. Wäre die unterschiedslose Mission bei beiden, Juden und Heiden, möglich gewesen, hätte man die Aufteilung nicht vornehmen müssen. Sicherlich dürften dabei auch die Sprachkompetenzen eine Rolle gespielt haben. Die Trennung scheint im Übrigen aber auch nicht strikt eingehalten worden zu sein: So startet Paulus seine missionarischen Bemühungen zumindest laut Apg stets im Umfeld der Synagoge und Petrus taucht möglicherweise auch in der paulinischen Gemeinde in Korinth auf.

Zurück zur Eingangsfrage: Es ist zu diskutieren, ob Paulus für die Heidenchristen nun in Jerusalem Auflagen verordnet bekam oder nicht. Hierbei ist kaum ein Ausgleich zwischen den beiden Varianten zu schaffen. Entweder trifft die Aussage der Apg zu und die „Vornehmen" in Jerusalem haben die drei Forderungen an die Heidenchristen gestellt – sie werden auch „Jakobusklauseln" genannt, weil sie von Jakobus mitgeteilt werden – oder es gab keinerlei Auflagen, wie Paulus behauptet. Im Argumentationszusammenhang des Galaterbriefes tut Paulus sicher gut daran, von keinerlei Vorgaben zu sprechen, und schon gar nicht von solchen, die ihm von Jerusalem diktiert wurden. Dies wäre in seiner Argumentation für sein Evangelium, neben dem es doch gar kein anderes geben kann, ausgesprochen kontraproduktiv. Paulus könnte die drei Vorgaben daher in seiner Apologie gegen die Gegner in Galatien unterschlagen haben. Dies allerdings wäre ein riskantes Vorgehen. Er musste ja damit rechnen, dass seine Gegner von der Jerusalemer Vereinbarung wussten. Sie hätten ihn sicherlich als Lügner diffamiert. Es ist aber auch nicht einfach zu behaupten, Lk habe die Jakobusklauseln einfach von sich aus eingetragen, obschon sie seinem Streben nach Friede und Eintracht in den frühchristlichen Gemeinden sehr entgegengekommen sein dürfte. Es ist daher einmal mehr in Betracht zu ziehen, dass diese Auflagen erst in späterer Zeit getroffen wurden und von Lk – wieder einmal – an der „falschen" Stelle in die Apg eingefügt wurden. Denn wenn die Vereinbarungen, wie von Lk dargestellt, in Jerusalem beim Apostelkonvent verabschiedet wurden, dürfte es den so genannten Antiochenischen Zwischenfall nicht geben. Dieser Zwischenfall ereignet sich laut Paulus unmittelbar im Anschluss an den Konvent, wie gleich zu zeigen sein wird. Fragt man nämlich nach Sinn und Zweck der Auflagen, so dienen sie dazu, einen ungehinderten Kontakt zwischen Judenchristen und Heidenchristen zu ermöglichen.

Zusammenfassung

Auf dem Apostelkonvent, von dem sowohl bei Paulus wie auch in der Apg erzählt wird, geht es um die Frage, inwieweit Heiden mit der Taufe auch Vollmitglieder im Judentum werden müssen. Es geht also nicht nur, aber auch um die Beschneidung. Diesbezüglich kommt es in Antiochia zu Meinungsverschiedenheiten. Paulus und andere reisen deshalb nach Jerusalem, um die Frage(n) zu klären. Das Ergebnis der Jerusalemer Zusammenkunft wird von der Apg und von Paulus unterschiedlich dargestellt, wenngleich aus beiden Texten grundsätzlich hervorgeht, dass sich Heidenchristen nicht beschneiden lassen und auch die Gebote nicht halten müssen – mit Ausnahme von dreien, den so genannten Jakobusklauseln. Paulus allerdings behauptet, er habe überhaupt keinerlei Auflagen erhalten. Er müht sich darum zu sagen, sein unabhängiges Evangelium, zu dem es ohnedies keine Alternative gibt, sei durch die Kontrolle gegangen, derer es aber gar nicht bedurfte.

13. Was bedeuten die so genannten Jakobusklauseln, die angeblich in Jerusalem beschlossen wurden?

Vor einiger Zeit hatte ich einen sehr konservativen Juden bei mir zu Gast. Natürlich bot ich ihm etwas zu trinken an, aber er lehnte dankend ab. „Du weißt ja, dass ich bei Dir nichts zu mir nehmen kann", sagte er, „denn dein Haushalt ist ja nicht koscher. Wenn ich etwas essen oder trinken wollte, dann ginge eigentlich nur ein Bier aus der Flasche und dazu ein hartgekochtes Ei." Dass mein Haushalt nicht koscher ist, wusste ich natürlich, aber ich wusste nicht, wie streng es mein Gast mit den Kaschrutgeboten (koscher = geeignet) nahm, denn ich hatte auch schon ganz andere Erfahrungen mit jüdischen Gästen gemacht.

Die entsprechenden Vorschriften sind teilweise schon sehr alt und finden sich nicht nur im Talmud, sondern ansatzweise bereits im Buch Daniel: Der junge Daniel wurde mit in die babylonische Gefangenschaft verschleppt und lebt nun am Babylonischen Hof. Dort ernährt er sich ausnahmslos vegetarisch. Ähnlich verhält sich der biblische Josef laut dem nichtkanonischen Roman „Josef und Asenat", wo beschrieben wird, wie Josef seiner späteren Frau, der Ägypterin Asenat, begegnet. Beide separieren sich bei den Mahlzeiten (und nicht nur bei dieser Gelegenheit!) und essen nichts von den Speisen, die ihnen von nichtjüdischen Gastgebern vorgesetzt werden, und seien sie auch noch so delikat. So heißt es von Daniel:

> *1,1 Im dritten Jahr der Regierung Jojakims, des Königs von Juda, kam Nebukadnezar, der König von Babel, nach Jerusalem und belagerte es. 2 Und der Herr gab Jojakim, den König von Juda, in seine Hand... 3 Und der König befahl dem Aschpena..., er solle einige von den Söhnen Israel bringen, und zwar vom königlichen Geschlecht und von den Vornehmen...5 Und der König bestimmte ihre tägliche Versorgung von der Tafelkost des Königs und von dem Wein, den er trank, und daß man sie drei Jahre lang erziehen solle; und nach deren Ablauf sollten sie in den Dienst des Königs treten... 8 Aber Daniel nahm sich in seinem Herzen vor, sich nicht mit der Tafelkost des Königs und mit dem Wein, den er trank, unrein zu machen; und er erbat sich vom Obersten der Hofbeamten, daß er sich nicht unrein machen müsse... 10 Und der Oberste der Hofbeamten sagte zu Daniel: Ich fürchte meinen Herrn, den König, der eure Speise und euer Getränk bestimmt hat... 11 Da sagte Daniel zu dem Aufseher, den der Oberste der Hofbeamten über Daniel, Hananja, Mischael und Asarja bestellt hatte: 12 Versuche es doch zehn Tage lang mit deinen Knechten, daß man uns Gemüse zu essen und Wasser zu trinken gebe! 13 Und dann möge unser Aussehen und das Aussehen der jungen Männer, die die Tafelkost des Königs essen, von dir geprüft werden! Dann verfahre mit deinen*

Knechten je nachdem, was du sehen wirst! 14 Und er hörte auf sie in dieser Sache und versuchte es zehn Tage mit ihnen. 15 Und am Ende der zehn Tage zeigte sich ihr Aussehen schöner und wohlgenährter als das aller jungen Männer, die die Tafelkost des Königs aßen. 16 Da nahm der Aufseher ihre Tafelkost und den Wein, den sie trinken sollten, weg und gab ihnen Gemüse...

Es wäre jetzt zu aufwendig, alle möglichen Gründe zu nennen, weshalb Daniel nichts vom Tisch des Königs zu sich nimmt. Es soll nur kurz festgehalten werden, dass die Speisen nicht rein und damit verunreinigend sind. Aus dem gleichen Grund ist auch der Warenverkehr zwischen einem Juden und einem Nichtjuden eingeschränkt. Ein Jude kann kein Fleisch auf dem freien Markt kaufen, da er seine Herkunft nicht kennt (s. auf S. 107-115 das Problem mit dem so genannten „Götzenopferfleisch") und er auch nicht weiß, ob das Tier gemäß jüdischer Regeln ordnungsgemäß geschlachtet bzw. geschächtet worden ist. Die Beschränkungen fallen natürlich innerhalb eines jüdischen Gemeinwesens kaum ins Gewicht, dafür umso mehr in der Diaspora. Dort gibt es letztlich nur zwei Möglichkeiten, um in einem nichtjüdischen Umfeld zu überleben: Zum einen kann man sich isolieren und so wenig Kontakt wie möglich mit seinen nichtjüdischen Nachbarn pflegen, zum anderen kann man davon absehen, irgendwelche Vorgaben allzu minutiös einzuhalten und ein relativ gemäßigtes Auskommen mit seinen nichtjüdischen Nachbarn suchen. Jesus selbst scheint sich diesbezüglich relativ orthodox verhalten haben. Zum einen stellt er mehrfach fest, dass seine Sendung und Botschaft zwar für ganz Israel gilt, auch und gerade für Sünder, aber er ist auch auf Israel fixiert: Gehet nicht zu den Heiden oder den Samaritern; geht zu den verlorenen Schafen des Hauses Israel, sagt er seinen Jüngern (Mt 10,6) Er weigert sich auch, den Knecht des Hauptmanns von Kafarnaum vor Ort gesund zu machen, weshalb der Hauptmann sagt: *Herr, ich bin nicht würdig, dass du in mein Haus kommst. Sprich aber ein Wort und mein Knecht wird gesund* (Mt 8,8 vgl. Lk 7,6). Und ähnlich verhält er sich bei der syrophönizischen Frau (Mk 7,25-30). Beide Verhaltensweisen, die Abgrenzung wie auch eine liberalere Haltung zu den jüdischen Vorgaben lassen sich nachweisen, und dies bis heute.

Hinter den Jakobusklauseln steht also nicht mehr oder weniger als die Frage, unter welchen Bedingungen Juden- und Heidenchristen miteinander in Kontakt treten können, und dies gilt mit hoher Wahrscheinlichkeit auch für die gemeinsame Eucharistiefeier. Die Jerusalemer Autoritäten beschließen daher Folgendes:

Selbstverständlich ist der Götzendienst verboten, d.h., die Heidenchristen dürfen nicht weiterhin ihre alten Götter verehren. Sie sind darauf verwiesen, allein dem Gott Israels, dem Vater Jesu Christi, zu dienen.

Die zweite Vorschrift lautet: Die Heidenchristen sollen kein Blut essen, denn, es heißt in Gen 9,4 nach der Flut:

Nur Fleisch, in dem noch Blut ist, dürft ihr nicht essen. (EÜ)

Daraus resultiert zwangsläufig, dass man auch nichts von einem Tier essen darf, das erstickt wurde, indem es z.B. in einer Schlinge gefangen wurde o.Ä. Denn in einem solchen Tier ist das Blut noch enthalten.

Die dritte Vorschrift schließlich verbietet Unzucht. Dies kann nun alles Mögliche meinen, wie z.B. Ehebruch oder Bordellbesuch, Päderastie etc. Zumeist vermutet man, dass sich das Verbot gegen eheliche Verbindungen ausspricht, die unter Juden verboten (vgl. Lev 18,6), bei Nichtjuden jedoch erlaubt waren, wie etwa die Ehe mit einer Schwester oder Halbschwester. Diese war z.B. in ntl. Zeit in Herrscherhäusern, konkret in Ägypten, absolut üblich. Dabei gilt es freilich zu berücksichtigen, dass sich das Verständnis im Judentum im Laufe der Zeit auch sehr gewandelt hat. Heißt es bei Abraham noch, Sarah, seine Ehefrau, sei seine Halbschwester gewesen, ist eine derartige Verbindung laut jüngerer Texte des AT nicht mehr möglich (Lev 18,9; 20,17), und dies gilt auch für die Ehen des Jakob mit den beiden Schwestern Lea und Rachel (Lev 18,18).

Die Einhaltung dieser Vorgaben, so der Beschluss in Jerusalem, stellt die Mindestforderungen an Heidenchristen dar, unter denen ein Zusammenleben zwischen Heidenchristen und Judenchristen möglich erscheint.

Wenn diese Bedingungen in Jerusalem verabschiedet worden wären, wieso kommt es dann zu dem schon kurz angesprochenen Antiochenischen Zwischenfall?

14. Der Streit zwischen Petrus und Paulus: Worum geht es beim „Antiochenischen Zwischenfall“?

Die entsprechenden Informationen bietet einmal mehr Paulus im Galaterbrief. Die Apg dagegen überliefert den Vorfall nicht.

> *Gal 2,11 Als aber Kephas nach Antiochia kam, widerstand ich ihm ins Angesicht, weil er durch sein Verhalten verurteilt war. 12 Denn bevor einige von Jakobus kamen, hatte er mit denen aus den Nationen gegessen; als sie aber kamen, zog er sich zurück und sonderte sich ab, da er sich vor denen aus der Beschneidung fürchtete. 13 Und mit ihm heuchelten auch die übrigen Juden, so daß selbst Barnabas durch ihre Heuchelei mit fortgerissen wurde. 14 Als ich aber sah, daß sie nicht den geraden Weg nach der Wahrheit des Evangeliums wandelten, sprach ich zu Kephas vor allen: Wenn du, der du ein Jude bist, wie die Nationen lebst und nicht wie die Juden, wie zwingst du denn die Nationen, jüdisch zu leben?*

Mit Kephas meint Paulus wiederum Simon, genannt Petrus. Er kommt aus uns unbekannten Gründen – vielleicht im Zuge einer Verfolgung in Jerusalem, von der die Apg in Kap. 12 spricht – nach Antiochia. Hier ist wiederum die Großstadt am Fluss Orontes (Antakya) gemeint. Paulus gibt sich nicht mit langen Vorreden ab, sondern stellt sofort am Anfang seines Berichtes fest, dass er mit Petrus in Streit geriet. Da gibt es auch nichts zu beschönigen. Ursache der Auseinandersetzung ist das wechselhafte Verhalten des Petrus und anderer Christen, u.a. auch des paulinischen Reisebegleiters Barnabas. Offensichtlich pflegte man in der Stadt unter allen Christen Tischgemeinschaft, egal ob es sich dabei um Juden- oder Heidenchristen handelte. „Einige von Jakobus“ kommen ebenfalls nach Antiochia und ab diesem Zeitpunkt geben etliche Judenchristen, unter anderem Petrus, die Tischgemeinschaft auf. Wir erfahren nicht, ob diese Leute von Jakobus von diesem geschickt wurden, um nach dem Rechten zu sehen, oder ob es Christen waren, die zu dem „rechten Flügel“ gehörten, dem vermutlich auch Jakobus angehörte. Es müssen jedenfalls Leute gewesen sein, die sich Respekt verschaffen konnten, so dass selbst Petrus, die scheinbar prominenteste Figur des frühen Christentums, in seiner Haltung einknickte. Paulus wirft jenen Christen, die sich nun von den Heidenchristen abwenden, zu Recht Heuchelei vor. Entweder haben sie früher, als sie noch mit den Heiden verkehrten, gegen ihre Überzeugung gehandelt, oder sie tun es jetzt, da sie unter Beobachtung der Jakobusleute stehen.

Der Satz *Wenn du, der du ein Jude bist, wie die Nationen lebst und nicht wie die Juden, wie zwingst du denn die Nationen, jüdisch zu leben?* bringt genau diese unterschiedliche Haltung des Petrus zum Ausdruck.

Wie schon erwähnt, stellt Paulus die Angelegenheit so dar, dass sich der Streit unmittelbar im Anschluss an das Apostelkonzil in Jerusalem anschloss, auf dem doch angeblich Petrus, Jakobus, Johannes und die wichtigen Leute aus Jerusalem ihm keinerlei Auflagen gemacht haben (so Paulus) oder auf dem die Jakobusklauseln verabschiedet wurden (so Apg), die ein Zusammensein von Juden- und Heidenchristen ermöglichen sollten. Ob nun Paulus „Recht hat“ oder die Apg – in beiden Fällen dürfte es den Streit in Antiochia eigentlich nicht geben. Naheliegend, wenn auch nicht beweisbar, ist daher folgende Reihenfolge der Ereignisse, die sich an Paulus orientiert:

Nach Irritationen in Antiochia um die Frage der Beschneidung von Heidenchristen und die Einhaltung des Gesetzes kommt es in Jerusalem zu einem Treffen von antiochenischen Christen mit Paulus und Barnabas und den „Angesehenen“ in Jerusalem, allen voran Petrus, Jakobus und Johannes. Dort einigt man sich darauf, dass Heidenchristen zumindest nicht beschnitten werden müssen. An die Zusammenkünfte von Heiden- und Judenchristen etwa in den Hauskirchen zur Feier der Eucharistie hat man möglicherweise (noch) nicht gedacht oder darin keine Schwierigkeiten gesehen. Mit dem Anwachsen des Christentums unter den „Nationen“, d.h. den „Heiden“, stellt sich die Frage nach der Gemeinschaft neu.

Paulus hätte demnach in Jerusalem keine Auflagen bekommen. Im Anschluss an den Jerusalembesuch ereignet sich der Antiochenische Zwischenfall und man sieht sich gezwungen, eine verbindliche Regelung zu treffen. Dies geschieht dann *nach* dem Zwischenfall und durch diesen verursacht in Gestalt der so genannten Jakobusklauseln, die Lk in seiner Apg chronologisch falsch verortet.

Es wurde schon wiederholt darauf hingewiesen, dass Paulus das alles nicht etwa berichtet, um seine Biographie zu schreiben. Es geht auch bei dieser Auseinandersetzung um die Frage, ob und ggf. welche Auflagen für Heidenchristen gelten sollen, oder, um es einmal etwas globaler zu formulieren: Es geht um nichts weniger als um die Einheit des frühen Christentums für die Paulus mit Vehemenz und allen ihm zur Verfügung stehenden Mitteln eintritt.

Ob sich Paulus in diesem Streit durchsetzen konnte, ist nicht einfach zu beantworten: Im Rahmen seiner Argumentation gegen die „falschen Brüder“ müsste man einerseits erwarten, dass es zu einer für ihn positiven Lösung gekommen ist mit der er hier punkten konnte. Anders macht es kaum Sinn, dieses Ereignis vorzutragen. Andererseits sieht es so aus, als ob er sich nicht habe durchsetzen können, denn die folgenden Reisen setzt er nicht mehr in Begleitung von Barnabas fort, sondern findet in Timotheus einen neuen und treuen Begleiter.

Auch die Apg spricht von einer Trennung des Paulus von Barnabas, jedoch aus einem ganz anderen Grund:

> *Apg 15,37 Barnabas aber wollte auch Johannes mit dem Beinamen Markus mitnehmen. 38 Paulus aber hielt es für richtig, den nicht mitzunehmen, der aus Pamphylien von ihnen gewichen und nicht mit ihnen gegangen war zu dem Werk.*

39 Es entstand nun eine Erbitterung, so daß sie sich voneinander trennten und Barnabas den Markus mitnahm und nach Zypern segelte.

Eine eigene Erzählung über den Wechsel des Reisebegleiters bietet Paulus nicht, aber die Version der Apg dazu ist nicht unbedingt glaubwürdig, denn dort heißt es:

16,3 Paulus wollte, daß dieser [Timotheus] mit ihm ausziehe, und er nahm und beschnitt ihn um der Juden willen, die in jenen Orten waren; denn sie kannten alle seinen Vater, daß er ein Grieche war.

Nachdem Paulus bei der Reise zum Apostelkonzil ausdrücklich Wert darauf legt, dass Titus, sein damaliger Begleiter eben nicht beschnitten werden musste, ist es kaum vorstellbar, dass er Timotheus beschneiden ließ – aus welchen Gründen auch immer. „Mir haben die Angesehenen nichts auferlegt", ist sein Summarium aus der Jerusalemer Versammlung. Mit diesem Argument kämpft er gegen die falschen, weil judaisierenden Brüder, die die Gemeinde der Galater verunsichern. Eine Beschneidung von Timotheus käme einer Bankrotterklärung der paulinischen Mission gleich. Nur nebenbei sei darauf hingewiesen, dass allein die Apg behauptet, Timotheus sei beschnitten worden. Weder die paulinischen Schreiben noch die Deuteropaulinen wissen etwas davon.

Zusammenfassung

In Antiochia kommt es zu einer Auseinandersetzung zwischen judenchristlich ausgerichteten Christen, darunter auch Petrus, auf der einen Seite und Paulus auf der anderen Seite. Es geht darum, ob Juden- und Heidenchristen Tischgemeinschaft pflegen dürfen, oder ob dies den Judenchristen wegen möglicher Verunreinigung verwehrt ist. Offensichtlich hat es ursprünglich eine solche Gemeinschaft gegeben. Sie wird aber von den Judenchristen beendet, als „Leute von Jakobus" in Antiochia auftauchen. Ihnen zuliebe oder von ihnen gefordert beenden die Judenchristen die Gemeinschaft mit den Heidenchristen. Paulus bezeichnet Petrus und andere als Heuchler wegen ihrer schwankenden Haltung. Ob er sich letztlich damit durchsetzen konnte, wird nirgends gesagt. Da er aber diesen Vorfall als Argument zur Verteidigung der Heidenchristen in seinem Brief an die Galater heranzieht, ist anzunehmen, dass er zumindest nicht als „Verlierer" aus der Sache hervorgegangen ist.

Die häufige Erwähnung des Wortfeldes „rechtfertigen" legt es nahe, dieses eigens in den Blick zu nehmen:

15. Was versteht Paulus unter „Rechtfertigung"?

Der Begriff findet sich fast ausschließlich bei Paulus, u.a. in:

Röm	1Kor	Gal
1,17	1,30	2,16-21
2,13,	6,11	3,6-29
3,1-31		5,1-6
4,2-22	2Kor	
5,1-21	5,21	
10,1-10		

Auffallend ist die Textverteilung! Immerhin wird das Thema keineswegs in allen „echten" Paulinen angesprochen! Um die Bedeutung des Begriffs deutlich zu machen, sei noch einmal auf Gal 2,16 verwiesen. Hier formuliert Paulus negativ in Abgrenzung zum Gesetz:

> *Gal 2,16 Weil wir aber erkannt haben, dass der Mensch nicht aus Werken des Gesetzes gerecht wird, sondern durch den Glauben [an] Jesu Christi, so sind auch wir an Christus Jesus gläubig geworden, damit wir gerecht werden durch den Glauben [an] des Christus, und nicht durch Werke des Gesetzes; denn nicht wird [Futur] durch Werke des Gesetzes gerechtfertigt irgendein Fleisch [eigene Übersetzung].*

Eine entsprechende Stelle in Röm lautet – hier positiv (hinsichtlich des Glaubens) formuliert:

> *Röm 3,28 Denn wir sind der Überzeugung, daß der Mensch gerecht wird [Passiv] durch Glauben, unabhängig von Werken des Gesetzes.*

Was meint Paulus damit? Was meint einerseits „rechtfertigen" und was versteht Paulus andererseits unter dem „Gesetz" – und warum wird denn niemand durch Werke des Gesetzes „gerechtfertigt"?

Er verwendet dazu die Begrifflichkeit des Wortstammes von „dikaioo", „díkaioi" und „dikaiosynæ" – der laut Wörterbuch die Bedeutung hat:

- in die richtige Beziehung zu Gott setzen,
- als gerecht erklären, – machen, – hinstellen, – behandeln, – erfunden werden
- auch aktiv: als Gottes Tätigkeit
- einen Freispruch erlangen.

- Gerechtigkeit heißt demnach u.a.
- Gott macht den Menschen „recht“, er macht ihn wieder „richtig“ – oder betrachtet ihn zumindest wieder als „richtig“
- Der Mensch kommt in die richtige Beziehung zu Gott.

Alttestamentliche Stellen mit einem Begriff, der im Hebräischen dem Griechischen Dikaiosynæ entsprechen *könnte(!)*, lassen eine sehr spezielle Bedeutung erkennen:

> *Jes 46,13 Ich habe meine Gerechtigkeit (Zedakah) nahe gebracht, sie ist nicht [mehr] fern, und mein Heil zögert nicht. Und ich gebe in Zion Heil, für Israel meine Herrlichkeit.*

Zumindest in Jes ist zedakah, Gerechtigkeit, eindeutig *nicht im juridischen Sinne* zu verstehen, denn hier steht der Begriff „Gerechtigkeit“ parallel zu Hilfe, Heil, Rettung, oder auch Gnade (*vgl. Jer 9,23: ...sondern wer sich rühmt, rühme sich dessen: Einsicht zu haben und mich zu erkennen, daß ich der HERR bin, der Gnade, Recht und Gerechtigkeit übt auf der Erde; denn daran habe ich Gefallen, spricht der HERR.*)

Ein Text aus dem Römerbrief (3,1-31) soll etwas ausführlicher betrachtet werden, denn es geht hier um nichts weniger als um eine Grundaussage der paulinischen Predigt: Der Glaube an Jesus Christus und die Taufe auf ihn ersetzen „das Gesetz“ als Heilsweg zu Gott. Es ist dies zudem eine Frage, die seit der Reformation zwischen Katholiken und Protestanten heftig umstritten ist und erst vor einigen Jahren halbwegs befriedigend gelöst wurde.

Paulus führt eine Diskussion mit einem scheinbaren Gegner und trägt Argument und Gegenargument vor. In V 20 bietet er den o.g. Kernsatz, den er auch in Gal äußert:

> *Röm 3,20 Darum: aus Gesetzeswerken nicht wird alles Fleisch gerechtfertigt werden vor ihm; denn durch Gesetz (kommt) Erkenntnis der Sünde [eigene Übersetzung].*

In Röm 3,1-31 diskutiert Paulus zunächst die Frage, ob „die in der Beschneidung“, d.h. das Judentum, einen Vorrang haben. Zunächst einmal gilt: es gibt einen Vorrang des Judentums (*Röm 3,2 [Dieser Vorrang] Er ist groß in jeder Hinsicht. Vor allem: Ihnen [denen in der Beschneidung] sind die Worte Gottes anvertraut*), und dieser Vorrang wird nicht durch menschliches Versagen beeinträchtigt:

> *3,3 Wenn jedoch einige Gott die Treue gebrochen haben, wird dann etwa ihre Untreue die Treue Gottes aufheben?*

Dieser Satz 3,3 ist ein gedachter oder tatsächlich irgendwo geäußerter Vorwurf gegen die vorausgehende Argumentation des Paulus: Klar gibt es Leute, die dem Gesetz nicht genügen und es übertreten; wird deshalb aber die Verheißung Gottes an Israel insgesamt hinfällig? – Keineswegs!

Paulus stimmt dem zu, denn Gott ist verlässlich (wie er dann auch in Kap. 11 sagt, dass die Verheißung des Abraham-Bundes an Israel bestehenbleibt). An der Interpretation des Fortbestandes des Abrahambundes nach Paulus und der Treue Gottes zu seiner ergangenen Verheißung hängt im übrigen das ganze Problem der Judenmission – und der Karfreitagsfürbitte! Im Jahre 2009 ist zwischen diversen katholischen Theologen wieder eine heftige Kontroverse zur Fürbitte entbrannt, und zwar aus dem Umfeld der Gesellschaften für Christlich-Jüdische Zusammenarbeit. Unter anderem wurde der Streit zwischen Erich Zenger und Hubert Frankemölle u.a. gegen den damaligen Bischof und jetzigen Kardinal Müller aus Regensburg ausgetragen (vgl. Publik Forum 24. April 2009: Religion & Kirchen. Streit um die Treue Gottes. Die Kontroverse um die „Judenmission“ nimmt in der katholischen Kirche an Schärfe zu: Der Regensburger Bischof Müller greift das Zentralkomitee an. Von Hartmut Meesmann). Die Verlautbarung der Kommission Juden und Christen beim ZdK im Wortlaut finden Sie hier: http://www.zdk.de/data/erklaerungen/pdf/Nein_zur_Judenmission_2009_03_09_(Broschuere)_1238657494.pdf (1.10.2018)

Die Frage des Heilszugangs für Israel ist nach wie vor heftig umstritten. Dies liegt zum einen an der heterogenen Auslegung von Röm 9-11 (bes. 11,25-32): Gibt es einen Sonderweg für Israel aufgrund der Treue Gottes zum Abrahambund oder kommt es aufgrund von Gottes Wirken zu einer Bekehrung Israels?

Zum anderen ist ja nicht zu übersehen, dass die frühe Kirche – und besonders Paulus – ja gerade mit Macht auch unter Juden missioniert hat! Hat er nach Röm 11 irgendwann resigniert aufgegeben – oder gilt der Sonderweg (nur) für jene Juden, die sich bis zum Ende nicht bekehren lassen?

In V 9 scheint Paulus den Vorrang des Judentums allerdings zu relativieren:

> *Röm 3,9 Was nun? Haben wir einen Vorzug? Durchaus nicht! Denn wir haben sowohl Juden als auch Griechen vorher beschuldigt, daß sie* **alle** *unter der Sünde seien,... 12* **Alle** *sind abgewichen,* **allesamt** *sind sie untauglich geworden; da ist nicht [da ist auch nicht], der Gutes tut, bis hin zu einem (d.i. keiner) [eigene Übersetzung]*

Im Folgenden zitiert er einige Stellen als „Kommentar“ dieser Ausführungen, um dann zu dem Schluss zu kommen:

> *3,18 Es ist keine Furcht Gottes vor ihren Augen.*

Der Fortgang ist etwas abrupt und die Folgerungen nicht sofort einsichtig, im Weiteren schließt er aber den Kreis seiner Begründung:

> *3,19 Wir wissen aber, daß alles, was das Gesetz sagt, es denen sagt, die unter dem Gesetz sind, damit jeder Mund verstopft werde und die ganze Welt dem Gericht Gottes verfallen sei. 20 Darum: aus Gesetzeswerken wird kein Fleisch vor ihm gerechtfertigt werden; (vgl. Gal) denn durch Gesetz ‹kommt› Erkenntnis der Sünde.*

Gemeint ist: Nur durch das Wissen um das Gesetz, um die Ge- und Verbote, wird auch klar, inwieweit diese befolgt oder übertreten worden sind. Deshalb gilt:

Übertretung wird erst durch das Verbot erkannt, die Sünde nur durch das Gebot. Weil eben nun alle Sünder sind, alle schuldig geworden sind, das Gesetz alle als schuldig erweist, deshalb kann und muss es nunmehr einen neuen Weg zur Rechtfertigung, zum Heil geben. Dieser neue Weg kann nur *ohne* das Gesetz gefunden werden – der neue Heilsweg Gottes führt über Christus:

> *3,21 Jetzt aber ist ohne Gesetz Gottes Gerechtigkeit geoffenbart worden, bezeugt durch das Gesetz und die Propheten.*

Das Gesetz (und die Propheten) haben – immerhin – noch die Funktion, auf Christus hinzuweisen im Sinne von Erfüllung der Schrift. Die neue Gerechtigkeit Gottes kommt zwar ohne das Gesetz aus, aber das Gesetz, die Tora, sowie die Propheten sind deswegen nicht völlig irrelevant. Sie sind Teil des Heilsweges Israels (auf Christus hin) und verweisen auch auf ihn im Sinne von Verheißung und Erfüllung.

> *3,22 Gottes Gerechtigkeit aber durch Glauben an Jesus Christus für alle, die glauben. Denn es ist kein Unterschied, 23 denn alle haben gesündigt und erlangen nicht die Herrlichkeit Gottes 24 [vielmehr] und werden umsonst [im Sinne von kostenlos, nicht von vergebens!] gerechtfertigt durch seine Gnade, durch die Erlösung, die in Christus Jesus ist... 27 Wo bleibt nun der Ruhm? Er ist ausgeschlossen. Durch was für ein Gesetz? Der Werke? Nein, sondern durch das Gesetz des Glaubens. 28 Denn wir urteilen, daß ›der‹ Mensch durch Glauben gerechtfertigt wird, ohne Gesetzeswerke. 29 Oder ist ›Gott‹ der Gott der Juden allein? Nicht auch der Nationen? Ja, auch der Nationen. 30 Denn Gott ist einer. Er wird die Beschneidung aus Glauben und das Unbeschnittensein durch den Glauben rechtfertigen. 31 Heben wir denn das Gesetz auf durch den Glauben? Das sei ferne! Sondern wir bestätigen das Gesetz. [Ergänzungen von mir]*

V 31 kann sehr unterschiedlich interpretiert werden: Die Rechtfertigung aus Glauben führt das Gesetz zu seinem (eigentlichen) Ziel – und relativiert damit die unmittelbar „wörtliche" Aussage des Gesetzes: seine Einhaltung durch Werke.

Oder: Das Gesetz wird dadurch „aufgerichtet" (bestätigt), als es den Sünder als Sünder ausweist (Fluch-Wirkung des Gesetzes) und die Unmöglichkeit der Rechtfertigung aus Werken deutlich macht. Es weist auf die Glaubensgerechtigkeit hin, in der das Gesetz erfüllt werden kann. In der Tatsache, dass das Gesetz den Sünder verurteilt, ist das Gesetz also nach wie vor gültig und zutreffend. Auf jeden Fall wird hier eine komplexe Deutung „des Gesetzes" durch Paulus erkennbar.

Im Abschnitt Röm 4,2-22 schließt Paulus eine neue Argumentation an und zwar mit Verweis auf Abraham. Abraham hat die Verheißung Gottes in Gen15 und damit vor seiner Beschneidung (Gen 17) erhalten. Das Beispiel des Abraham wird als Argument für die Rechtfertigung aus Glaube herangezogen: Zum einen glaubt Abraham Gott vorbehaltlos, zum anderen gab es zur Zeit des Abraham das Gesetz noch nicht und schließlich zielt die Verheißung Gottes durch Abraham hindurch auf alle Nationen – Abraham wird damit zum Stammvater aller Glaubenden.

Daraus rekonstruiert Paulus erneut die Wirksamkeit des Glaubens (und der Verheißung) *vor* der Verpflichtung zur Beschneidung und damit vor dem Gesetz.

Und nachdem Gott Abraham auch zuvor schon zugesagt hat, er werde der Vater aller Völker/Nationen werden, gilt nach Paulus das Heil ohne Beschneidung auch für die Völker. Darin sieht Paulus auch eine Bestätigung seiner Heidenmission.

> *Vgl. Gal 3,14 damit der Segen Abrahams in Christus Jesus zu den Nationen komme, damit wir die Verheißung des Geistes durch den Glauben empfingen. 15 Brüder, ich rede nach Menschenart: selbst eines Menschen rechtskräftig festgelegtes Testament hebt niemand auf oder fügt etwas hinzu. 16 Dem Abraham aber wurden die Verheißungen zugesagt und seiner Nachkommenschaft. Er spricht nicht: „und seinen Nachkommen“ wie bei vielen, sondern wie bei einem: „und deinem Nachkommen“, und der ist Christus. 17 Dies aber sage ich: Einen vorher von Gott bestätigten Bund macht das vierhundertdreißig Jahre später entstandene Gesetz nicht ungültig, so daß die Verheißung unwirksam geworden wäre. 18 Denn wenn das Erbe aus dem Gesetz kommt, so kommt es nicht mehr aus der Verheißung; dem Abraham aber hat Gott es durch Verheißung geschenkt.*

Der Mensch gewinnt also das Heil *allein aus dem Glauben* an Jesus Christus – wie dies Paulus sagt. Wenn man diesem Satz zustimmt, bleibt zunächst offen: *Was ist Glaube*? Ist Glaube auch „Leistung“ des Menschen? Vorab oder hinterher (*...dein Glaube hat Dir geholfen*)? Wird Glaube allein und völlig gnadenhaft von Gott gewährt – gewissermaßen in den Menschen eingegossen – ob er will oder nicht? Wo bleibt dann der freie Wille des Menschen (vgl. Pls in *Gal 4,9 Wie aber könnt ihr jetzt, da ihr Gott erkannt habt, vielmehr von Gott erkannt worden seid,...)*?

Diese Fragen werden katholischerseits/evangelischerseits durchaus noch unterschiedlich beantwortet, obwohl eine Übereinstimmung erzielt wurde, dass die Rechtfertigungslehre nicht mehr kirchentrennend sein soll (vgl. Lehrverurteilungen – kirchentrennend?). Allerdings haben nicht alle evangelischen Kirchen die gemeinsame Erklärung unterzeichnet!

Verbreitet ist in den Kirchen der Reformation bis heute die Ablehnung von „Werken“ – vom Fasten bis zu (katholischerseits gebotenem, evangelischerseits gewünschtem) sonntäglichem Kirchgang, Wallfahrten sind (evangelisch) stark im Kommen! Die hl. Elisabeth in Marburg ist fast schon eine „evangelische Heilige“, obwohl gerade sie „Werkgerechtigkeit“ betrieben hat! Katholischerseits haben reiche Christen über Jahrhunderte hinweg versucht, sich durch Stiftungen, Gelübde, gute Taten ein Plus auf ihrem himmlischen Konto zu schaffen, welches im Augenblick des Gerichtes zu ihren Gunsten verrechnet werden würde. Als Beispiel sei das „Hôtel Dieu“ in Beaune im Burgund genannt, das vom Schatzmeister Karl des Kühnen, Nicolas Rolin, gestiftet wurde: *Ich, Nicolas Rolin, Ritter, Bürger von Autun, Herr von Authume und Kanzler von Burgund, an diesem Sonntag, dem 5. Tag des Monates August, im Jahre des Herrn 1443, [...] im Interesse meines Seelenheils, danach strebend irdische Gaben gegen Gottes Gaben zu wechseln, [...] gründe ich, und vermache unwiderruflich an die Stadt Beaune, ein Hospital für die armen Kranken, mit einer Kapelle, zu Ehren Gottes und seiner glorreichen Mutter.*

Abb. 8: Hôtel Dieu. Krankensaal

Abb. 9: Hôtel Dieu, Innenhof

Selbstverständlich sind auch aus evangelischer Sicht gute Taten (z.B. Almosen) erlaubt und gewünscht, aber sie haben keine Heilsrelevanz – man „verdient“ sich nichts dabei. Und auch die Relativierung der Heiligen ist durchaus verständlich: Heil kommt eben nur aus dem Glauben an Jesus Christus. Da bedarf es keiner Zwischeninstanzen wie Heiligen oder Maria.

Paulus sagt also eindeutig: Es gibt keine Rechtfertigung durch Werke.

Umstritten ist dennoch bis heute auch in der ntl. Forschung: Für wen gilt dies? Nur für Heidenchristen? Für alle? Wie hält es Paulus für sich selbst? Wie reagieren z.B. seine Umwelt, wie die Judenchristen auf seine Aussagen? Hat das Gesetz dennoch weiterhin Relevanz? Was meint Paulus überhaupt, wenn er von „Gesetz“ spricht: Die Tora? „nur“ das Kultgesetz? Was sind „Werke des Gesetzes“?

„Der Jude [Wer ist ***„der Jude“***?] lässt die paulinische Antithetik ‚Glaube‘ – ‚Werke des Gesetzes‘– nicht gelten, ja sie ist ihm unverständlich.“ (Mußner, Gal 170) Er nimmt das „Joch der Tora“ auf sich, weil er glaubt, nicht, um damit zum Glauben zu kommen – und: Er nimmt es froh auf sich und nicht als Sklaverei wie im Fest Simchat Tora, Fest der Torafreude, jedes Jahr deutlich wird.

Dennoch ist das Gesetz im Judentum auch *Heilsweg*, weil durch dessen Befolgung Sündenvergebung erwirkt wird, durch Sündopfer; Sühnopfer, Reinigungsopfer, Yom Kippur u.a. Zumindest *diese* Funktion verneint Paulus, und dies zumindest für *Heidenchristen*: Christus steht an Stelle des Gesetzes – das Heil kommt durch seinen (stellvertretenden) Tod und seine Auferstehung.

Warum dies so ist? Jesus wurde nach Auffassung des Paulus nach dem Gesetz verurteilt und hingerichtet. Allerdings hat ihn Gott von den Toten auferweckt. Damit ist nicht nur das Gesetz, nach dem Jesus sterben musste, falsifiziert, sondern Jesus wurde umgekehrt durch Gottes Handeln ausdrücklich rehabilitiert. Daraus muss aber der Schluss gezogen werden, dass das Gesetz nicht mehr angewandt werden kann, dass es seine ursprüngliche Bedeutung verloren hat.

Zusammenfassung

Paulus propagiert den Glauben an den Auferstanden alternativlos als Heilsweg. Antithetisch stellt er diesem die Einhaltung des jüdischen Gesetzes gegenüber. Aus der Tatsache, dass das Gesetz als Heilsweg ausgedient hat, resümiert er zu Recht, dass Heidenchristen nicht an das Gesetz gebunden sind, eine Ansicht, zu der er im frühen Christentum keineswegs nur Zustimmung erfährt.

Seine Haltung begründet Paulus in vielfacher Weise, unter anderem mit dem Verweis auf Abraham, der bereits vor der Edition des Gesetzes Gottes Heilszusage erfahren hat. Das Gesetz, so Paulus, habe nur zeitlich begrenzt gewirkt und ist nunmehr als Weg zur Rechtfertigung des Menschen vor Gott nicht mehr bedeutsam. Trotz allem betrachtet Paulus, nicht zuletzt nach Röm 11, den Bund Gottes mit seinem Volk als gültig und unaufkündbar und glaubt an die Errettung Israels, durch einen göttlichen Gnadenakt bzw. einen Sonderweg.

16. Warum und wie verteidigt Paulus sein Apostolat?

Ein fundamentales Anliegen des Paulus ist es, den Rang eines Apostels einzunehmen, bzw. als Apostel anerkannt zu werden. Diese Stellung wird ihm offensichtlich von unbekannten Gegnern streitig gemacht. Wie schon erwähnt, scheinen sich im frühen Christentum dazu zwei unterschiedliche Positionen herausgebildet haben: Es gibt einerseits die Bezeichnung „Apostel" für die zwölf Jünger Jesu, wie sie in besonderer Weise von Lukas vertreten wird. Voraussetzung dafür ist, wie wir bei der Nachwahl des Matthias (anstelle des Judas Iskariot) erfahren, dass der Betreffende Jesus zu Lebzeiten begleitete (auch beim Abendmahl?) und zusätzlich Auferstehungszeuge ist:

> *Apg 1,21 Es muß nun von den Männern, die mit uns gegangen sind in all der Zeit, in welcher der Herr Jesus bei uns ein- und ausging, 22 angefangen von der Taufe des Johannes bis zu dem Tag, an dem er von uns hinweg aufgenommen wurde – von diesen muß einer Zeuge seiner Auferstehung mit uns werden.*

Für Paulus dagegen gilt jeder Auferstehungszeuge als Apostel. Deshalb nennt er auch Menschen „Apostel", von denen wir ansonsten nichts wissen, wie z.B. das Ehepaar Andronikus und Junia in Röm 16,7. Paulus unterscheidet daher folgerichtig im Rahmen der alten Glaubensformel, die er in 1Kor 15 überliefert, die Zwölf von den Aposteln. Gleichwohl scheint es so, als ob die lukanische Vorstellung relativ weit verbreitet war. Paulus argumentiert gegen diese Sichtweise:

> *Röm 11,13 Euch, den Heiden, sage ich: Gerade als Apostel der Heiden preise ich meinen Dienst,*
>
> *Kor 9,1 Bin ich nicht frei? Bin ich nicht ein Apostel? Habe ich nicht Jesus, unseren Herrn, gesehen? Seid ihr nicht mein Werk im Herrn?*
>
> *1Kor 15,9 Denn ich bin der geringste von den Aposteln; ich bin nicht wert, Apostel genannt zu werden, weil ich die Kirche Gottes verfolgt habe.*
>
> *Gal 1,1 Paulus, zum Apostel berufen, nicht von Menschen oder durch einen Menschen, sondern durch Jesus Christus und durch Gott, den Vater, der ihn von den Toten auferweckt hat,*
>
> *Gal 1,17 ich ging auch nicht sogleich nach Jerusalem hinauf zu denen, die vor mir Apostel waren, sondern zog nach Arabien und kehrte dann wieder nach Damaskus zurück.*

Und schließlich:

> *1Kor 9,2 Wenn ich für andere kein Apostel bin, bin ich es doch für euch. Ihr seid ja im Herrn das Siegel meines Apostelamtes.*

Das heißt, die real existierenden Gemeinden in Korinth sind ein Nachweis für die missionarische Tätigkeit des Paulus und seine Apostolizität. Den „Erfolg“ in Korinth bewertet er als „Siegel seines Apostolats“. Für uns heute ist dies nicht mehr so ganz nachzuvollziehen, da wir nicht wissen, ob und inwieweit eine blühende Gemeinde auf den Gemeindegründer zurückverwies und ihm damit apostolische Ehren verschafft hat. Denkbar ist eine derartige Einstellung zur Zeit des Paulus deshalb, weil er sonst dieses Argument kaum vorgetragen hätte.

Die Schwierigkeiten der Tradition mit dem paulinischen Apostelanspruch kann man bisweilen in Barockkirchen nachvollziehen. Da stehen zwar die Statuen von Elf Aposteln, gesondert davon aber zusätzlich Petrus mit den Schlüsseln und Paulus mit dem Schwert. Vielfach fehlt Paulus aber auch völlig und es finden sich dann nur die Zwölf – einschließlich des nachgewählten Matthias.

Zum Apostel-Sein gehört nach der Vorstellung bestimmter Leute offensichtlich auch, dass man auf Kosten der Gemeinde, die man besucht oder begründet hat, lebt, also den Gast-Status einnimmt. Dies ist zumindest ansatzweise ntl. zu begründen. Jesus sagt hier zu den ausgesandten Jüngern:

> *Lk 10,7 Bleibt in diesem Haus, eßt und trinkt, was man euch anbietet; denn wer arbeitet, hat ein Recht auf seinen Lohn. Zieht nicht von einem Haus in ein anderes!*

Davon scheinen die Wandermissionare, die vor allem in Palästina unterwegs waren, Gebrauch gemacht zu haben, aber offensichtlich auch die Gegner des Paulus, auf die er in Galatien und offensichtlich auch in Korinth stößt. Paulus allerdings bevorzugt seine *Unabhängigkeit von den Gemeinden*; er legt großen Wert darauf, den Gemeinden nicht „zur Last gefallen“ zu sein (mit Ausnahme der Gemeinde von Philippi, zu der er offensichtlich ein besonderes Verhältnis hat und von der er Unterstützung annimmt).

- *2Kor 11,7 Oder habe ich einen Fehler gemacht, als ich, um euch zu erhöhen, mich selbst erniedrigte und euch das Evangelium Gottes verkündete, ohne etwas dafür zu nehmen?*
- *2Kor 11,8 Andere Gemeinden habe ich ausgeplündert und Geld von ihnen genommen* [er spricht von den Philippern], *um euch dienen zu können. 9 Aber als ich zu euch kam* [nach Korinth] *und in Schwierigkeiten geriet, bin ich niemand zur Last gefallen* (vgl. Apg 20,33f)*; was ich zu wenig hatte, ergänzten die Brüder, die aus Mazedonien kamen* [Philippi gehört zu Mazedonien]. *Ich habe also darauf Wert gelegt, euch in keiner Weise zur Last zu fallen, und werde auch weiterhin darauf Wert legen...*
- *2Kor 11,13 Denn diese Leute sind Lügenapostel, unehrliche Arbeiter; sie tarnen sich freilich als Apostel Christi. 14 Kein Wunder, denn auch der Satan tarnt sich als Engel des Lichts. 15 Es ist also nicht erstaunlich, wenn sich auch seine Handlanger als Diener der Gerechtigkeit tarnen. Ihr Ende wird ihren Taten entsprechen. 16 Noch einmal sage ich: Keiner soll mich für einen Narren halten... 20 Denn ihr nehmt es hin, wenn euch jemand versklavt, ausbeutet und in seine Gewalt bringt, wenn jemand anmaßend auftritt und euch ins Gesicht schlägt. Zu meiner Schande muß ich gestehen: Dazu bin ich allerdings zu schwach gewesen.*

Ein Zweites ist für Paulus und sein Apostolat bedeutsam:

Seine Widersacher scheinen sich damit zu brüsten, welche Mühsale und Nöte sie wegen ihrer Verkündigung erlitten haben. Man kann es sich gut vorstellen, wie der eine oder andere mit seinen Erlebnissen auf seiner Missionsreise geprahlt haben mag. Paulus ist es eigentlich zuwider, sich auf dieses Niveau zu begeben, aber die Gemeinde von Korinth, die er diesbezüglich anspricht, war offensichtlich davon sehr beeindruckt. Und so erzählt er von *seinen* Erlebnissen, die ihm in seiner Zeit als Missionar widerfahren waren:

- *2Kor 11,21c Womit aber jemand prahlt – ich rede jetzt als Narr – damit kann auch ich prahlen.*
- *22 Sie* [seine Gegner] *sind Hebräer – ich auch.* (Vgl. Phil; Röm)
- *Sie sind Israeliten – ich auch.*
- *Sie sind Nachkommen Abrahams – ich auch.*
- *23 Sie sind Diener Christi – jetzt rede ich ganz unvernünftig –, ich noch mehr:*
- *Ich ertrug mehr Mühsal,*
- *war häufiger im Gefängnis,*
- *wurde mehr geschlagen,*
- *war oft in Todesgefahr.*
- *24 Fünfmal erhielt ich von Juden die neununddreißig Hiebe [vgl. Dtn 25:3* ***Vierzig*** *Schläge darf er ihm geben lassen, mehr nicht. Sonst könnte dein Bruder, wenn man ihm darüber hinaus noch viele Schläge gibt, in deinen Augen entehrt werden.]*
- *25 dreimal wurde ich ausgepeitscht* (vgl. Apg 16,22ff.37?; 22,24f: nur Absicht der Auspeitschung),
- *einmal gesteinigt* (Apg 14,19; Steinigungsabsicht: Apg 14,5),
- *dreimal erlitt ich Schiffbruch* (Apg 27: nur einmal auf der Romreise),
- *eine Nacht und einen Tag trieb ich auf hoher See (kein Apg-Beleg).*
- *26 Ich war oft auf Reisen,*
  - *gefährdet durch Flüsse,*
  - *gefährdet durch Räuber,*
  - *gefährdet durch das eigene Volk,*
  - *gefährdet durch Heiden,*
  - *gefährdet in der Stadt,*
  - *gefährdet in der Wüste,*
  - *gefährdet auf dem Meer,*
  - *gefährdet durch falsche Brüder.*
- *27 Ich erduldete Mühsal und Plage,*
  - *durchwachte viele Nächte,*
  - *ertrug Hunger und Durst,*
  - *häufiges Fasten,*
  - *Kälte und Blöße.*
- *28 Um von allem andern zu schweigen, weise ich noch auf den täglichen Andrang zu mir und die Sorge für alle Gemeinden hin. 29 Wer leidet unter seiner Schwachheit, ohne daß ich mit ihm leide? Wer kommt zu Fall, ohne daß ich von Sorge verzehrt*

werde? 30 Wenn schon geprahlt sein muß, will ich mit meiner Schwachheit prahlen.
31 Gott, der Vater Jesu, des Herrn, er, der gepriesen ist in Ewigkeit, weiß, daß ich nicht lüge.

Das bedeutet, dass Paulus auf seinen Missionsreisen noch weitaus mehr ertragen musste als das, was wir aus der Apg über ihn erfahren. Letzten Endes sagt er: Wenn all dies Kriterien des Apostolats sind, dann kann ich von mir mit Fug und Recht behaupten, dass ich Apostel bin.

Zusammenfassung

Paulus betont sein Apostolat einerseits mit seiner Christusvision, andererseits damit, dass er sehr wohl weiß, welche „Rechte" – z.B. der Gaststatus in den Gemeinden – ihm als Apostel zustehen. Er erklärt, dass er ganz bewusst keinen Gebrauch davon gemacht hat, um seine Gemeinden nicht zu schädigen, vermutlich aber auch, um seine Unabhängigkeit zu behalten. Darüber hinaus verweist er darauf, dass er all die Schicksale, von denen andere vielleicht zur Selbstdarstellung und zum Beweis ihres Apostolats erzählt haben, ebenfalls ertragen hat, ja sogar in noch größerer Zahl als seine „Konkurrenten". Dies bietet er vor allem in seiner so genannten Narrenrede in 2Kor 11.

17. Die Zweite Missionsreise: Wo und wohin ist Paulus unterwegs?

Die Zweite Missionsreise wird in der Apg mit vielen Stationen beschrieben und lässt sich nahezu lückenlos rekonstruieren. Aus den paulinischen Schreiben finden sich hierzu freilich nur vereinzelt korrespondierende Notizen, wo sich Paulus aufhält.

Als relativ gesichert kann gelten, dass Paulus auf dieser Missionsreise die Gemeinde in Galatien besucht, vielleicht auch erst gegründet hat. Er verlässt dann Kleinasien und reist weiter nach Europa, wo er eine Gemeinde in Philippi (heute Ruinen bei Krinides) etablieren kann und zunächst weiter nach Westen zieht. Es wird gemutmaßt, dass Paulus eigentlich weiter nach Rom wollte, diese Absicht aber verwarf und sich weiterhin im heutigen Griechenland aufhielt. Den Grund, die Weiterreise nach Rom zunächst aufzugeben, kennen wir nicht. Vielleicht hängt die Änderung der Reiseroute mit der Ausweisung der Juden aus Rom zusammen, die von Claudius betrieben wurde (dazu s.u.). So reist er weiter, zunächst nach Thessalonich, dann nach Athen und weiter nach Korinth, wo er sich entgegen seiner sonstigen Praxis relativ lange aufgehalten zu haben scheint. Von Korinth aus reist er per Schiff nach Ephesus (heute Ruinen bei Selçuk in der Türkei) und in Etappen zurück über Rhodos nach Cäsarea (Cäsarea am Meer). Er bereist dabei die römischen Provinzen Asien (Hauptstadt: Milet), Makedonien (Hauptstadt: Thessalonich) und Achaia (Hauptstadt: Korinth).

Die Gemeinde Galatiens dürfte aus den vorausgehenden Überlegungen, z.B. zum Evangelium des Paulus, schon recht gut bekannt sein. Strittig ist freilich, wo diese „Galater" zu suchen sind, denn es gibt einerseits eine römische Provinz Galatien wie auch andererseits eine Landschaft dieses Namens, um das heutige Ankara, in der „Galater" wohnten. Die Nähe des Wortes „Galater" zu „Gallien" kommt nicht von ungefähr, denn bei der Bevölkerung handelt es sich tatsächlich um keltische Stämme, die von Westen oder Nordwesten kommend in dieses Gebiet eingewandert sind, möglicherweise im Zuge der Unterwerfung der Keltenstämme im heutigen Frankreich durch Cäsar im so genannten „Gallischen Krieg", über den Cäsar mehrere Bücher verfasst. Sein Werk heißt „de bello Gallico", und hat weder etwas mit dem schönen Gallien noch mit einem schönen Gallier zu tun.

Die Befürworter der „Landschaftshypothese" argumentieren unter anderem damit, dass Paulus die Menschen in der *Provinz* Galatien nicht mit *O ihr unverständigen Galater* angesprochen hätte.

> *Gal 3,1 O unverständige Galater! Wer hat euch bezaubert, denen Jesus Christus als gekreuzigt vor Augen gemalt wurde?*

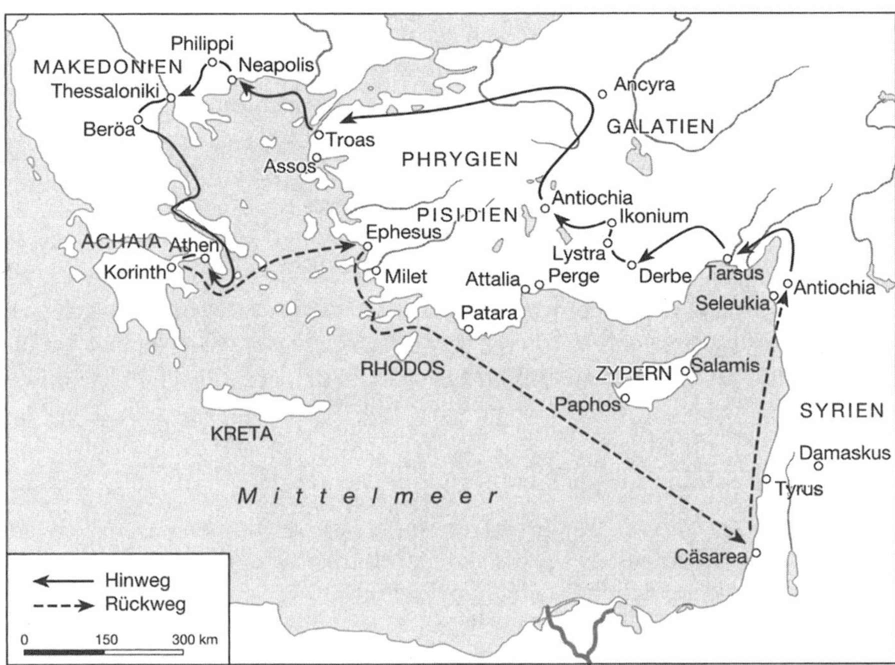

Abb. 10: Die zweite Missionsreise des Paulus

Für die südlich der Landschaft gelegene Provinz spricht dagegen, dass sich Paulus dort mit seinem Griechisch ohne Probleme hätte verständlich machen können sowie die Aussage von einem ersten oder früheren Besuch bei den Galatern. Dieser wäre dann im Rahmen der ersten Missionsreise erfolgt. Die Argumente für die eine oder andere Position wiegen ungefähr gleich und so soll hier auf eine detailiert begründete Stellungnahme verzichtet werden.

Seine Tätigkeit auf dieser Reise ist von unterschiedlichem Erfolg gekrönt: Er gründet die Gemeinde in Philippi. Es ist seine „Lieblingsgemeinde", von der er später auch finanzielle Unterstützung annimmt. Da er davon ausdrücklich berichtet, lässt er sich mit hoher Wahrscheinlichkeit von anderen Gemeinden *nicht* alimentieren. Er gründet ferner die Gemeinde von Thessalonich. Weil er sich dort nicht lange aufhalten kann und vor Verfolgungen flüchten muss, schreibt er schon bald einen Brief an die Thessalonicher. Es handelt sich dabei um den ältesten erhaltenen Brief des Paulus und damit um das erste christliche Schreiben überhaupt. Der 1Thess dürfte um 49 n. Chr. entstanden sein. Seine Weiterreise nach Süden führt ihn nach Athen. Sein Auftreten dort war vermutlich nur kurz und völlig erfolglos, so dass er sich genötigt sieht, nach Korinth weiterzuziehen. Die Gemeinde von Korinth dürfte ebenfalls von ihm gegründet worden sein (vgl. Apg 18), wenngleich Paulus betont, dass er dort nur einige wenige Personen eigenhändig getauft hat.

Ob er aus Korinth vertrieben wurde oder die Stadt nach einem Gerichtsbeschluss verlassen musste, wissen wir nicht. Allerdings berichtet die Apg, dass er vor dem Richterstuhl des römischen Konsul Gallio stand. Möglicherweise wurde er freigesprochen, aber des Landes verwiesen. In Apg 18,11 wird die Missionsarbeit des Apostels Paulus in Korinth summarisch mit einer Dauer von einem Jahr und sechs Monaten angegeben. Ein Vers später heißt es dann:

> *Apg 18,12: Als aber Gallio Prokonsul von Achaja war, traten die Juden einmütig gegen Paulus auf und führten ihn vor den Richterstuhl [des Prokonsuls]*

Diese Aussage stellt eine wichtige Notiz in der Datierungsfrage paulinischer Tätigkeit dar. Aufgrund einer Inschrift wissen wir heute, wann Gallio sein Amt in Korinth ausübte. Dies dürfte in der Zeit zwischen 51 und 53 gewesen sein. Zu dieser Zeit hielt sich Paulus demnach in Korinth auf.

Die Römer hatten 146 v. Chr. die Stadt völlig zerstört, doch wurde sie von Julius Caesar im Jahre 44 v. Chr. neu ge- und begründet. Viele römische Veteranen, d.h. die aus der Legion Entlassenen sowie freigelassene ehemalige Sklaven, die i.d.R aufgrund von Verdiensten von ihren Herren freigelassen worden waren, zogen in die neue Stadt. Zur Zeit des Paulus war Korinth die Hauptstadt der römischen Provinz Achaia mit einem Prokonsul an der Spitze.

Gallio

„Lucius Junius Gallio Annaeanus war ein Sohn des Rhetors M. Ännäus Seneca. Er war im spanischen Cordoba geboren und kam während der Regierungszeit des Kaisers Tiberius mit seinem Vater nach Rom. In Rom wurde er von einem Freund seines Vaters, dem Redner L. Junius Gallio, einem reichen Römer, adoptiert und trug fortan anstelle seines urspünglichen Namens (Marcus Ännäus Novatus) den seines Adoptivvaters. Sein jüngerer Bruder war Seneca, der berühmte Philosoph, Dichter und Erzieher des Kaisers Nero.

Sein Bruder rühmte seine rechtschaffenen und gewinnenden Charakter: „Kein Sterblicher wird von irgend jemandem derart geschätzt wie dieser von allen." (Sen nat. 4a, praed. 11 [= Seneca, Naturales quaestiones. Libri septem ad Lucilium:])

Er hatte noch einen weiteren Bruder Mela, den späteren Vater des Dichters Lukan. Gallio blieb nicht lange in seinem Amt, sondern mußte es krankheitshalber vorzeitig aufgeben (Sen. Epist 104,1.[= Seneca, Epistulae morales ad Lucilium]). Er wurde vom Fieber befallen und suchte auf einer Kreuzfahrt Heilung von seinem Leiden. Später (nach seinem Konsulat) unternahm er eine Seefahrt nach Rom und Ägypten, weil er befürchtete, schwindsüchtig zu werden.

Nach dem Tod Senecas 65 n. Chr. ließ man ihn zunächst unbehelligt, doch fiel er wenig später zusammen mit seinem Bruder Mela Neros Argwohn zum Opfer."

Er wurde zum Selbstmord gezwungen.

„Die Gallio-Inschrift wurde 1905 erstmalig veröffentlicht. Sie gibt einen Brief des Kaisers Claudius an die Stadt Delphi wieder. Aus den im Vorwort (Präskript) angeführten Titeln des Kaisers lässt sich erheben, dass der Brief vermutlich zwischen dem 25. Januar und 1. August 52 geschrieben wurde. In Zeile 6 wird Gallio mit folgenden Worten erwähnt:

Gallio, mein Freund und (derzeitiger[?]) Prokonsul von Achaja."

(http://www.efg-hohenstaufenstr.de/downloads/bibel/gallio.html, 18.10. 2018)

Das Amtsjahr eines Prokonsuls – er regierte jeweils nur ein Jahr – begann wahrscheinlich am 1. Juni, und zwar überall im römischen Reich. Während der Wintermonate ruhte die Seefahrt auf dem Mittelmeer, ausgenommen es waren sehr milde Winter oder es war aus bestimmten Gründen unvermeidbar, früher die Segel zu hissen. Ein solcher Grund konnte z.B. eine drohende Hungersnot in Rom sein, so dass man auf Getreidenachschub aus Ägypten angewiesen war.

Nach diesen Überlegungen erstreckte sich das Amtsjahr des Gallio als Prokonsul in Achaia vom 1. Juni 51 bis 1. Juni 52 oder vom 1. Juni 52 bis 1. Juni 53 (vgl. Pokorny 279f)

Korinth hatte sich zu einer bunten Stadt entwickelt, in der es die unterschiedlichsten Religionen gab: Tempel mit griechischen und römischen Gottheiten zierten die Stadt, orientalische Mysterienkulte wurden ausgeübt und es gab auch jüdische Gemeinden. Daneben lagen eine Vielzahl an religiösen und philosophischen Ideen miteinander im Wettstreit und vermischten sich untereinander. Die Lasterhaftigkeit Korinths war, wie in einer Hafenstadt üblich, sprichwörtlich. Freilich wird auch vermutet, dass es sich bei dieser Bewertung der Stadt um Propaganda handelt, die vom konkurrierenden Athen ausging.

Seine herausragende Bedeutung ergibt sich aus der Tatsache, dass es an der Engstelle zwischen „zwei Meeren" liegt. Den heute noch befahrenen Kanal von Korinth gab es zu dieser Zeit noch nicht. Sein Bau wurde u.a. von Kaiser Nero (+ 68 n. Chr.) im Jahre 67 in Angriff genommen, nachdem es schon lange vorher immer wieder Überlegungen gab, diese Landenge, den Isthmus von Korinth, zu durchstechen. Weit gekommen ist man zu dieser Zeit nicht, denn nach dem Tode Neros wurden die Arbeiten nicht fortgeführt. Der heutige Kanal wurde erst im Jahre 1893 vollendet. Er ist ca. 6,3 km lang und auf Wasserhöhe ca. 24 m breit. Der Wasserspiegel liegt 80 m unter dem heutigen Straßenniveau.

Zur Zeit des Paulus schleppte man die Schiffe auf einem Schleifweg (Diolkos genannt) über die Landenge, denn dies erspart immerhin einen maritimen Seeweg von ca. 400 km. Dieser Schleifweg ist bis zum heutigen Tag zu sehen.
Die Mühen, die Schiffe über die Landenge zu ziehen, müssen unvorstellbar gewesen sein.

Während seines Aufenthalts in Korinth geht Paulus der von ihm erlernten Tätigkeit als Sattler oder Zeltmacher nach. Er eröffnet wohl keinen eigenen Laden,

Abb. 11: Der Kanal von Korinth

Abb. 12: Der Schleifweg von Korinth

sondern arbeitet bei einem Ehepaar namens Aquila und Priszilla. In der Apg heißt es:

> *Apg 18,2 Und er fand einen Juden namens Aquila, aus Pontus gebürtig, der kürzlich aus Italien gekommen war, und Priszilla, seine Frau – weil Klaudius befohlen hatte, daß alle Juden sich aus Rom entfernen sollten. Er ging zu ihnen...*

Hier begegnet uns also wieder die Ausweisung der Juden aus Rom. Warum und wieso diese erfolgte, lässt sich nicht genau sagen. Es wird freilich vermutet, dass dieses Ereignis mit einer Notiz bei Sueton zusammenhängt. Der antike Geschichtsschreiber berichtet, die Juden hätten auf Betreiben eines Anführers namens Chrestus in Rom für Unruhe gesorgt:

Abb. 13: Verkaufswerkstätten im großen Basar in Kairo, dem Khan al-Khallil, Foto: K. Dorn

> *Die Juden, die sich von Chrestos zu Unruhen anstiften ließen, vertrieb er aus Rom. (Sueton, Claudius 25,4)*

Man schließt aus dieser Anmerkung des Sueton, dass es sich nicht um einen Mann namens Chrestus handelt, sondern dass es zu Auseinandersetzungen zwischen Juden und Christen kam, vielleicht auch nur um Judenchristen ging. Letztere hätten daraufhin die Stadt verlassen müssen und hätten sich sonst im römischen Reich angesiedelt, Aquila und Priszilla eben in Korinth. Es gibt viele Zeugnisse aus dieser Zeit – unter anderem in Ephesus – dass sich Laden und Werkstatt im gleichen Raum befanden und entlang der Marktstraßen angeordnet waren. Derartige Werkstattläden finden sich bis zum heutigen Tag in orientalischen Städten wie etwa in Istanbul oder Kairo.

Man kann sich gut vorstellen, wie man bei der Arbeit mit den Kunden ins Gespräch kommen kann. Es würde dem Naturell des Paulus widersprechen, wenn er ausschließlich in seiner „Freizeit“ missioniert hätte.

Später siedelte er laut Apg 18 in die Nähe der Synagoge über, in das Haus, das dem „Gottesfürchtigen“ Titus Justus gehörte. Wie oben schon dargelegt, handelt es sich dabei um einen Nichtjuden, der mit dem jüdischen Glauben sympathisiert, das Judentum vor Ort auch finanziell unterstützt, aber den letzten Schritt zum letzten Schnitt nicht vollzieht, aus gesundheitlichen wie auch aus gesellschaftlichen Gründen. Auch wenn das Judentum in der Diaspora zur Zeit Jesu relativ tolerant gewesen zu sein scheint, verbieten sich für Juden doch die Teilnahme an gewissen gesellschaftlichen Ereignissen, wie z.B. den „Arbeitsessen" im Umfeld der Tempel (s. S. 107-115 zum Streit um das „Götzenopferfleisch").

Im Frühchristentum Korinths dominierten die Heidenchristen – die Gruppe der Judenchristen dürfte dagegen kleiner gewesen sein, und schließlich gab es noch Christen aus der Gruppe der Gottesfürchtigen. Alles in allem spiegelte das frühe Christentum vermutlich den Querschnitt der antiken Stadtgesellschaft wider. Die Gemeinden begannen als Hausgemeinden mit 10 bis 20 Mitgliedern, eben nur so vielen Personen, wie ein größeres Haus zu einer Gottesdienstversammlung aufnehmen konnte. Daraus wird schon klar, dass die christlichen (Haus-)Gemeinden nicht nur aus armen Schluckern bestanden.

Der folgende Aufenthalt des Paulus in Ephesus ist laut Apg 18,20f von ausgesprochen kurzer Dauer. Paulus verlässt die Stadt und reist weiter nach Cäsarea und von dort nach Antiochia. Vielleicht hat er in Ephesus jenen Brief an die Korinther geschrieben, von dessen Existenz wir zwar wissen, der aber als solcher vermutlich nicht mehr erhalten ist (1Kor 5,9; s.u.). Ob die Wendung *„er ging hinauf und begrüßte die Gemeinde"* in Apg 18,22 eine Stippvisite in Jerusalem bezeichnet, soll nicht weiter diskutiert werden. Möglich ist dies durchaus, denn Antiochia besaß selbst einen Hafen, den Paulus hätte anlaufen können.

Zusammenfassung

Die zweite Missionsreise führt Paulus von Antiochia ausgehend über das kleinasiatische Galatien nach Griechenland. Dort gelangt er über Philippi nach Thessalonich. Vielleicht hindert ihn das Claudiusedikt weiter auf der Römerstraße nach Westen zu ziehen. Jedenfalls biegt er in Thessalonich nach Süden ab und kommt über Athen, wo er sich nur sehr kurz aufhält, nach Korinth. Unterwegs schreibt er seinen ersten Brief an die Christen in Thessalonich, die er offensichtlich überstürzt verlassen musste. In Korinth bleibt er für eine relativ lange Zeit, schätzungsweise mehr als ein Jahr. Er arbeitet in einer Werkstatt, die einem Ehepaar namens Priscilla und Aquilla gehört, die wie er dem Beruf des Zeltmachers oder Sattlers nachgehen. In der Zeit seines Aufenthalts wird er vor Gericht gestellt und dem Prokonsul Gallio vorgeführt. Nach dem Gerichtsverfahren dürfte er sich nicht mehr lange in Korinth aufgehalten haben; vielleicht wurde er der Stadt oder der Provinz verwiesen. Über Ephesus kehrt Paulus auf dem Seeweg nach Palästina zurück.

18. Der Erste Thessalonicherbrief: Welche Erwartungen des Paulus werden deutlich?

Der Brief enthält alle Merkmale, die ein solches Schreiben in der Antike auszeichnen. Es soll hier nicht darüber diskutiert werden, ob Paulus nun die griechische oder orientalische Briefform benutzt:

Der Brief beginnt mit dem/den Absender/n: *Paulus und Silvanus und Timotheus.*

Es folgt der Adressat: *die Gemeinde der Thessalonicher in Gott, dem Vater, und dem Herrn Jesus Christus.*

Daran schließt der Gruß an: *Gnade euch und Friede!*

Schließlich fährt Paulus in der Regel mit einem Dankgebet fort, das hier sehr ausführlich gehalten ist und auch den vorausgehenden Gründungsbesuch des Paulus Revue passieren lässt:

> *2 Wir danken Gott allezeit für euch alle, indem wir euch erwähnen in unseren Gebeten und unablässig 3 vor unserem Gott und Vater an euer Werk des Glaubens gedenken und die Bemühung der Liebe und das Ausharren in der Hoffnung auf unsern Herrn Jesus Christus; 4 und wir kennen, von Gott geliebte Brüder, eure Auserwählung; 5 denn unser Evangelium erging an euch nicht im Wort allein, sondern auch in Kraft und im Heiligen Geist und in großer Gewißheit; ihr wißt ja, als was für Leute wir um euretwillen unter euch auftraten. 6 Und ihr seid unsere Nachahmer geworden und die des Herrn, indem ihr das Wort in viel Bedrängnis mit Freude des Heiligen Geistes aufgenommen habt, 7 so daß ihr allen Gläubigen in Mazedonien und in Achaja zu Vorbildern geworden seid. 8 Denn von euch aus ist das Wort des Herrn erschollen, nicht allein in Mazedonien und in Achaja, sondern an jeden Ort ist euer Glaube an Gott hinausgedrungen, so daß wir nicht nötig haben, etwas zu sagen. 9 Denn sie selbst erzählen von uns, welchen Eingang wir bei euch hatten und wie ihr euch von den Götzen zu Gott bekehrt habt, dem lebendigen und wahren Gott zu dienen 10 und seinen Sohn aus den Himmeln zu erwarten, den er aus den Toten auferweckt hat – Jesus, der uns errettet von dem kommenden Zorn.*

Aus diesem Text geht hervor, dass Paulus in Thessalonich gut aufgenommen wurde und mit seiner Mission großen Erfolg hatte, und zwar bei Nichtjuden: ... *wie ihr euch von den Götzen zu Gott bekehrt habt...*

In diesem ersten Abschnitt zitiert Paulus in V 10 vermutlich eines der ältesten frühchristlichen Bekenntnisse: *dem lebendigen und wahren Gott zu dienen 10 und seinen Sohn aus den Himmeln zu erwarten, den er aus den Toten auferweckt hat.*

Die Auferweckung der Toten am Ende der Zeit ist keineswegs eine christliche „Erfindung" oder ein originär christliches Bekenntnis. Vielmehr geht aus dem

Streitgespräch Jesu mit den Sadduzäern um die Auferstehung in Mk 12 hervor, dass in Teilen des Judentums die Auferstehung zum Glaubensgut gehört, von den Sadduzäern allerdings nicht anerkannt wird. Ein zweiter Beleg findet sich im Schemone Esre (= 18), dem Achtzehnbittengebet, das auch unter dem Namen „Amida" (= stehend) bekannt ist und bis heute zu den Hauptgebeten des Judentums gehört. Es wird vermutet, dass dieses Gebet auf die Zeit Jesu oder sogar auf die vorchristliche Zeit zurückgeht, freilich noch nicht im heutigen Umfang von 18 bzw. 19 Bitten. Die meisten Bitten enden mit einem Lobpreis wie z.B. der zehnte Abschnitt, an dessen Ende es heißt: „Gelobt seist du, Ewiger, der du die Verstoßenen deines Volkes Israel sammelst". Hier wird die Hoffnung auf die Wiederherstellung des Zwölfstämmevolkes in der Endzeit zum Ausdruck gebracht, die Jesus durch die Berufung und Sammlung der Zwölf Jünger im Sinne einer Zeichenhandlung in seiner Gegenwart ansatzhaft verwirklich hat. Im Zweiten Abschnitt lautet der Lobpreis: *„Gelobt seist du, Ewiger, der du die Toten wiederbelebst"* (Sidur Sefat Emet 41).

Das Neue und Besondere im Glauben der Christen besteht darin, dass sich die endzeitliche Auferweckung, die ganz in der Hand Gottes liegt, an Jesus bereits ereignet hat und dieser Auferstandene als der Christus, der Messias, zu Gott erhöht worden ist und zur Rechten Gottes sitzt.

Inhaltlich ist der Brief unter anderem durch die Auseinandersetzungen zwischen Juden, Heiden und Christen geprägt. Er enthält dabei einen deutlich antijüdischen Akzent:

> *1Thess 2,13 Und darum danken auch wir Gott unablässig, daß, als ihr von uns das Wort der Kunde von Gott empfingt, ihr es nicht als Menschenwort aufnahmt, sondern, wie es wahrhaftig ist, als Gottes Wort, das in euch, den Glaubenden, auch wirkt. 14 Denn, Brüder, ihr seid Nachahmer der Gemeinden Gottes geworden, die in Judäa sind in Christus Jesus, weil auch ihr dasselbe von den eigenen Landsleuten erlitten habt wie auch sie von den Juden, 15 die sowohl den Herrn Jesus als auch die Propheten getötet und uns verfolgt haben und Gott nicht gefallen und allen Menschen feindlich sind, 16 indem sie – um ihr Sündenmaß stets voll zu machen – uns wehren, zu den Nationen zu reden, damit die errettet werden; aber der Zorn ist endgültig über sie gekommen.*

Eine derartige Aussage traut man Paulus eigentlich nicht zu! Sagt er nicht an anderer Stelle, er sei den Juden ein Jude geworden um möglichst viele zum Glauben zu gewinnen (1Kor 9,20)? Und in Röm 11 verteidigt er das Privileg Israels, bleibend Gottes Volk zu sein aufgrund des Bundes, den Gott mit Abraham geschlossen hat, eine Aussage, die von verschiedenen christlichen Richtungen gerne ignoriert wird. Wie kann er dann in 1Thess so reden? Aber es hilft nichts. Es handelt sich bei diesen Aussagen mit hoher Wahrscheinlichkeit nicht um eine Einfügung eines späteren, antijüdischen Autors, wie man zeitweise mutmaßte. Die Verse dürften von Paulus selbst stammen.

Zum einen ist besonders dem Galaterbrief zu entnehmen, dass Paulus aus seinem Herzen keine Mördergrube macht. Er schreibt sehr direkt und verhehlt auch seinen Ärger nicht. Er beschimpft seine Gegner z.B. als Pseudo[mit]brüder und nennt Petrus einen Heuchler. Es ist daher anzunehmen, dass er sich nachhaltig über die Anfeindungen der frühchristlichen Gemeinden durch „die Juden" geärgert hat. Er wirft ihnen vor, die christliche Mission zu behindern. Ebenso wie die (juden-)christlichen Gemeinden von den Juden bedrängt werden, so seine Aussage, so werden jetzt die Christen in Thessalonich von ihren Mitbürgern angefeindet. Die Aussagen über die Juden an dieser Textstelle relativieren sich nur geringfügig durch die Tatsache, dass Paulus Vorwürfe aufgreift, die von Seiten jüdischer Kreise wie auch der nichtjüdischen Umwelt, auch von prominenten zeitgenössischen Autoren, gegen das Judentum erhoben werden.

So wird im Gleichnis vom Weinberg Mk 12 sowie im Gleichnis vom Hochzeitsmahl in Mt 22 der Topos aufgegriffen, Israel misshandele die Gesandten Gottes, die Propheten, und töte sie. Dies ist ein innerjüdischer Vorwurf an Israel (vgl. Steck, Israel).

Der Vorwurf der Feindschaft gegen das Menschengeschlecht resultiert dagegen aus „heidnischen" Vorstellungen (vgl. Thoma 117). Er rührt daher, dass sich das Judentum vielfach von seiner nichtjüdischen Umwelt abgrenzt. Das beginnt bereits damit, dass Juden ausschließlich ihren eigenen Gott verehren und nicht an der Staatsreligion teilnehmen. Man wirft ihnen ferner vor, stets unter sich zu bleiben, untereinander zu heiraten, den Warenverkehr auf jüdische Kreise zu beschränken, u.a. bei Tacitus, Historien V, 1-10, bes. V,1-2:

> *Diese Kultbräuche, auf welche Weise auch immer eingeführt, werden durch ihr hohes Alter gerechtfertigt: die übrigen Einrichtungen, unsinnig und abstoßend, kamen zur Geltung eben wegen ihrer Abscheulichkeit. Denn überall waren es gerade die übelsten Elemente, die ihren Väterglauben aufgaben und Tempelabgaben und Spenden dort zusammenhäuften; daher wuchs die Macht der Juden, und auch deshalb, weil unter ihnen unverbrüchliche Treue waltet und hilfsbereites Mitleid, gegen alle anderen aber feindseliger Haß. (2) Abgesondert sind sie beim Essen, getrennt beim Schlafen, und obwohl ein der Sinnlichkeit ganz hingegebenes Volk, enthalten sie sich des Geschlechtsverkehrs mit fremdländischen Frauen; untereinander gilt ihnen nichts als unerlaubt... (https://agiw.fak1.tu-berlin.de/Auditorium/LaVoSprA/SO6/TacHist.htm (1.10.2018))*

Die von Paulus ins Feld geführten Anschuldigungen sind somit „nichts Neues" und vielleicht sogar weit verbreitet, ändern aber nichts an der Tatsache, dass er hier Israel in massiver Weise angeht. Er möchte den frühen Christen in Thessalonich vor Augen führen, dass sie mit ihren christlichen Brüdern und Schwestern und mit Jesus Christus selbst in einer Leidensgemeinschaft stehen und der christliche Glaube von ihnen Opfer verlangt. Die Aussagen des Paulus wollen zum einen Trost und Ermutigung sein, zum anderen aber auch Verkündigung, dass die Nachfolge Christi Kreuzesnachfolge ist. So formuliert es auch das Markusevangelium nur ca. zwei Jahrzehnte später.

Zur Einleitung des Briefes gehört aber auch ein apologetischer Teil, in dem sich Paulus gegen echte oder mögliche Angriffe verteidigt. Er erzählt von Leidenserfahrungen in Philippi, einer Gemeinde, die ihm ansonsten sehr am Herzen liegt (2,2), beteuert, dass es ihm bei der Verkündigung in Thessalonich niemals darum ging, als Verkündiger geehrt zu werden und dass er schließlich der Gemeinde nicht auf der Tasche lag, obwohl ihm der Unterhalt von Seiten der Gemeinde zugestanden hätte (2,7-9). Aus den Aussendungsreden der Evangelien (z.B. Lk 10,7) geht hervor, dass die Verkündiger das Gastrecht der besuchten Gemeinde in Anspruch nehmen durften. Das haben offensichtlich viele auch so gehandhabt. Sowohl hier als auch in 2Kor 11,7 betont Paulus, dass er nicht auf Kosten der Gemeinde gelebt hat, sondern sich seinen Lebensunterhalt durch seine Hände Arbeit verdient hat. Paulus wird scheinbar deshalb von seinen Gegnern angegriffen: Er sei kein richtiger Apostel, weil er dieses Gastrecht nicht in Anspruch nehme. Wie gesagt, ist bei derartigen Verteidigungsreden nicht immer ganz klar, ob Paulus tatsächlich in irgendeiner Weise von anderen christlichen Verkündigern angegriffen wurde, oder vorbeugende Maßnahmen ergreift: Es könnte ja jemand daherkommen und behaupten, dass ich versuche dafür geehrt zu werden, weil ich soundso viele Bekehrungen vorweisen kann o.Ä.

Im Übrigen will Paulus die Gemeinde ermutigen und mahnen. Im Gegensatz zum ersten Korintherbrief finden sich hier kaum Themen, die Paulus brieflich aufarbeiten müsste, wohl aber Aussagen, in der die Sorge um die junge Gemeinde erkennbar wird, dies besonders in Kap. 3.

Ein zentraler Gedanke des Briefes ist allerdings ein Abschnitt in Kap. 4, der für die Endzeitvorstellung der Christen im Allgemeinen und des Paulus im Besonderen von höchster Relevanz ist. Hier heißt es:

> *13 Wir wollen euch aber, Brüder, nicht in Unkenntnis lassen über die Entschlafenen,*
> *damit ihr nicht betrübt seid wie die übrigen, die keine Hoffnung haben. 14 Denn*
> *wenn wir glauben, daß Jesus gestorben und auferstanden ist, wird auch Gott eben-*
> *so die Entschlafenen durch Jesus mit ihm bringen. 15 Denn dies sagen wir euch in*
> *einem Wort des Herrn, daß wir, die Lebenden, die übrigbleiben bis zur Ankunft*
> *des Herrn, den Entschlafenen keineswegs zuvorkommen werden. 16 Denn der Herr*
> *selbst wird beim Befehlsruf, bei der Stimme eines Erzengels und bei dem Schall der*
> *Posaune Gottes herabkommen vom Himmel, und die Toten in Christus werden*
> *zuerst auferstehen; 17 danach werden wir, die Lebenden, die übrigbleiben, zugleich*
> *mit ihnen entrückt werden in Wolken dem Herrn entgegen in die Luft; und so*
> *werden wir allezeit beim Herrn sein. 18 So ermuntert nun einander mit diesen*
> *Worten!*

Es wurde schon gesagt, dass sich Paulus nicht sehr lange in Thessalonich aufgehalten hat/aufhalten konnte, auch wenn wir die genaue Dauer nicht angeben können. Er musste Thessalonich verlassen und zog über Athen weiter nach Korinth. Von hier aus oder auch schon unterwegs schreibt er vermutlich seinen Brief an die Gläubigen nach Thessalonich.

Während seiner Abwesenheit kommt es in der jungen christlichen Gemeinde offensichtlich zu wenigstens einem Todesfall. Nun sind die Angehörigen und Mitchristen in Glaubensnöten, denn sie vermuten, dass der Verstorbene bei der Wiederkunft Jesu, dem Ende der Zeit also, irgendwelche Nachteile haben würde. Diese Ansicht korrigiert Paulus mit seinen Ausführungen, indem er feststellt, dass vor allem anderen im Augenblick der Wiederkunft Jesu, der Parusie, die Toten auferweckt werden.

Sie werden dann zusammen mit den (noch) Lebenden mit dem Wiederkommenden Herrn zusammentreffen. Die Vorstellungen des Paulus dürften jenen seiner Zeit entsprechen. Die Parusie wird eingeleitet mit machtvoller himmlischer Stimme und göttlicher Posaune. „Himmel" verstand man als festes Gewölbe über der Erde (vgl. Gen 1,6-16), das nicht nur das Wasser „unten" vom Regenwasser „oben" trennte, sondern an dem auch Sonne, Mond und Sterne befestigt waren bzw. dort auf den vorgeschriebenen Bahnen von Engeln hin und her geschoben wurden (s. Abbildung 5).

Den Himmel stellte man sich, wie oben schon bemerkt, mehrschalig vor (2Kor 12,2) und Gott sitzend über der obersten Schale. Dorthin, so das ntl. Bild von der Himmelfahrt, wurde der Auferstandene mittels eines „Wolkentaxis" entrückt, welches ansonsten nur Gott zur Verfügung steht (Ps 104,3).

Von dort kommt er am Ende der Zeit wieder zur Erde und begegnet dort, oder auch im Raum zwischen Himmel und Erde, seinen Gläubigen, um sie zu sich

Abb. 14: Hans Memling: Das jüngste Gericht, ca. 1466

Abb. 15: John Singleton Copley: Die Himmelfahrt Jesu, 1775

„heimzuholen". Es ist kaum anzunehmen, dass sich Paulus oder auch andere Autoren, die über diese Zeit sprechen, das alles nur „bildlich" vorgestellt haben. Für sie ging es um Realitäten, denn die Schrift spricht ganz konkret von derartigen Vorgängen: Da gibt es z.B. entsprechende Aussagen der Propheten (Jes 6; vor allem aber Ez 1 und Ez 10) oder auch die Vorstellungen in der Offenbarung des Johannes im NT.

Wann sich das Ganze ereignet, kann auch Paulus nicht sagen, aber er ist sich sicher, dass sich die Wiederkunft Jesu zu seinen Lebzeiten ereignen wird. Er rechnet jederzeit, in jeder Stunde, mit der Parusie Christi. Der Tag des Herrn kommt wie der Dieb in der Nacht (vgl. 1Thess 5,2; 2Petr 3,10; Offb 16,15); Paulus mahnt zur Wachsamkeit und Nüchternheit (1Thess 5,6 vgl. Lk 12,45f; Lk 21,34), damit niemand von diesem Ereignis überrascht werde.

Warum Paulus in einer derart massiven Naherwartung lebt, wie sie in keinem Evangelium zum Ausdruck kommt, hängt vermutlich mit seiner Vorstellung der Auferstehung zusammen. Die Auferstehung Jesu ist für ihn der Beleg für die unmittelbar bevorstehende allgemeine Auferstehung aller Gläubigen und damit verbunden der Wiederkunft des Herrn.

Zwar finden sich auch in etlichen anderen ntl. Schriften Spuren dieser Naherwartung, aber nirgends wird sie so massiv erwartet wie in 1Thess. In späteren ntl. Texten hat man im Gegenteil etwas Mühe, das Ausbleiben der Wiederkunft zu begründen. Lk entwickelt beispielsweise eine Stetserwartung: Wir wissen nicht, wann der Herr kommt; es kann auch sehr bald sein. Wichtig ist aber: Bleibt nüchtern und wachsam. Ähnlich formuliert Mt im Gleichnis von den klugen und dummen Mädchen mit ihren Lampen: Es ist kein Vergehen, einzuschlafen während man auf den Bräutigam wartet. Es schlafen ja nicht nur die dummen, sondern auch die klugen Frauen. Es gilt aber, bereit zu sein, wenn er kommt, hier im Bild: genügend Reserveöl für die Lampen dabei zu haben.

Wieder einen anderen Weg schlägt der spät verfasste zweite Petrusbrief ein: Er begründet das Ausbleiben der Parusie mit dem völlig anderen Zeitverhältnissen bei Gott:

2Petr 3,8 Dies eine aber sei euch nicht verborgen, Geliebte, daß beim Herrn ein Tag ist wie tausend Jahre und tausend Jahre wie ein Tag.

Diese wie auch andere Texte, die sich um das Ende der Zeiten drehen, sind sicher bis zum heutigen Tag relevant, denn ein Christentum ohne Endzeiterwartung ist schlichtweg nicht vorstellbar. Zu sehr ist es durch die Aussagen Jesu selbst vom kommenden Königreich Gottes wie auch von den nachösterlichen Erwartungen von der Wiederkehr des Herrn, der so genannten Parusie, geprägt. Gleichzeitig sind diese Texte aber auch obsolet geworden, da sie heute nicht mehr in ihrer ursprünglichen Weise verstanden werden können. Die Himmel und an ihnen befestigt Sonne, Mond und Sterne wölben sich nicht mehr über der Erde. Die Erde ist ein winziges Staubkorn im All – wo also wohnt dann dieser Gott? Und wenn unsere Sonne einmal verglüht und mit ihr die Erde, wird der Kosmos davon keine Notiz nehmen. Es entstehen neue Sterne und Planeten, von denen wir nichts wissen. Wenn daher heute die Vorstellung von der kommenden Herrschaft Gottes vermittelt werden soll, so geht dies nur unter Einbeziehung unseres heutigen Weltbildes und heutiger Erkenntnisse, wie z.B. das Wissen, dass Zeit nicht absolut ist, sondern vom Raum abhängig, in dem sie „gemessen" wird. Ein Mensch, der nicht mehr in dieser Welt lebt, der die Erde z.B. in einem Raumschiff verlässt oder der stirbt, unterliegt nicht mehr unserer Zeit. Für einen Toten endet Zeit, und dies gilt für alles Sein, dessen Zeit in irgendeiner Weise begrenzt ist. Obwohl dieser Gedanke hier nicht weiter verfolgt werden kann, soll zumindest erwogen werden, ob sich „das Ende" von allem – das NT würde hier sagen: Das Kommen der Gottesherrschaft – nicht vielleicht dann ereignet, wenn für jeden Menschen seine irdische Zeit endet und er in der Zeitlosigkeit Gottes ankommt.

Der Schluss des Briefes gibt möglicherweise einen Hinweis auf die Gemeindestruktur in Thessalonich: Die Mahnung, den Brief allen vorzulesen, kann dahin verstanden werden, dass es verschiedene Hausgemeinden gab und der Brief an alle weitergegeben werden soll.

19. Wohin führt Paulus seine dritte Missionsreise und welche Briefe verfasst er in dieser Zeit?

Es wurde oben schon angedeutet, dass Paulus z.B. den Römerbrief wahrscheinlich auf seiner dritten Missionsreise verfasst hat. Als Abfassungsorte kommen dafür Korinth oder auch Ephesus in Betracht – von beiden Städten aus war eine relativ rasche Zustellung nach Rom möglich.

Die Stationen der Reise selbst lassen sich allerdings nur mit Hilfe der Apostelgeschichte rekonstruieren. Das Interesse an einer Rekonstruktion ist nicht allein wissenschaftlicher Natur, sondern auch im Hinblick auf die Abfassungszeit der paulinischen Briefe interessant. Es lassen sich zwar keine grundsätzlichen Änderungen der paulinischen Theologie im Laufe der Zeit erkennen, aber es ist beispielsweise schon von Bedeutung, dass der Römerbrief, der deutliche Parallelen zum Galaterbrief aufweist, erst *nach* diesem verfasst worden ist. Paulus, der zur Zeit der Abfassung des Galaterbriefs offensichtlich über die Galater sehr verärgert ist, weil

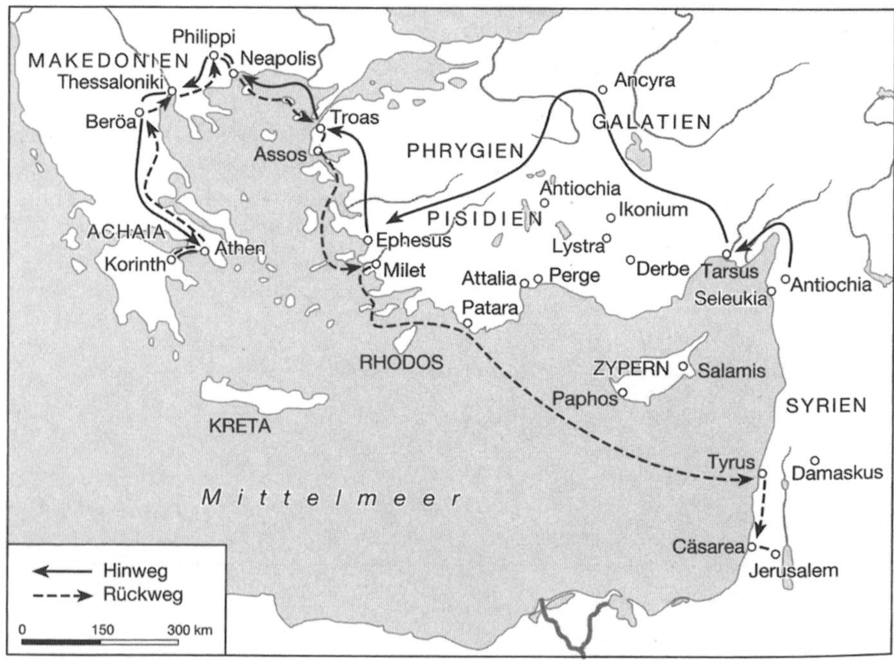

Abb. 16: Die dritte Missionsreise des Paulus

sie sich von den judenchristlichen Missionaren so einfach vom paulinischen Weg abbringen lassen, hat sich zu Zeiten des Römerbriefes offensichtlich schon wieder beruhigt. Natürlich kann und muss er gegenüber den Römern auch nicht so vehement auftreten, denn die Situation in Rom ist eine gänzlich andere und Paulus muss sich (persönlich) auch nicht verteidigen. Die Situation ähnelt insofern jener zur Zeit der Abfassung des Galaterbriefes, als Paulus auch gegenüber den Römern „sein" Evangelium vorlegt, vermutlich um die Zustimmung und Unterstützung der römischen Gemeinden für weitere geplante Missionsreisen zu erhalten.

Die dritte Missionsreise führt ihn nach Kleinasien mit einem Gefängnisaufenthalt in Ephesus, dann übers Meer nach Thessalonich und nach Korinth, zurück nach Mazedonien und (erneut ?) nach Korinth, auf dem Landweg nach Thessalonich und Philippi, nach Kleinasien und über Rhodos schließlich wieder zurück nach Cäsarea. Dabei besucht er die „alten" Gemeinden; vermutlich finden keine Neugründungen mehr statt.

Auf dieser Reise hat er die meisten Briefe abgefasst, – unter anderem die Korintherbriefe, zumindest den zweiten, aber auch den Galaterbrief sowie den Philipper- und den Philemonbrief, letztere mit hoher Wahrscheinlichkeit während seines Gefängnisaufenthaltes in Ephesus.

Der Aufenthalt in Ephesus war nicht gerade von Harmonie geprägt. Laut Apg kommt es angesichts der Predigt des Paulus zum Aufstand und zu einer Demonstration der Silberschmiede, die um ihren Verdienst fürchteten. Dazu muss man

Abb. 17: Standort und Reste des Artemistempels in Ephesus

Abb. 18: Die Johannesbasilika Selçuk, Foto: K. Dorn

wissen, dass sich in Ephesus eines der sieben Weltwunder der Antike befand. Es handelt sich um den Tempel der Göttin Artemis, der von Umfang und Pracht seinesgleichen suchte. Von diesem Bauwerk sind heute leider nur noch zwei Säulen übrig, die in einem mückenverseuchten Sumpfgelände stehen, dem ehemaligen Standort des Tempels.

Er wurde, wie auch die Stadt Ephesus, durch verschiedene Erdbeben zerstört. Ein großer Teil der Steine dürften in der nahegelegenen Isabey-Moschee oder auch in der dortigen Johannesbasilika auf der Zitadelle des Ortes verbaut worden sein. Von ihr stehen immerhin noch die Grundmauern.

Es heißt, das Götterbild der Artemis, das im Tempel aufgestellt worden war, sei vom Himmel gefallen. Man vermutet, dass ein Meteorit in das Götterbild oder in den Tempel, etwa die Eingangspforte, einge-

Abb. 19: Statue der so genannten „schönen Artemis" – eine römische Kopie des Originals, das sich heute im Museum in Selçuk befindet

Abb. 20: Ephesus. „Bibliothek des Celsus“, Foto: K. Dorn

arbeitet wurde, ähnlich dem Meteoriten, der in die Ka'ba (oder Kaaba) in Mekka integriert wurde.

Dies könnte auch den ungewöhnlichen und für ein Großbauwerk unpassenden Bauplatz erklären: Das sumpfige Gelände war wenig geeignet, einem Bauwerk bei einem Erdbeben Stabilität zu verleihen.

Der Tempel von Ephesus war in der Antike ein häufig besuchter Wallfahrtsort mit entsprechendem Devotionalienhandel, wie man ihn aus katholischen Wallfahrtsstätten kennt. Hier wurden offensichtlich Miniaturen des Götterbildes oder des Tempels in Silber gefertigt und verkauft. In der Tat hätte ein großer Zustrom zur Predigt des Paulus zu einem verminderten Absatz der Götterbilder führen und Einkommensverluste für die Fabrikanten nach sich ziehen können. Ob die Apg hier die Wirkung paulinischer Verkündigung übertreibt oder die Mitteilungen den Tatsachen entsprechen – jedenfalls musste Paulus nach Korinth auch Ephesus nicht ganz freiwillig verlassen.

Hinweise darauf, dass Paulus in Ephesus für eine gewisse Zeit inhaftiert war, kann u.a. 1Kor entnommen werden:

> *1Kor 15,32 Wenn ich nur nach Menschenweise mit wilden Tieren gekämpft habe zu Ephesus, was nützt es mir? Wenn Tote nicht auferweckt werden, so „laßt uns essen und trinken, denn morgen sterben wir“!*

Ob Paulus hier im Circus an einer Tierhatz teilnehmen musste und davonkam – das ist wenig wahrscheinlich, er hätte sie nicht überlebt – nur metaphorisch von wilden Tieren spricht, realiter aber Menschen meint oder nur befürchtete, im Circus den Tieren vorgeworfen zu werden, wissen wir nicht. Wie das Ganze ausgehen würde, wusste Paulus nicht. Er dürfte sich einmal mehr in höchster Gefahr befunden haben.

Während seines Aufenthaltes in Ephesus verfasst Paulus zumindest ein Teil seiner so genannten „Korintherkorrespondenz". In 1Kor 16,8 kündigt er an, dass er bis Pfingsten in Ephesus bleiben würde, um dann über Mazedonien nach Korinth zu kommen. Die Briefe wurden wohl im Frühjahr um 55 v. Chr. verfasst, weil er das Paschalamm (1Kor 5,7) erwähnt.

Warum man hier von einer „Korrespondenz" spricht und nicht einfach von den zwei Briefen geht darauf zurück, dass Paulus z.B. vor dem 1. Korintherbrief mit hoher Wahrscheinlichkeit einen anderen, und damit „ersten" Brief nach Korinth geschrieben hatte, den man den „Vorbrief" nennt:

> *1Kor 5,9 Ich habe euch in dem Brief geschrieben, nicht mit Unzüchtigen Umgang zu haben;...*

Wo dieser Brief geblieben ist, wissen wir nicht. Bisweilen wird darüber diskutiert, ob er Eingang in den jetzigen 1Kor gefunden und dort redaktionell verarbeitet worden ist. Möglich ist natürlich auch, dass dieses Schreiben schlicht verlorenging. Man muss sich ohnedies wundern, dass derart viele ntl. Schriften erhalten geblieben sind, denn mehr als einmal wurde in den ersten drei Jahrhunderten versucht, die ntl. Literatur, die heiligen Schriften der Christen, zu vernichten.

Ein zweiter Grund, der für mehrere Korintherbriefe spricht, sind Unstimmigkeiten vor allem im zweiten Brief. In der Vergangenheit waren viele Neutestamentler der Auffassung, dass z.B. ab 2,4 Elemente oder Fragmente eines so genannten „Tränenbriefes" vorliegen und mit Kap. 8 und 9 zwei verschiedene Empfehlungsbriefe existieren, die im Kontext der Kollektensammlung für die Gemeinde in Jerusalem (vgl. Gal 2,10) zum Einsatz kamen. Als weiteres Argument wurde und wird auch der abrupte Bruch des Textes von 2Kor 7,4 zu 7,5 ins Feld geführt (Näheres dazu vgl. Dorn, Das Neue Testament 118-128). In jüngerer Zeit werden diese literarischen Signale nicht mehr so stark in Anschlag gebracht. Vielleicht ist der Brief durch Diktat über einen längeren Zeitraum und dazu unter vielleicht wenig komfortablen Umständen entstanden, so dass Paulus gelegentlich den Faden verlor – 1+2Kor sind immerhin für antike Texte ausgesprochen lange Briefe. Zudem beinhaltet die Hypothese einer Trennung in verschiedene Schreiben ein vernichtendes Urteil für den Redaktor, der die ihm vorliegenden Texte reichlich stümperhaft aneinandergereiht habe. Wir heute wären daher mit einem gerüttelten Maß an Überheblichkeit dazu in der Lage, die „Fehler" des Redaktors zu erkennen und zu bereinigen. Das scheint doch wenig wahrscheinlich. Die so genannte Literarkritik als Methode (vgl. Dorn, Lesen und Verstehen), die hinter diesen Rekonstruktionsversuchen und Teilungshypothesen steht, wirkt an so manchen Stellen doch überzogen.

Trotz allem: Paulus scheint die Korintherbriefe in Ephesus geschrieben zu haben, wie schon gesagt vermutlich auf seiner dritten Missionsreise. Nachdem er sehr detailliert auf die Verhältnisse in Korinth eingeht, erweist er sich trotz der räumlichen Distanz als gut informiert.

Die Korintherbriefe schreibt er, weil er von Fehlentwicklungen in Korinth hört, aber nicht selbst nach Korinth reisen kann. Es sind also Gemeindebriefe mit Anweisungen für christliches Verhalten; dies gilt vor allem für den ersten Brief. Was ihn gehindert hat, gleich selbst nach Korinth zu reisen, wissen wir nicht. Ein Grund könnte seine Inhaftierung in Ephesus gewesen sein (vgl. Apg 19,23-28 s.o.). Ein anderer Grund war aber vielleicht das Zerwürfnis mit einem/einigen Korinthern. Darauf deutet ein Abschnitt in 2Kor hin, wo von Vergebung, aber auch von Gemeindestrafe für einen Einzelnen die Rede ist:

> *2,1 Ich habe aber dies für mich beschlossen, nicht wieder in Traurigkeit zu euch zu kommen. 2 Denn wenn ich euch traurig mache, wer ist dann noch da, der mich fröhlich mache außer dem, der durch mich traurig gemacht wird? 3 Und eben dieses habe ich euch geschrieben, damit ich nicht, wenn ich komme, von denen Traurigkeit habe, von denen ich Freude haben sollte, weil ich euch allen vertraue, daß meine Freude euer aller Freude ist. 4 Denn aus viel Bedrängnis und Herzensangst schrieb ich euch mit vielen Tränen, nicht damit ihr traurig gemacht würdet, sondern damit ihr die Liebe erkennen möchtet, die ich besonders zu euch habe. 5 Wenn aber jemand traurig gemacht hat, so hat er nicht mich traurig gemacht, sondern zum Teil – damit ich nicht zuviel sage – euch alle. 6 Dem Betreffenden genügt diese Strafe von den meisten der Gemeinde, 7 so daß ihr im Gegenteil vielmehr vergeben und ermuntern solltet, damit der Betreffende nicht etwa durch allzugroße Traurigkeit verschlungen werde. 8 Darum ermahne ich euch, zu beschließen, ihm gegenüber Liebe zu üben. 9 Denn dazu habe ich auch geschrieben, daß ich eure Bewährung kennenlernte, ob ihr in allem gehorsam seid. 10 Wem ihr aber etwas vergebt, dem vergebe auch ich; denn auch ich habe, was ich vergeben habe – wenn ich etwas zu vergeben hatte – um euretwillen vergeben vor dem Angesicht Christi, 11 damit wir nicht vom Satan übervorteilt werden; denn seine Gedanken sind uns nicht unbekannt.*

Es ist also denkbar, dass Paulus nicht nach Korinth gereist ist, weil er fürchtete, mit seiner Ankunft Öl ins Feuer zu gießen und einen alten Streit wieder neu zu entfachen. Er schreibt daher zunächst lieber einen Brief, anstatt dorthin zu reisen und die Schwierigkeiten persönlich zu bereinigen. Wahrscheinlich ist, dass er im Anschluss an die Briefe noch einmal nach Korinth reiste und es dort zur endgültigen Versöhnung mit den Korinthern kam. Teils über Land, teils auf dem Seeweg kehrte er sodann über mehrere Stationen zurück nach Cäsarea. Einen erneuten Besuch in Ephesus vermeidet er.

Von Cäsarea geht Paulus nach Jerusalem hinauf, wie es gewöhnlich formuliert wird, denn Jerusalem liegt im Gebirge, ca. 750 m über dem Meeresspiegel. Dort wird er laut Apg verhaftet, weil er angeblich einen Heiden mit in den Tempel genommen hat. Dies war bei Todesstrafe verboten. Entsprechende Tafeln, in die das Verbot eingeschrieben wurden, sind erhalten geblieben. Eine Kopie davon befindet sich im Bibelhaus in Frankfurt. Die Apg lässt durchblicken, dass Paulus grundsätzlich befürchten musste, nicht mehr als Jude anerkannt zu werden. Die Christen geben ihm daher den Rat, sich öffentlich als treuer Jude zu outen, indem er jemandem ermöglicht, sein Nasiräergelübde zu erfüllen (vgl. Num 6). Dieses Gelübde bedeutete eine zeitweise besondere Weihe des Menschen an Gott. In dieser Zeit ließ sich der Betreffende u.a. die Haare nicht schneiden, wie dies z.B. von Simson (vgl. Ri 13) bekannt ist, der auch als Nasiräer gilt. Die christlichen Brüder in Jerusalem geben Paulus nun die Empfehlung, für vier solcher Männer den Barbier zu bezahlen sowie das Opfer, das erforderlich war, um den Betroffenen von seinem Gelübde zu entbinden (vgl. Apg 21,23-26):

> *Tu nun dies, was wir dir sagen: Wir haben vier Männer, die ein Gelübde auf sich genommen haben. 24 Diese nimm zu dir und reinige dich mit ihnen und trage die Kosten für sie, damit sie das Haupt scheren lassen! Und alle werden erkennen, daß nichts an dem ist, was ihnen über dich berichtet worden ist, sondern daß du selbst auch zum Gesetz stehst und es befolgst. 25 Was aber die Gläubigen aus den Nationen betrifft, so haben wir geschrieben und verfügt, daß sie sich sowohl vor dem Götzenopfer als auch vor Blut und Ersticktem und Unzucht hüten sollen. 26 Dann nahm Paulus die Männer zu sich, und nachdem er sich am folgenden Tag gereinigt hatte, ging er mit ihnen in den Tempel und kündigte die Erfüllung der Tage der Reinigung an, bis für einen jeden von ihnen das Opfer dargebracht war.*

Es ist nicht auszuschließen, dass sich die Christen in Jerusalem auch selbst aus der Schusslinie nehmen wollten, weil sie mit diesem anstößigen Mann, der Paulus nun mal geworden war, verkehrten.

Obwohl Paulus den Vorschlag der Jerusalemer Christen annimmt und befolgt, kommt es zum Eklat:

> *Apg 21,27 Als aber die sieben Tage [des Reinigungsprozesses der Nasiräer] beinahe vollendet waren, sahen ihn die Juden aus Asien im Tempel und brachten die ganze Volksmenge in Aufregung und legten die Hände an ihn 28 und schrien: Männer von Israel, helft! Dies ist der Mensch, der alle überall lehrt gegen das Volk und das Gesetz und diese Stätte; und dazu hat er auch Griechen in den Tempel geführt und diese heilige Stätte verunreinigt.*

Paulus hatte sich offensichtlich in „Asien" bereits einen Namen gemacht und war als persona non grata, als unliebsame Person, bekannt geworden.

Angeblich schritt die römische Wache ein und befreite Paulus aus den Händen des Volkes, um ihn dann zu inhaftieren. Möglicherweise hat dies etwas mit dem römischen Bürgerrecht zu tun, das Paulus angeblich besaß, zu dem er selbst allerdings nie etwas sagt. Paulus bleibt für längere Zeit in römischem Gewahrsam, laut Apg 24,27 mehr als zwei Jahre, in denen Festus und Felix als Statthalter regierten. Weil Paulus in Jerusalem keinen gerechten Prozess zu erwarten hatte, wurde er unter Felix in die (griechische) Stadt Antipatris (in biblischer Zeit Aphek, ca. 20km nordöstlich von Tel Aviv gelegen) überführt. Der römerfreundliche Verfasser Lukas kommt aber nicht umhin festzustellen, dass die Haft des Paulus sich hinzog, weil Felix darauf hoffte, Paulus würde sich aus der Haft freikaufen. In der Tat waren etliche der Prokuratoren schlichtweg korrupt.

Paulus, so die Apg weiter, appelliert an den Kaiser. D.h., dass er entweder das Gericht in seiner Zusammensetzung nicht anerkennt oder einen bereits über ihn ergangenen Schuldspruch nicht akzeptiert. Die Aussage der Apg, er sei daraufhin nach Rom vor das kaiserliche Gericht überstellt worden, ist letztlich ein – wenn nicht *der* Grund – Paulus das römische Bürgerrecht zuzusprechen.

Zusammenfassung

Die dritte und letzte Missionsreise führt Paulus im Wesentlichen noch einmal an die Stätten und in die Städte, die er auf der zweiten Missionsreise schon besucht hatte und in die Gemeinden, die er teilweise gegründet hatte. Auf dieser Reise wird er für einige Zeit in Ephesus inhaftiert, schreibt aber aus dem Gefängnis seine Briefe an die Gemeinde in Philippi und an seinen Freund Philemon in Sachen des entlaufenen Sklaven Onesimus. Auf welche Weise Paulus aus dem Gefängnis wieder freikommt, wissen wir nicht. Vielleicht war der Aufstand der Silberschmiede gegen Paulus doch nicht so gewaltig, wie die Apg erzählt, und die Sache wurde wegen Geringfügigkeit niedergeschlagen und das Verfahren eingestellt.

Paulus kommt schließlich am Ende seiner Reise in der Hafenstadt Cäsarea an und wandert von dort aus nach Jerusalem, mutmaßlich auch, um dort seine Kollekte abzuliefern, die er für die Jerusalemer Christen eingesammelt hatte. Im Kontext eines Aufruhrs gegen ihn wird er von der römischen Staatsmacht gefangengenommen und für längere Zeit – vermutlich Jahre – inhaftiert, ehe er nach Rom an das kaiserliche Gericht überstellt wird.

20. Wozu und an wen schreibt Paulus den Ersten Korintherbrief?

Paulus erweist sich in diesem Brief als Seelsorger der Gemeinde von Korinth. Dies darf freilich nicht dahingehend missverstanden werden, dass Paulus in seinen anderen Briefen nicht seelsorglich tätig wäre. Natürlich ist der Galaterbrief sehr davon geprägt, dass sich Paulus gegen seine Gegner verteidigen muss. Aber auch in diesem Brief versucht er der Gemeinde vor Augen zu führen, welche Konsequenzen es für sie hätte, wenn sie dem Kurs der Gegner folgen würden: Sie würden ihre durch Christus gewonnene Freiheit aufgeben und sich unter das Joch der jüdischen Gebote begeben, mit allen Einschränkungen, die damit verbunden sind. Auch der einzige Privatbrief des Paulus an seinen Freund Philemon ist seelsorglich ausgerichtet: Paulus begegnet einem Mann namens Onesimus, einem Sklaven, der seinem Freund Philemon davongelaufen ist. Normalerweise hatten entflohene Sklaven ein strenges Urteil zu erwarten. Es ist denkbar, dass Onesimus Paulus ganz bewusst aufgesucht hat, um ihn für eine Fürsprache bei seinem Herrn zu gewinnen. Paulus schreibt seinen Brief an Philemon als einen Empfehlungs- und Bittbrief, indem er Philemon ersucht, seinen Sklaven wieder aufzunehmen und ihn als christlichen Bruder zu behandeln. Paulus bietet sogar an, durch die Flucht des Sklaven entstandene finanzielle Ausfälle Philemons aus eigener Tasche zu ersetzen (s. S. 146-148)

Allerdings ist es besonders in 1Kor so, dass Paulus von einer ganzen Reihe von Problemen in Korinth erfährt – offensichtlich auf unterschiedliche Weise – und dazu konkret Stellung bezieht. Es geht um Spaltungen in der Gemeinde. Zunächst gibt es verschiedene Gruppen, die sich auf unterschiedliche frühchristliche Autoritäten berufen. Des Weiteren liegt ein Fall von Inzest vor. Paulus tadelt die Gemeindemitglieder sodann, weil sie ihre Streitfälle vor heidnischen Gerichten austragen und er nimmt Stellung zu „Unzucht“ und zur Frage der Ehe. Als Problem wird in Korinth empfunden, wie man mit Fleisch umgehen soll, das auf dem freien Markt verkauft wird. Eine andere Frage beschäftigt sich mit dem Thema, wie Frauen im Gottesdienst auftreten sollen bzw. dürfen und es gibt Missstände beim Herrenmahl, der Eucharistiefeier. Ebenfalls im Raum des Gottesdienstes dürfte das Thema „Charismen“ anzusiedeln sein und schließlich bietet der Brief in Kap.15 eine Abhandlung zur Auferstehung, in die ein frühchristliches Credo, ein Glaubensbekenntnis, eingebettet ist. Am Schluss des Briefes befasst sich Paulus mit der Kollekte, die er für die Jerusalemer Christen sammeln möchte und gibt seine weiteren Reisepläne bekannt. Der 1Kor gehört schließlich zu jenen Briefen, in denen Paulus eine eigenhändige Unterschrift anfügt. Dass Paulus ein gelehrter Mann war, steht außer Zweifel. Er konnte Lesen und Schreiben. Es mag eher verwundern, dass er nicht den gesamten Brief eigenhändig verfasst hat, sondern sich des Schreibers Tertius bediente (1Kor 16,22), dem er den Brief vermutlich diktierte. Denkbar ist, dass die Abfassung nicht in einem Stück, sondern über einen größeren Zeitraum, vielleicht mehrere Tage oder auch Wochen, erfolgte.

20.1 Der Aufbau des Briefes

Er lässt sich kurz zusammenfassen: Der Brief setzt mit dem Präskript (= Briefanfang) ein, das aus drei Teilen besteht: dem Absender, dem Adressaten und einem Gruß. Das so genannte „Proömium" leitet vom Präskript zum Hauptteil, dem eigentlichen Briefkorpus über. Es ist allerdings ein formal und funktional eigenständiger Briefanteil, der als briefliche Danksagung bezeichnet wird. Darauf folgt dann zum dritten der Briefkorpus als Hauptteil. Er enthält Mitteilungen unterschiedlicher Art; es handelt sich, wie oben schon kurz festgestellt, fast ausnahmslos um Antworten des Paulus auf Probleme und Anfragen, von denen er auf unterschiedliche Weise in Kenntnis gesetzt wurde. Natürlich enthält der Hauptteil auch theologische Grundlagendiskussionen. Der Briefschluss beginnt ab Kap. 16,1 und endet mit Grüßen und Unterschrift.

20.2 Die Informationsquellen des Paulus

Man muss sich als erstes fragen, woher Paulus seine Kenntnisse über den „Zustand" in den Gemeinden von Korinth bezieht. Offensichtlich kommen hierbei verschiedene Quellen in Betracht. Zum ersten scheinen dies mündliche Nachrichten zu sein, die von Leuten überbracht werden, die in irgendeiner Weise zu einer uns unbekannten Frau namens Chloë gehören.

> *1Kor 1,11 Denn es ist mir durch die [Hausgenossen] der Chloë über euch bekannt geworden, meine Brüder, daß Streitigkeiten unter euch sind.*

Natürlich kann man jetzt lange darüber spekulieren, was es mit dieser Chloë auf sich hat und warum hier eine Frau genannt wird und nicht etwa deren Ehemann. War Chloë nicht verheiratet? Wenn sie offensichtlich „Leute" in ihrem Haus hatte, war sie reich und hatte einen dementsprechend großen Hausstand? War sie gar eine Unternehmerin, die ihre Angestellten/Sklaven[?] auf Geschäftsreise schickte? War sie eine Christin? All das lässt sich nicht beantworten. Man kann lediglich von diesen „Leuten" annehmen, dass sie Christen waren, denn Nichtchristen hätten die Probleme der Gemeinde in Korinth kaum interessiert.

Die Leute der Chloë sind freilich nicht die einzigen Quellen. Nicht näher definiert ist, woher er von einem Fall von „Unzucht" weiß:

1Kor 5,1 Überhaupt hört man, daß Unzucht unter euch ist...

Eigens genannt wird dagegen ein Brief, der mit Fragen an Paulus ergangen ist:

1Kor 7,1 Was aber das betrifft, wovon ihr mir geschrieben habt....

Es gab zwar im römischen Reich ein Postsystem, aber nicht in unserem heutigen Sinne. Postalisch befördert wurden offizielle, staatliche Briefe, aber keine Privatpost. Letzere wurde durch Boten überbracht, die aus verschiedenen Gründen, z.B. als Geschäftsreisende, unterwegs sein konnten. Denen gab man Briefe mit, die dann persönlich zugestellt wurden. Sowohl der rege Schiffsverkehr auf dem Mittelmeer als auch die gut ausgebauten Römerstraßen machten eine relativ rasche Beförderung von Briefen möglich. Die Römerstraßen dienten natürlich der wirtschaftlichen Erschließung des Herrschaftsgebietes, aber nicht zuletzt auch der raschen Verschiebung von Truppen.

Denkbar ist, dass die Leute der Chloë diesen Brief übermittelten, aber auch andere Boten sind möglich. Zur Zeit der Niederschrift halten sich bei Paulus wohl drei korinthische Gemeindemitglieder auf: Stephanas mit seinen Begleitern Fortunatus und Achaikus. Auch sie kämen als Briefboten in Betracht (1Kor 16,17).

20.3 Die Zusammensetzung der Gemeinde

Es wurde schon festgestellt, dass sich die ersten Christen in Korinth – wie auch sonst – in Hausgemeinden zusammenfanden. Kirchen gab es ja noch keine und an einem Tempel konnte man sich kaum zusammenfinden, denn mit dem Christentum hielt auch der jüdische Monotheismus Einzug in die „heidnische“ Welt. Natürlich besaßen in dieser Zeit nur die Wohlhabenderen ein eigenes Haus, das groß genug war, um als Versammlungsort zu dienen. Obwohl die frühen Christen über die Unterschiede zwischen den Gemeindemitgliedern hinwegsahen – so zumindest das Ideal, das Paulus in Gal aufzeigt (*Gal 3,28 Da ist nicht Jude noch Grieche, da ist nicht Sklave noch Freier, da ist nicht Mann und Frau; denn ihr alle seid einer in Christus Jesus)*, dürfte doch der einladende Hausbesitzer bei den Zusammenkünften auch die Gastgeberrolle gespielt haben. Diese Rolle macht ihn nicht zwangsläufig zum Vorsitzenden bei den Gottesdiensten, aber vermuten kann man das durchaus. Mit Blick auf die schon genannte Chloë konnte daher möglicherweise auch eine Frau den Vorsitz übernehmen.

1Kor 1,26 Denn seht, eure Berufung, Brüder, daß es nicht viele Weise nach dem Fleisch, nicht viele Mächtige, nicht viele Edle sind...

Wie wörtlich diese Aussage zu nehmen ist, wissen wir nicht. Sie widerspricht aber Versuchen, die Gemeinde von Korinth nur aus den armen Schluckern und Sklaven zu rekrutieren. Ohne Zweifel gab es auch eine nicht allzu kleine Anzahl von Mitgliedern aus der Mittel- und Oberschicht.

Zusammenfassung

Der erste Korintherbrief ist nach dem Römerbrief der zweitlängste Brief des Paulus. Er schreibt den Brief, weil er aus nicht sicher zu bestimmenden Gründen – möglicherweise hat es einen Streit zwischen Paulus und einem (?) Mitglied der Gemeinde gegeben – nicht selbst in Korinth sein kann oder nach Korinth kommen kann.

Paulus erhält auf unterschiedlichen Wegen Nachrichten über die Gemeinde und sieht sich veranlasst, Stellung zu beziehen und der Gemeinde Anweisungen zu geben. Möglicherweise gibt die Zusammensetzung der Gemeinde einen Querschnitt der Gesellschaft wieder. Die Mehrzahl der Gemeinde dürfte aus „einfachen" Leuten bestehen, aber es gibt auch Weise, Mächtige und Edle, wie 1Kor 1,26 sagt. Darauf deutet auch der Streit um die Eucharistie hin (s. S. 115-121)

21. Inwiefern kann man Paulus im Kontext des Ersten Korintherbriefes als „Seelsorger“ kennen lernen?

Es soll im Folgenden nur ein Teil der Streitfragen behandelt werden. Die Aussagen des Paulus über die so genannten Geistesgaben/Charismen (u.a. geht es um Prophetie und Glossolalie, d.h. ekstatisches Zungenreden) sowie über die Kollekte und über Apollos werden nicht eingehender behandelt.

21.1 Die Gruppen oder Parteien in Korinth

Es könnte sein, dass ein Teil der oben schon kurz erwähnten Streitfragen und Probleme weitgehend miteinander verknüpft und das Grundproblem die „Parteien“ sind.

Worum geht es?

> *1Kor 1,10 Ich ermahne euch aber, Brüder, durch den Namen unseres Herrn Jesus Christus, daß ihr alle einmütig redet und nicht Spaltungen unter euch seien, sondern daß ihr in demselben Sinn und in derselben Meinung völlig zusammengefügt seiet. 11 Denn es ist mir durch die ›Hausgenossen‹ der Chloë über euch bekannt geworden, meine Brüder, daß Streitigkeiten unter euch sind. 12 Ich meine aber dies, daß jeder von euch sagt: ich bin des Paulus, ich aber des Apollos, ich aber des Kephas, ich aber Christi.*
>
> *13 Ist der Christus zerteilt? Ist etwa Paulus für euch gekreuzigt, oder seid ihr auf den Namen des Paulus getauft worden? 14 Ich danke Gott, daß ich niemand von euch getauft habe außer Krispus und Gajus, 15 damit nicht jemand sage, ihr seiet auf meinen Namen getauft worden. 16 Ich habe aber auch das Haus des Stephanas getauft; sonst weiß ich nicht, ob ich noch jemand getauft habe. 17 Denn Christus hat mich nicht ausgesandt zu taufen, sondern das Evangelium zu verkündigen: nicht in Redeweisheit, damit nicht das Kreuz Christi zunichte gemacht werde.*

Man könnte annehmen, dass es Gruppen gibt, die sich auf ihre jeweiligen Gründervater berufen bzw. auf jene Person, die sie getauft hat. Das würde bedeuten, dass es in Korinth eine sehr gemischte Gemeinde gibt, nicht nur bezüglich der unterschiedlichen Täufer, sondern als Folge daraus auch unterschiedlicher Theologien. Denn von Kephas/Petrus wissen wir ja aus dem Galaterbrief, dass er eher dem konservativen Flügel des frühen Christentums zuzurechnen ist. Ein weiteres Problem besteht darin, dass sich Petrus möglicherweise (genauso wenig wie Paulus selbst) an die Vereinbarungen des Apostelkonvents gehalten hätte, indem er jetzt im gleichen geographischen Raum missioniert wie Paulus. Die Vereinbarung hatte ja gelautet, Paulus solle zu den Heiden gehen, Petrus aber zu den Juden. Nun wiegt dieser Einwand allerdings nicht allzu schwer, denn in Korinth hat es mit hoher Wahrscheinlichkeit auch Juden und in der Folge auch Judenchristen gegeben. Von dem relativ unbekannten Apollos kann nur gesagt werden, dass er auch Missionar war und in Korinth wirkte. Paulus nennt ihn in 1Kor 3,6; 4,5 und 16,12. Darüber hinaus wird er auch in der Apg erwähnt:

> *Apg 18,24 Ein Jude aber mit Namen Apollos, aus Alexandria gebürtig, ein beredter Mann, der mächtig war in den Schriften, kam nach Ephesus. 25 Dieser war im Weg des Herrn unterwiesen, und, brennend im Geist, redete und lehrte er sorgfältig die Dinge von Jesus, obwohl er nur die Taufe des Johannes kannte. 26 Und dieser fing an, freimütig in der Synagoge zu reden. Als aber Priszilla und Aquila ihn hörten, nahmen sie ihn zu sich und legten ihm den Weg Gottes genauer aus. 27 Als er aber nach Achaja reisen wollte, schrieben die Brüder den Jüngern und ermahnten sie, ihn aufzunehmen. Dieser war, als er hinkam, den Glaubenden durch die Gnade sehr behilflich;...*
>
> *Apg 19,1 Es geschah aber, während Apollos in Korinth war, daß Paulus, nachdem er die höher gelegenen Gegenden durchzogen hatte, nach Ephesus kam. Und er fand einige Jünger 2 und sprach zu ihnen: Habt ihr den Heiligen Geist empfangen, nachdem ihr gläubig geworden seid ? Sie aber sprachen zu ihm: Wir haben nicht einmal gehört, ob der Heilige Geist ‹überhaupt da› ist.*

Es wird in der Forschung kontrovers diskutiert, wie sich das Verhältnis zwischen Apollos und Paulus gestaltete. Paulus scheint ihn als mehr oder weniger gleichberechtigten Verkündiger betrachtet zu haben (*1Kor 3,5 Was ist denn Apollos? Und was ist Paulus? Diener, durch die ihr gläubig geworden seid, und zwar wie der Herr einem jeden gegeben hat; 6 Ich habe gepflanzt, Apollos hat begossen, Gott aber hat das Wachstum gegeben*). Die Apg hingegen zeichnet ein Gefälle zwischen Paulus und Apollos: Apollos kennt die Taufe auf Jesus Christus noch nicht, sondern nur die Umkehrtaufe des Johannes des Täufers, heißt es da. Apollos wäre damit also ein Johannesjünger gewesen. Er ist zudem nicht in der Lage, mit der Wassertaufe auch die Geisttaufe zu vermitteln. Diese muss Paulus bei den Christen in Ephesus, wo Apollos gewirkt hat, nachholen. Ganz nebenbei wird in der katholischen Kirche die Firmung als Geisttaufe mit diesen Aussagen begründet.

Die Gruppierungen, die sich auf Paulus, Kephas und Apollos berufen, wären somit recht einfach zu erklären, wenngleich Paulus hier auch betont, dass er nur wenige Christen in Korinth selbst getauft habe (*1,14 Ich danke Gott, daß ich niemand von euch getauft habe außer Krispus und Gajus, 15 damit nicht jemand sage, ihr seiet auf meinen Namen getauft worden. 16 Ich habe aber auch das Haus des Stephanas getauft; sonst weiß ich nicht, ob ich noch jemand getauft habe*).

Nicht erklärbar ist dagegen die so genannte Christuspartei. Jesus war nie in Korinth und hat abgesehen von der Zeit, in der er dem Täufer nachfolgte, auch niemanden getauft (zur Tauftätigkeit Jesu als Johannesjünger vgl. Joh 3,22; 4,1; vgl. Dorn, Jesus Christus S. 36). Es ist daher kaum möglich, dass es Leute in Korinth gab, die zu Lebzeiten Jesu von ihm getauft wurden. Wahrscheinlicher als die Ausrichtung auf „seinen“ Täufer ist daher eine theologische Ausrichtung der jeweiligen Gruppe nach ihrem theologischen „Lehrmeister“. Die Christuspartei würde demnach in Anspruch nehmen, sich unabhängig von jeder Missionspredigt ganz und unmittelbar auf Jesus Christus zu konzentrieren. Möglicherweise handelt es sich dabei um eine Art „charismatische Partei“, die behauptet, ihre Botschaft direkt durch den Geist, durch Propheten oder auch durch „Zungenreden“ (Glossolalie; vgl. 1Kor 14) von Gott bzw. von Jesus Christus zu beziehen und sich vielleicht damit bereits in der konkreten Gegenwart als Erlöste zu verstehen.

In diese Richtung weisen einige Stellen im Brief wie z.B. die Behauptung, der Leib sei zweitrangig. Man könne sich daher als bereits jetzt im Heil befindlicher Mensch mehr oder weniger völlig beliebig verhalten und „frei“ nach eigenem Gutdünken handeln. Diese Position tritt besonders in dem von Paulus angemahnten Fehlverhalten an den Tag, dem zufolge sich Gemeindemitglieder mit Huren abgeben (1Kor 6, 13-20) unter der Losung: „Alles ist mir erlaubt“ (vgl. 1Kor 6,12). Die gleiche Gruppe könnte gemeint sein, wenn von den Starken im Kontext von Speisevorschriften die Rede ist (Stichwort: Götzenopferfleisch 1Kor 8), bei der Frage nach den Charismen (1Kor 12) sowie schließlich der Frage nach der Auferstehung von Toten (1Kor 15). Hier gibt es offensichtlich Gläubige, die zwar durchaus an die Auferstehung Jesu glauben, die allgemeine Totenauferweckung aber ablehnen:

> *1Kor 15,12 Wenn aber gepredigt wird, daß Christus aus den Toten auferweckt sei, wie sagen einige unter euch, daß es keine Auferstehung der Toten gebe ?*

Es ist ja klar: Wenn der Glaube an und die Taufe auf Jesus Christus bereits zur Erlösung und auch zur letzten, tiefsten Weisheit führen, dann bedarf es keiner Auferstehung der Toten, denn der Mensch befindet sich bereits jetzt im endzeitlichen Heilszustand, der nicht mehr zu überbieten ist (zur Diskussion über die Parteien und ihre Bedeutung vgl. Klauck 1Kor, S. 20-23; Merklein, 1Kor, S.153-167; Schrage 1Kor, S. 148).

Die Problematik von „Weisheit“ in 1Kor wie auch die von erlaubt/nicht erlaubt, von Glaubensstarken und Glaubensschwachen könnten ein Hinweis darauf sein, dass es im vorliegenden Konflikt um „Pneumatiker“ geht, die aufgrund ihrer „Erkenntnis“ und/oder des beanspruchten Geistempfanges sich anderen überlegen fühlen und sich bereits jetzt im Besitz der vollen Heilswirklichkeit zu befinden glauben. Weisheit ist *das* Stichwort im Text. Ob diese Weisheit soteriologische Bedeutung hat oder ob gar (bereits) Christus mit dieser Weisheit identifiziert wird/wurde, ist nicht eindeutig. Falls diese Gruppe aber tatsächlich im Bewusstsein lebt, bereits jetzt im Heil zu sein, ist es für sie natürlich gleichgültig, wie man sich zu „Götzenopferfleisch“ (s.u.), zur Sexualität und auch zur Auferstehung verhält. Letztere ist dann auch nicht mehr erforderlich.

Diese Haltung bringt jedoch das Kreuz um seine Kraft, sagt Paulus, weil die (weisheitliche) Erkenntnis zumindest teilweise selbst erworben werden kann, und nicht zwangsläufig mit dem (erbärmlichen) Kreuzestod Christi verknüpft werden muss. Ob es sich bei diesen Gläubigen um Anhänger der so genannten „Gnosis“ handelt, soll hier nicht weiter diskutiert werden, denn Herkunft (heidnisch, jüdisch, christlich), Ausbreitung und auch inhaltliche Prägung dieser Denkrichtung sind umstritten.

Zusammenfassung

Paulus hört davon, dass es in Korinth zu Gruppenbildungen unter den Gläubigen kommt. Wie und warum dies der Fall ist, lässt sich nicht mit Sicherheit beantworten. Möglich wäre, dass sich die jeweiligen Gruppen auf jenen Mann zurückführen wollen, der sie gelehrt und getauft hat. Diese Möglichkeit scheitert jedoch an der „Christuspartei“, die dabei erwähnt wird. Es ist dies indes nur eines von verschiedenen Problemfeldern, die Paulus in seinem Brief anspricht.

21.2 Warum diskutiert Paulus in 1Kor die Frage des Fleischgenusses?

Die Gliederung des Abschnitts:
Der Makrotext reicht von 8,1-11,1.

1. Grundsätzliche Fragestellung zum Essen von Götzenopferfleisch (8,1-13)
   - 1.1 Das Verhältnis von Erkenntnis und Liebe 8,1-6
   - 1.2 Rücksicht auf Schwache 8,7-13
2. Das Beispiel des Apostels: 9,1-27
   - 2.1 Verzicht auf Lebensunterhalt 9,1-14
   - 2.2 Die Freiheit von allem für alle 9,19-23
   - 2.3 Die Freiheit von sich selbst als Kampf gegen sich selbst (9,24-27)
3. Das warnende Beispiel Israels: Warnung vor Götzendienst (10,1-13)
4. Die erneute Frage nach dem Götzenopferfleisch (10,14-33)

Es entsteht bei diesem Abschnitt der Eindruck, Paulus wollte zwar zum Thema Götzenopferfleisch Stellung beziehen, ist dann aber in seinen Gedanken abgeschweift und hat die ursprüngliche Fragestellung dann erst wieder in Kap. 10 aufgenommen und zu Ende gebracht. Die dazwischenliegenden Inhalte sind durch Stichworte miteinander verknüpft, so dass es hier keiner literarkritischen Operationen bedarf, d.h., hier liegen keine Bruchstücke aus anderen Schreiben vor, die mehr oder weniger geschickt erst sekundär miteinander verbunden worden sind.

Worum geht es in diesem Konflikt überhaupt?

Wie bei atl. Opfern auch, wurde das Fleisch der Opfertiere bei einem Mahl der Opferteilnehmer verzehrt – nach Abgabe des Anteils für die Gottheit (das Fett) und des Priesteranteils:

> *1Sam 2,13 Und die Priester hatten dem Volk gegenüber die Gewohnheit: Wenn jemand ein Schlachtopfer darbrachte, kam der Diener des Priesters, während das Fleisch ‹noch› kochte, und hatte eine Gabel mit drei Zinken in seiner Hand 14 und stieß in den Tiegel oder in den Kessel oder in die Pfanne oder in den Topf. Alles, was er mit der Gabel herauszog, nahm der Priester damit weg. So taten sie in Silo allen Israeliten, die dorthin kamen. 16 Wenn dann der Mann zu ihm sagte: Laß zuerst das Fett als Rauch aufsteigen, dann nimm dir, ganz wie es deine Seele begehrt! – so antwortete er: Nein, sondern jetzt sollst du es ‹mir› geben! Wenn nicht, so nehme ich es mit Gewalt!*

„Das Fett in Rauch aufgehen lassen" bedeutet, dass gemäß verschiedener atl. Opfervorschriften das Fett verbrannt wird. Es gehört Gott, denn im Gegensatz zu heutiger Praxis, fette Speisen eher zu meiden, galt das Fett, das kalorienreichste Stück des Tieres, als Zeichen von Furchtbarkeit, von Fülle. Fett werden die Tiere nur, wenn es ein „gutes Jahr" gegeben hatte mit ausreichendem Regen und damit Futter für die Tiere:

> *Lev 3,9 Und vom Heilsopfer soll er sein Fett als Feueropfer dem HERRN darbringen: den ganzen Fettschwanz – dicht beim Schwanzwirbel soll er ihn abtrennen – und das Fett, das die Eingeweide bedeckt, und alles Fett, das an den Eingeweiden ist, 10 die beiden Nieren und das Fett, das an ihnen ‹und› das an den Lenden ist, und den Lappen über der Leber: bei den Nieren soll er es abtrennen. 11 Und der Priester soll es auf dem Altar in Rauch aufgehen lassen: eine Speise des Feueropfers für den HERRN ‹ist es› ... Lev 3,17 Eine ewige Ordnung bei euren Generationen in allen euren Wohnsitzen: Keinerlei Fett und keinerlei Blut dürft ihr essen!*

Es wird dabei auch deutlich, dass grundsätzlich nicht das ganze Tier als Gabe an Gott gegeben und auf dem Altar verbrannt wird. Wie schon erwähnt wurden auch im alten Israel Opfermähler gehalten: Die Opfernden verzehrten einen Teil des Tieres, während die Gottheit ihren Teil erhielt und somit gewissermaßen beim Opfermahl gegenwärtig war: Die Anlässe für derartige Schlachtopfer konnten recht unterschiedlich sein, wie die beiden folgenden atl. Belege zeigen.

> *Gen 31,54 Und Jakob opferte ein Schlachtopfer auf dem Berg und lud seine Brüder ein zu essen; und sie aßen und übernachteten auf dem Berg.*

> *1Sam 16,1 Und der HERR sprach zu Samuel: Wie lange willst du um Saul trauern, den ich doch verworfen habe, daß er nicht mehr König über Israel sei ? Fülle dein Horn mit Öl und geh hin! Ich will dich zu dem Bethlehemiter Isai senden; denn ich habe mir unter seinen Söhnen einen zum König ausersehen. 2 Und Samuel antwortete: Wie kann ich hingehen? Wenn Saul es hört, so wird er mich umbringen. Der HERR sprach: Nimm eine junge Kuh mit dir und sage: Ich bin*

gekommen, um dem HERRN zu opfern! 3 Und lade Isai zum Schlachtopfer, und ich werde dir zu erkennen geben, was du tun sollst! Und du sollst mir den salben, den ich dir nennen werde. 4 Und Samuel tat, was der HERR geredet hatte, und kam nach Bethlehem. Da kamen die Ältesten der Stadt ihm aufgeregt entgegen und sagten: Bedeutet dein Kommen Friede? 5 Und er sprach: Ja, Friede! Ich bin gekommen, um dem HERRN ein Opfer zu bringen. Heiligt euch und kommt mit mir zum Schlachtopfer! Und er heiligte Isai und seine Söhne und lud sie zum Schlachtopfer...

Derartige Opfermähler wurden auch in „heidnischen“ Religionen veranstaltet. Anlässe konnten privater oder öffentlicher Natur sein: Familienfeiern zum Totengedenken oder zum Amtsantritt, öffentliche Feste und Volksspeisung.

Für Juden in der Diaspora war eine Teilnahme an Opfermählern der „heidnischen“ Umwelt auf keinen Fall möglich. Zum einen war ein solches Opfermahl ja auch eine kultische Handlung. Das Mahl wurde im Kontext der Götterverehrung gehalten, eine Teilnahme daran musste als Götzendienst verstanden werden (vgl. b Hul [= Babylonischer Talmud, Seder = Ordnung Kodashim (= Heiliges), Traktat Ḥulin (= Schlachtung)]:

HAT JEMAND AUF DEN NAMEN VON BERGEN, HÜGELN, SEEN, FLÜSSEN ODER WÜSTEN GESCHLACHTET, SO IST SEINE SCHLACHTUNG UNGÜLTIG. HABEN ZWEI DAS MESSER GEHALTEN UND GESCHLACHTET, EINER AUF DEN NAMEN DIESER DINGE UND EINER AUF EINEN ZULÄSSIGEN NAMEN, SO IST DIE SCHLACHTUNG UNGÜLTIG. (HUL II, 8; d.h. es handelt sich um einen Abschnitt der Mischna, des ältesten Teils des Talmuds)

GEMARA. *Nur ungültig und kein Totenopfer, und dem widersprechend wird gelehrt: Wenn man auf den Namen von Bergen, Hügeln, Flüssen, Wüsten, der Sonne, des Mondes, der Sterne, der Planeten, des Erzengels Mikhaél oder eines kleinen Würmchens geschlachtet hat, sei es ein Totenopfer* [= Götzenopfer, denn Götzen sind Tote, weil ohnmächtig, nichtexistent; das Wort Götze wird vermieden]. *Abajje erwiderte: Dies ist kein Widerspruch; eines, wenn er gesagt hat: dem Berge, und eines, wenn er gesagt hat: dem Berggeist...*(Hul 40a d.h., es handelt sich um die weiterführende Diskussion der Gelehrten, die sich über Jahrhunderte hinweg ansammelte und in der so genannten Gemara festgehalten wurde, abgekürzt mit Seite (40) und (a) für die Vorderseite).

Die Gemara bietet hier demnach eine Verschärfung der Mischna. Die Schlachtung ist nicht nur ungültig, sondern ein Götzenopfer. Rabbi Abajje versucht einen Ausgleich zwischen der Mischna- und der Talmudaussage derart herzustellen, dass er zwischen Berg einerseits und dem möglicherweise dort verehrten Berggeist andererseits unterscheidet.

Zum zweiten war das Opfertier in „unreiner“ Umgebung aufgewachsen und nicht koscher geschlachtet worden (zum Thema „koscher“ (= tauglich) und zu den Kaschrutvorschriften vgl. Dorn, Judentum 143-145). Dazu erklärt die Mischna Hulin I, 1:

Das von einem Nichtjuden Geschlachtete ist Aas und durch das Tragen verunreinigend.

Man muss bei Zitaten aus dem Talmud freilich beachten, dass zumindest die Niederschrift der Texte, sowohl der früheren Mischna (um 200 n. Chr.) wie auch die spätere Auslegung, durch die so genannte Gemara nicht zeitgenössisch zum Christentum erfolgten, sondern die Situation nach der Zerstörung des Tempels wiedergeben.

Und schließlich wurden in der nichtjüdischen Umwelt auch nichtkoschere Tiere geopfert, wie z.B. auch Schweine. Das Fernbleiben bei derartigen Anlässen war zum Teil mit gesellschaftlichen Nachteilen verbunden, weil solche Mähler auch als Kommunikations- und Geschäftstreffen genutzt und verstanden worden sind. Es waren die Arbeitsessen der Antike.

Paulus hat nun bereits beim Apostelkonvent und dem Antiochenischen Zwischenfall die Parole ausgegeben, Heidenchristen sind nicht verpflichtet, die jüdischen Vorschriften einzuhalten. Theoretisch wäre es diesen Christen demnach möglich, an heidnischen Opfermählern teilzunehmen zumal auch das Judentum zur Zeit Jesu davon ausging, dass überhaupt nur ein Gott existiere, und zwar der Gott Israels. Diese Erkenntnis hat eine lange Geschichte hinter sich. Wenn in Gen 6 von den Göttersöhnen die Rede ist, liegt der Schluss nahe, dass auch Israel in seiner Frühzeit polytheistisch war. Auch der Name Isra-El verweist auf die Verehrung des kanaanäischen Hochgottes El mitsamt seinem Götterhimmel. Der lange Weg zum einen Gott, der zudem nicht nur der Gott Israels ist, sondern darüber hinaus derjenige, der Himmel und Erde geschaffen hat, ist lang. Der Monotheismus hätte ohne das Exil möglicherweise nie den Durchbruch geschafft, denn hier musste sich erweisen, dass der Gott Israels auch im „Ausland“ Präsenz zeigte und er musste mit den fremden, babylonischen Vorstellungen von Göttern konkurrieren, die als Schöpfergottheiten verehrt wurden. Im Kontext der Jahwisierung, des ausschließlich einen Gottes Israels namens Jahwe (JHWH), wurde zunächst der Vorrang JHWHs als Gott Israels betont. Die anderen Gottheiten wurden gar nicht geleugnet, aber sie waren für Israel eben nicht zuständig. In einer Weiterentwicklung dieses Gedankens wurden die fremden Götter JHWH untergeordnet. Sie galten als längst nicht so mächtig wie der Gott Israels, so dass es keinen Sinn machte, diese Götter zu verehren. Es waren Elilim, „Götterchen“. Erst in einem dritten Schritt – und dieser ist bei der Götzenkritik der Propheten greifbar (vgl. z.B. Jes 44,10-18), wird die Existenz anderer Götter schlichtweg geleugnet. Es gibt nur diesen einen Gott, der dann natürlich auch für die ganze Welt und nicht zuletzt für die Schöpfung verantwortlich ist. Natürlich ist diese Darstellung in Etappen stark vereinfacht, die Grenzen sind fließend. Das Ganze spielte sich über Jahrhunderte ab und dabei ging es keineswegs immer friedlich zu, wie vor allem an der Praxis des großen Propheten Elia erkennbar wird, der die Priester des Gottes Baal, eines mächtigen Konkurrenten JHWHs, massakriert haben soll.

Unter diesen Umständen hätte es eigentlich auch einem Juden und dann auch einem Judenchristen gestattet sein sollen, an diesen Mählern teilzunehmen, weil für sie die anderen Götter gar nicht existierten. Aber wie gesehen gibt es ja mehrere Gründe, die einem Juden die Teilnahme an derartigen Veranstaltungen verboten.

Das Problem geht aber noch tiefer, vor allem für einen Juden: Den Tempeln wurden auch Opfertiere zugeeignet, die nicht zum Essen bestimmt waren. Diese Tiere wurden geschlachtet und auf dem freien Markt verkauft. Die Einkünfte dienten dem Unterhalt der Tempel.

Es konnte also sein, wenn man ein Stück Fleisch kaufte, dass man ein Stück „Tempelfleisch“ erwarb und damit indirekt den Erhalt der heidnischen Tempel unterstützte. Diesbezüglich konnte man offensichtlich nie sicher sein – es sei denn man kaufte bei einem jüdischen Fleischer. Und mehr noch: Wenn man irgendwo zu Gast war, konnte man ebenfalls nicht sicher sein, wo der Gastgeber sein Fleisch gekauft hatte. Was sollte man tun? Nachfragen, wo das Fleisch gekauft worden sei? Im Zweifelsfall nichts unternehmen und einfach essen? Und wie sollte man sich verhalten, wenn der Gastgeber verkündete, er habe das Fleisch vom Tempel gekauft (warum immer er das auch tun sollte)? Im Griechischen ist die Möglichkeit, der Gastgeber werde ausdrücklich darauf hinweisen, so umschrieben, dass dies eigentlich unmöglich ist und bisher auch noch nicht vorkam. Man müsste den entsprechenden Vers etwa folgendermaßen übersetzen, um seinen Sinn adäquat wiederzugeben: Sollte es einmal vorkommen, dass jemand bei einer solchen Gelegenheit ausdrücklich darauf hinweist: das ist Götzenopferfleisch, dann sollt ihr nicht essen.

Paulus sagt zu dieser Frage: Grundsätzlich könnten Christen an diesen gesellschaftlichen Veranstaltungen teilnehmen, denn andere Götter gibt es nicht – und damit kann man sich auch nicht verunreinigen bzw. Götzenkult betreiben, indem man teilnimmt. Zudem gelten für Christen keine (jüdischen) Reinheitsgebote. Also kann man teilnehmen:

> *1Kor 8,44 Was nun das Essen von Götzenopferfleisch betrifft, so wissen wir, daß es keinen Götzen in der Welt gibt und daß kein Gott ist als nur einer. 5 Denn wenn es auch sogenannte Götter gibt im Himmel oder auf Erden – wie es ja viele Götter und viele Herren gibt – 6 so ist doch für uns ein Gott, der Vater, von dem alle Dinge sind und wir auf ihn hin, und ein Herr, Jesus Christus, durch den alle Dinge sind und wir durch ihn...1Kor 8,8: Zwar kann uns keine Speise vor Gottes Gericht bringen. Wenn wir nicht essen, verlieren wir nichts, und wenn wir essen, gewinnen wir nichts...*

Zu guter Letzt gab es in der Gemeinde von Korinth aber die „Starken“ und die „Schwachen“. Die „Starken“ hatten sich die Position zu eigen gemacht, dass andere Götter nicht existieren und somit auch kein Götzenopferfleisch. Selbst wenn also bekannt sein sollte, woher das Fleisch bezogen wurde, gibt es überhaupt keinen Grund, auf den Genuss dieses Fleisches zu verzichten. Vielleicht begegnen uns hier die „Starken“, jene Christen, die für sich entschieden haben: Alles ist uns erlaubt. Sie spricht Paulus vermutlich gleich zu Eingang des Kapitels an, wenn er sagt:

1Kor 8,1 Was aber das Götzenopferfleisch betrifft, so wissen wir, daß wir alle Erkenntnis haben. Die Erkenntnis bläht auf, die Liebe aber erbaut. 8,2 Wenn jemand meint, er habe etwas erkannt, so hat er noch nicht erkannt, wie man erkennen soll...

Mit 8,1b scheint er auch bereits seine Lösung oder Empfehlung für das Verhalten in dieser Streitfrage anzudeuten.

Für die „Schwachen" galt aber folgende Überlegung: Wir wissen zwar, dass es keine Götter gibt, aber nicht jeder, so Paulus, kann sich von diesem Gedanken völlig frei machen:

1Kor 8,7 Die Erkenntnis aber ist nicht in allen, sondern manche essen es, da sie bis jetzt an den Götzen gewöhnt waren, als Götzenopferfleisch, und ihr Gewissen, da es schwach ist, wird befleckt.

Somit kommen alle Dinge von Gott und durch Jesus Christus (1Kor 8,6). Paulus verwendet hier mit hoher Wahrscheinlichkeit eine Formel, die er aus der frühchristlichen Tradition übernimmt:

Gott, der Vater
von dem alle Dinge sind und wir auf ihn hin
ein Herr Jesus Christus
durch den alle Dinge sind und wir durch ihn.

Die Tradition erkennt man nicht nur an dem parallelen Aufbau, sondern auch an dem inhaltlichen Überschuss: Es wäre hier nicht nötig gewesen, die Schöpfungsmittlerschaft oder -teilhabe des Sohnes zu thematisieren. Vielleicht denkt Paulus bei der Wendung „durch den alle Dinge sind und wir durch ihn" an die Erlösung. „Pate" stand bei diesem Bekenntnis möglicherweise die jüdische Vorstellung der Weisheit, die personifiziert gedacht wird (Spr 8,22-31), die schon bei der Schöpfung existiert, wenn auch nicht an der Schöpfung teilhat.

Paulus gibt, vor allem für die Starken, folgende Marschroute vor:

8,9 Seht aber zu, daß nicht etwa diese eure Freiheit den Schwachen zum Anstoß werde! 10 Denn wenn jemand dich, der du Erkenntnis hast, im Götzentempel zu Tisch liegen sieht, wird nicht sein Gewissen, da er schwach ist, bestärkt werden, die Götzenopfer zu essen? 11 Und durch deine Erkenntnis kommt der Schwache um, der Bruder, um dessentwillen Christus gestorben ist. 12 Wenn ihr aber so gegen die Brüder sündigt und ihr schwaches Gewissen verletzt, so sündigt ihr gegen Christus. 13 Darum, wenn eine Speise meinem Bruder Ärgernis gibt, so will ich nie und nimmermehr Fleisch essen, damit ich meinem Bruder kein Ärgernis gebe.

Diese scheint er auch im Römerbrief noch einmal aufzugreifen:

Röm 14,13 Laßt uns nun nicht mehr einander richten, sondern haltet vielmehr das für recht, dem Bruder keinen Anstoß oder kein Ärgernis zu geben! 14 Ich weiß und bin überzeugt in dem Herrn Jesus, daß nichts an sich unrein ist; nur dem, der etwas als gemein ansieht, dem ist es unrein. 15 Denn wenn dein Bruder wegen einer

Speise betrübt wird, so wandelst du nicht mehr nach der Liebe. Verdirb nicht mit deiner Speise den, für den Christus gestorben ist!

Die Verletzung der schwachen Brüder ist eine Verletzung des soteriologischen, d.h., heilvollen und uns rettenden Wirkens Jesu, der auch und gerade für die „Schwachen" gestorben ist. Die pragmatische Lösung des Paulus – für den Einzelfall klar – wird durch Ge- und Verbote abgelöst: Die frühe Kirche macht aus der Entscheidung des Paulus bzw. aus der Problematik der Götzenopferfleischfrage an sich ein Prinzip, das angeblich Gegenstand des Apostelkonvents war: *Apg 15,29 „...euch zu enthalten von Götzenopfern und von Blut und von Ersticktem und von Unzucht. Wenn ihr euch davor bewahrt, so werdet ihr wohl tun. Lebt wohl!"*

Das uneingeschränkte Essen dieses Fleisches hätte v.a. die Beziehungen zwischen Juden- und Heidenchristen verunmöglicht. Die Einschränkung von (christlichen) Freiheiten im Kontext einer Institutionalisierung des Glaubens ist nicht nur üblich, sondern auch kaum zu vermeiden, weil nicht jedes Mal eine Einzelfallentscheidung getroffen werden kann. Das heißt insgesamt, dass Paulus entgegen seiner eigenen theologischen Überzeugung eine pastorale Lösung vertritt. Letzten Endes entspricht diese Lösung dem Schlagwort: Der Klügere bzw. Stärkere gibt nach.

Damit ist aber noch nicht alles gesagt. Indem Paulus das Thema noch einmal in Kap. 10 aufgreift, bringt er weitere Argumente hinzu und präzisiert die bisherigen:

Es gibt zwar keine Götzen, aber dennoch geschieht etwas beim Götzenopfermahl:

1Kor 10,19 Was sage ich nun? Daß das einem Götzen Geopferte etwas sei? Oder daß ein Götzenbild etwas sei? 20 Nein, sondern daß das, was sie opfern, sie den Dämonen opfern und nicht Gott. Ich will aber nicht, daß ihr Gemeinschaft habt mit den Dämonen.

Dahinter steht die Vorstellung, dass es zwar keine (anderen) Götter gibt, diese ehemalig als solche Verehrten (jetzt) als Dämonen ihr Unwesen treiben. Die Aussage aus Kor 10,19f impliziert, dass man nicht zu öffentlichen Opfermählern gehen soll. Etwas anderes ist es aber, wenn man privat zu Gast ist und Fleisch vorgesetzt bekommt. Dann braucht man nicht zu fragen, woher es stammt. Nur wenn der Gastgeber sagt, es handele sich um Opferfleisch, soll man nicht davon essen:

1Kor 10,23 Alles ist erlaubt, aber nicht alles ist nützlich; alles ist erlaubt, aber nicht alles erbaut. 24 Niemand suche das Seine, sondern das des anderen. 25 Alles, was auf dem Fleischmarkt verkauft wird, eßt, ohne es um des Gewissens willen zu untersuchen! 26 Denn „die Erde ist des Herrn und ihre Fülle." 27 Wenn jemand von den Ungläubigen euch einlädt, und ihr wollt hingehen, so eßt alles, was euch vorgesetzt wird, ohne es um des Gewissens willen zu untersuchen. 28 Wenn aber jemand zu euch sagt: Dies ist Opferfleisch, so eßt nicht, um jenes willen, der es anzeigt, und um des Gewissens willen! 29 Ich meine aber nicht das eigene Gewissen, sondern das des anderen.

Paulus gibt somit nicht nur eine pastorale Weisung, sondern darüber hinaus mit den Versen aus Kap. 10 eine praktische: Wer eingeladen ist – und das dürfte v.a. für die Starken gelten – kann essen und trinken, was vorgesetzt wird, ohne investigatorisch und minutiös nach der Herkunft der Speisen zu forschen. Er braucht (und wird!) auch keine Gewissensbisse haben, aber durch sein Verhalten den Schwachen in Gewissensnöte bringen.

Für Starke wie auch für Schwache gilt: es geht nicht um Essen und Trinken, sondern vielmehr um die Ehre Gottes als Maßstab christlichen Handelns und in konsequenter Weiterführung des Gedankens um die Gemeinde, ihr Erscheinungsbild nach außen und schließlich um das einzelne Gemeindemitglied.

Gerade an dieser Stelle kann man sich die Frage nach der Relevanz des Briefes stellen, denn das Problem des Götzenopfers ist heute bedeutungslos. Kann die pastorale Lösung des Paulus in diesem Streitfall ein Modell für den Umgang der verschiedenen Flügel in heutigen Gemeinden miteinander sein? In gewisser Weise sicherlich. Es ist empfehlenswert, einen Ausgleich zu finden und auf die Schwächeren Rücksicht zu nehmen. Eine Forderung an die „Starken“, stets nachzugeben, ist daraus freilich nicht ableitbar und auch bei Paulus nicht gefordert. Vielleicht wendet er sich in den Versen 29b und 30 sogar oder auch gegen die „Schwachen“ (so Klauck 1Kor, 76). Auch von den Schwachen etwas zu fordern und nicht allein gegen *eine* Seite zu argumentieren, würde jedenfalls der Haltung des Paulus entsprechen. Und so gilt auch hier: Wenn der Klügere immer nachgibt, wird die Welt irgendwann von den Dummen regiert – auch die Kirche.

Zusammenfassung

In der Frage des so genannten Götzenopferfleisches, d.h. Fleisch, das in irgendeiner Weise mit dem Opfer an heidnische Götter zusammenhängt, gibt Paulus zwar jenen Gemeindemitgliedern Recht, die die Existenz von fremden Göttern leugnen. Wenn es keine fremden Götter gibt, gibt es auch keine Opfer und auch kein Opferfleisch. Daher kann man Fleisch essen, woher es auch stammen mag. Mit Rücksicht auf glaubensschwache Gemeindemitglieder, die sich von ihren alten Vorstellungen noch nicht ganz frei machen können und daher Gefahr laufen, verunsichert zu werden, empfiehlt Paulus gegebenenfalls den Verzicht auf Fleischgenuss bei „Opfermählern“ oder auf Fleisch ungewisser Herkunft. Wie später auch Mt will er die „Kleinen“, d.h. die Glaubensschwachen, schützen und spricht sich deshalb für eine gemeindeverträgliche Lösung aus, notfalls für den Verzicht auf Fleisch.

Die Frage des Götzenopferfleisches ist heute nicht mehr relevant; glaubensschwache Christen, die klare Wege und feste Strukturen brauchen, gibt es aber nach wie vor. Mit Paulus muss daher für ein gewisses Maß von Rücksicht auf diese Christen plädiert werden ohne dabei jedoch die grundsätzlich von Paulus erschlossene Freiheit des Christen zu vernachlässigen.

Wie gesehen sind heute keineswegs alle Themen, die Paulus in seinen Briefen behandelt noch in der gleichen Weise relevant wie zur Zeit des Paulus. Und doch gibt es unterschiedlichste Einflüsse auf die Theologie, Liturgie, Gemeindepastoral und andere Bereiche der Kirche(n) der Gegenwart.

21.3 Wieso bereitet die Eucharistiefeier in Korinth Probleme und was geht das uns an?

Insbesondere katholische Christen kennen die „Einsetzungsworte" die im Hochgebet einer jeden Eucharistiefeier zitiert bzw. gebetet werden. Es mag nun interessant sein, dass dabei nicht der „originale" Wortlaut verwendet wird, den Jesus selbst beim Abendmahl gesprochen hat und die Gültigkeit der Eucharistiefeier hängt auch davon nicht ab. Vielmehr wird ein „synthetischer", d.h. mehr oder weniger frei gestalteter, Text verwendet. Genau genommen gibt es in der katholischen Kirche sogar vier verschiedene Hochgebete mit unterschiedlichem Wortlaut. Das bedeutet, dass es hier nicht um Magie geht, denn diese „funktioniert" nur, wenn Worte und Handlungen genauen Vorgaben entsprechen. Daher muss der Text nicht wie eine Beschwörung über Brot und Wein gesprochen werden. Es ist kein Hokuspokus, wie früher das einfache Volk glaubte, das den Priester die lateinischen Worte „hoc est corpus meus", d.h. dies ist mein Leib, murmeln hörte.

Dass hier also nicht der Originalwortlaut verwendet wird, ist einerseits verständlich, weil der Wortlaut Jesu aramäisch wäre und heute gar nicht mehr vorliegt. Zum anderen ist zu berücksichtigen, dass die Abendmahlsworte schon im NT in dreifacher Form vorliegen. Da gibt es zum einen die markinische Tradition, die auch, mit Varianten, von Mt geboten wird. Zum anderen existiert eine eigene Fassung bei Paulus, die er in 1Kor 11,23-25 als angeblich direkte Überlieferung Jesu an ihn, Paulus, empfangen habe. Und schließlich gibt es eine dritte Fassung der Abendmahlsszene bei Lk, die wie eine Mischung aus Mk und Paulus aussieht.

Eine unmittelbare Übergabe der Abendmahlsworte von Jesus auf Paulus ist – entgegen der Behauptung des Paulus – nicht möglich, weil Paulus Jesus zu Lebzeiten nicht kannte und folglich auch beim Abendmahl nicht dabei war. Es wird eigens zu untersuchen sein, was Paulus meint, wenn er in 11,23 sagt, *„denn ich habe von dem Herrn empfangen, was ich auch euch überliefert habe"*.

Es soll hier keine exegetische Auslegung der drei neutestamentlichen Fassungen vorgenommen werden. Nur so viel sei gesagt, dass die Unterschiede im Wortlaut weitergehende Folgen für die Deutung des Abendmahles bei jedem der Verfasser haben: So bietet z.B. nur Mt den wichtigen Zusatz: *zur Vergebung der Sünden* (Mt 26,28).

Mt 26	Mk 14	Lk 22	1 Kor 11	Text des zweiten Hochgebets
26 Während sie aber aßen, nahm Jesus Brot und segnete, brach und gab es den ***Jüngern*** *und sprach: Nehmt, eßt, dies ist mein Leib!*	*Und während sie aßen, nahm er Brot, segnete, brach und gab es ihnen und sprach: Nehmt, dies ist mein Leib!*	*Und er nahm Brot, dankte, brach und gab es ihnen und sprach: Dies ist mein Leib, der für euch gegeben wird. Dies tut zu meinem Gedächtnis!*	*23 Denn ich habe von dem Herrn empfangen, was ich auch euch überliefert habe, daß Der Herr Jesus in der Nacht, in der er überliefert wurde, Brot nahm 24 und, als er gedankt hatte, es brach und sprach: Dies ist mein Leib, der für euch ist; dies tut zu meinem Gedächtnis*	*Denn am Abend, an dem er ausgeliefert wurde und sich aus freiem Willen dem Leiden unterwarf, nahm er das Brot und sagte Dank, brach es, reichte es seinen* ***Jüngern*** * und sprach: Nehmet und esset alle davon. Das ist mein Leib, der für euch hingegeben wird.*
Und er nahm einen Kelch und dankte und gab ihnen ‹den› und sprach:	*Und er nahm einen Kelch, dankte und gab ihnen ‹den›; und sie*	*Ebenso auch den Kelch nach dem Mahl: (Vgl. V 17 Und er nahm einen Kelch, dankte und sprach:*	*25 Ebenso auch den Kelch nach dem Mahl und sprach:*	*Ebenso nahm er nach dem Mahl den Kelch, dankte wiederum, reichte ihn seinen Jüngern und sprach:*

Trinkt alle daraus!	*tranken alle daraus.* *24 Und er sprach zu ihnen:*	*Nehmt diesen und teilt ihn unter euch!) und sagte* *Dieser Kelch ist der neue*	*Dieser Kelch ist der neue*	*Nehmet und trinket alle daraus.* *Das ist der Kelch des neuen und ewigen*
28 Denn dies ist mein Blut des Bundes, das für viele	*Dies ist mein Blut des Bundes, das für viele*	*Bund in meinem Blut, das für euch*	*Bund in meinem Blut,*	*Bundes, mein Blut das für euch und für alle*
Vergossen wird zur Vergebung der Sünden.	*vergossen wird.*	*vergossen wird*		*vergossen wird* *zur Vergebung der Sünden.*
			dies tut, sooft ihr trinkt, zu meinem Gedächtnis	*Tut dies zu meinem Gedächtnis.*

Das zweite Hochgebet enthält somit folgende Elemente der ntl. Überlieferung:

- Denn am Abend, an dem er ausgeliefert wurde (Lk/ 1Kor)
- und sich aus freiem Willen dem Leiden unterwarf, (keine ntl. Bezugsstelle aus der Abendmahlerzählung)
- nahm er das Brot und (Mk; Mt; Lk; 1Kor = alle)
- sagte Dank, (Lk; 1Kor)
- brach es, (alle)
- reichte es seinen Jüngern (Mt)
- und sprach: Nehmet und esset (Mk; Mt) alle davon.
- Das ist mein Leib, (alle) der für euch gegeben wird. (Lk)
- Ebenso nahm er nach dem Mahl den Kelch, (Lk; 1Kor)
- dankte (Mk; Mt) wiederum,
- reichte ihn seinen Jüngern und sprach:
- Nehmet und
- trinket alle daraus. (Mt)
- Das ist der Kelch des neuen und ewigen Bundes (teilweise Lk; 1Kor)
- mein Blut, das für euch und für alle vergossen wird zur Vergebung der Sünden. (weitgehend Mt)
- Tut dies zu meinem Gedächtnis. (1 Kor)

Die paulinische Überlieferung fließt somit bis heute in diesen liturgischen Text ein. In besonderer Weise gilt dies für den Wiederholungsbefehl (tut dies zu meinem Gedächtnis), der bei Paulus sogar zweimal vorkommt – einmal nach dem Brotwort und noch einmal nach dem Kelchwort (1Kor 11,24.25). Diese Worte werden im Kontext mit dem Wiederholungsbefehl als kultische Begründung der Eucharistie verstanden, ungeachtet der strittigen Frage, ob das Mahl Jesu nun ein Paschamahl war oder nicht.

War das Mahl Jesu ein Paschamahl?

Die Evangelien nach Mt, Mk und Lk	Das Johannesevangelium
Donnerstag im Laufe des Tages: Jesus schickt seine Jünger zur Vorbereitung des Paschamahles	
Donnerstagabend, *(nach jüdischem Kalender der Freitag, weil der Tag am Vorabend beginnt)* Jesus feiert mit seinen Jüngern *das Pascha*	Donnerstagabend, d.i. Freitag: Jesus nimmt mit seinen Jüngern *ein Mahl* ein
Donnerstagnacht (= Freitag) Jesus geht in den Garten zum Gebet und wird verhaftet	Donnerstagnacht (= Freitag) Jesus geht in den Garten zum Gebet und wird verhaftet
Freitag in der Frühe – *Paschatag* Jesus wird verhört und zu Pilatus gebracht	Freitag in der Frühe: Jesus wird zu Pilatus gebracht. Seine Ankläger gehen nicht in das Richthaus hinein um sich nicht zu verunreinigen und (am Abend) das Pascha essen zu können (Joh 18,28)
Freitagnachmittag – Tag des Paschafestes: Jesus wird ans Kreuz geschlagen und stirbt	Freitagnachmittag – *Vortag zum Paschafest* Jesus wird zur Zeit der Lämmerschlachtung am Tempel ans Kreuz geschlagen und stirbt
	Freitagabend (= Samstag/Schabbat) Beginn des Pascha

Wer hat nun „Recht" – Mt, Mk und Lukas oder Johannes?
Wahrscheinlich Joh,

- weil auch die Römer an hohen Feiertagen (in Friedenszeiten) nicht kreuzigten
- weil im Abendmahl Jesu keine Paschaelemente genannt werden, weder bei Joh, noch bei Mt, Mk und Lukas:
  - kein Lamm
  - keine Bitterkräuter
  - kein hastiger Verzehr, wie dies in Ex 12,11 vorgeschrieben ist
  - vor allem aber, weil kein ungesäuertes Brot (azymos), sondern nur „normales" Brot (artos) genannt wird
- weil die Menschen am Paschafest selbst anderes zu tun hatten, als einem Landsmann den Prozess zu machen

Die paulinische Darstellung ist jedoch, abgesehen von ihrem Einfluss auf die Liturgie, aus einem weiteren Grund von Bedeutung: Durch den Kontext erfahren wir etwas über die Art und Weise, wie in den Tagen des Paulus Eucharistie gefeiert wurde. Ein solcher Text stellt in gewisser Weise eine Norm für unseren Umgang mit Eucharistie und die Art und Weise ihrer feierlichen Begehung dar. Natürlich muss eine Forderung wie „zurück zu den Quellen" oder „Schrift vor Tradition" abschlägig beschieden werden, denn, wie gesehen, sind die Quellen selbst schon disparat und sie sind auch selbst schon (voneinander abweichende) Tradition.

Doch nun zum paulinischen Text:

> *1Kor 11, 18 Denn erstens höre ich, daß, wenn ihr in der Gemeinde zusammen-*
> *kommt, Spaltungen unter euch sind, und zum Teil glaube ich es. 19 Denn es*
> *müssen auch Parteiungen unter euch sein, damit die Bewährten unter euch offen-*
> *bar werden. 20 Wenn ihr nun zusammenkommt, so ist es nicht möglich, das*
> *Herrenmahl zu essen. 21 Denn jeder nimmt beim Essen sein eigenes Mahl vorweg,*
> *und der eine ist hungrig, der andere ist betrunken. 22 Habt ihr denn nicht Häuser,*
> *um zu essen und zu trinken? Oder verachtet ihr die Gemeinde Gottes und beschämt*
> *die, welche nichts haben ? Was soll ich euch sagen? Soll ich euch loben? Hierin*
> *lobe ich nicht. 23 Denn ich habe von dem Herrn empfangen, was ich auch euch*
> *überliefert habe, daß der Herr Jesus in der Nacht, in der er überliefert wurde,*
>
> *Brot nahm 24 und, als er gedankt hatte, es brach und sprach:*
>
> *Dies ist mein Leib, der für euch ist;*
>
> *dies tut zu meinem Gedächtnis!*
>
> *25 Ebenso auch den Kelch nach dem Mahl und sprach:*
>
> *Dieser Kelch ist der neue Bund in meinem Blut,*
>
> *dies tut, sooft ihr trinkt, zu meinem Gedächtnis!*

26 Denn sooft ihr dieses Brot eßt und den Kelch trinkt, verkündigt ihr den Tod des Herrn, bis er kommt. 27 Wer also unwürdig das Brot ißt oder den Kelch des Herrn trinkt, wird des Leibes und Blutes des Herrn schuldig sein. 28 Der Mensch aber prüfe sich selbst, und so esse er von dem Brot und trinke von dem Kelch. 29 Denn wer ißt und trinkt, ißt und trinkt sich selbst Gericht, wenn er den Leib des Herrn nicht richtig beurteilt… 33 Daher, meine Brüder, wenn ihr zusammenkommt, um zu essen, so wartet aufeinander! 34 Wenn jemand hungert, der esse daheim, damit ihr nicht zum Gericht zusammenkommt. Das übrige aber will ich anordnen, sobald ich komme.

Wie in dem von mir eigens gesetzten Abendmahlsabschnitt deutlich wird, sind Brot- und Weingestus zusammen mit den Deuteworten sehr stark parallelisiert. Dies ist in den Evangelien nur in geringerem Maße der Fall. Die paulinische Fassung dürfte daher den historischen Ereignissen nicht so nahestehen wie etwa die Mk-Version, die einen deutlich höheren Erzählanteil besitzt.

Paulus spricht von Spannungen, die in der Gemeinde bzw. den Gemeinden von Korinth existieren. Davon war schon einmal die Rede in Bezug auf die „Starken" und „Schwachen", die verschiedenen Parteiungen, die Pneumatiker und die anderen und auch die verschiedenen Charismen (Gaben des Geistes), die in Korinth gelebt und in die Gemeinde eingebracht werden. Da gibt es Zungenredner, Propheten und andere und scheinbar glaubten vor allem die Zungenredner, die in Ekstase oder als Folge der Erfüllung mit dem Geist in der Gemeinde auftraten, sie seien etwas Besseres. In Korinth war offensichtlich ordentlich etwas los!

Im Kontext der Eucharistie tritt eine Spannung zu Tage, die Paulus schon einmal genannt hatte: Die Bedeutenden, Reichen und eben die Armen.

Der Text lässt kaum Zweifel daran, dass die Eucharistie im Rahmen eines Sättigungsmahles gehalten wird, so wie Jesus auch das Abendmahl gefeiert hat. Dies bestätigt eine Korrespondenz aus dem beginnenden zweiten Jahrhundert (109-113) aus der Zeit früher Christenverfolgungen. Da schreibt Plinius, der Statthalter von Bythinien und Pontus in der heutigen Türkei, (Plinius d. J., Briefe 10, 96 f.), an Kaiser Trajan und bittet ihn um Auskunft, wie er mit Christen verfahren soll, die ihm angezeigt und vor seinen Richterstuhl gebracht werden. Im Kontext der Verhöre erfährt er, dass sich die Christen am ersten Tag der Woche (d.h. dem Sonntag) abends versammeln, um zu beten und gemeinsam Mahl zu halten. Die Gottesdienste der frühen christlichen Gemeinden fanden in Privathäusern statt. Die Größe der Versammlungen bemaß sich an der Größe der zur Verfügung stehenden Räume. Wer bei den Gottesdiensten den Vorsitz führte, sagt Paulus nicht. Selbst in Korinth, wo er Missstände anprangert, tadelt er die Gemeinde als Ganzes und nicht einen Vorsteher. Gottesdienstleiter war möglicherweise der/die Gastgeber(in)/Hausbesitzer(in).

Im Rahmen dieser Gottesdienste kommt es zu unbrüderlichem Verhalten unter den Christen. Da gibt es eine Gruppe, die offensichtlich aus dem Vollen lebt, und andere, die bei dieser Gelegenheit leer ausgehen. Warum das so ist, lässt sich aus

V 33 schließen: Die Christen warten nicht aufeinander beim gemeinsamen Mahl. Es sieht so aus, dass es eine Gruppe gibt, die sich schon relativ früh versammelt und zusammen die mitgebrachten Picknickkörbe leert, dabei auch fröhlich dem Wein zuspricht. Für die später Dazugekommenen ist dann nichts mehr oder nicht mehr genug übrig – vielleicht sind sie auch nicht in der Lage, viel beizusteuern und verzehren dann eben ihre kärgliche Mahlzeit, die sie mitgebracht haben. Die Begüterten, die es sich leisten können, „einmal früher Schluss zu machen" bilden demnach eine eigene Gruppe, die es sich gut gehen lässt, während die ärmeren Gemeindemitglieder, die bis in den Abend oder gar in die Nacht hinein arbeiten müssen, notgedrungen erst später dazustoßen können. Ein solches Verhalten ist der Gemeinde unwürdig und verstößt gegen die Brüderlichkeit. In diesem Kontext ist dann auch der Satz zu verstehen: *29 Denn wer ißt und trinkt, ißt und trinkt sich selbst Gericht, wenn er den Leib des Herrn nicht richtig beurteilt.* Dies wird durch V 34 bestätigt.

Hat das Christentum die sozialen Spannungen in den Gemeinden nicht in den Griff bekommen? Trotz der nicht zu unterschätzenden, gemeinschaftbildenden Funktion des gemeinsamen Mahles wurde die Einbettung der kultischen Handlung in ein solches schon sehr früh – etwa Mitte des 2. Jahrhunderts – wieder aufgegeben. Vermutlich ist aber die Zunahme der Zahl der Christen wie auch der christlichen Gemeinden die Ursache für die Abtrennung des Sättigungsmahles. Beides zusammen kann man feiern, wenn sich die Anzahl der Teilnehmer im Rahmen einer erweiterten Hausgemeinschaft hält. Bei einer größeren Gemeinde von etwa mehr als 20 Personen stößt die alte, traditionelle Form an ihre Grenzen.

Zusammenfassung

Neben den Evangelien bietet Paulus eine eigene Fassung der Eucharistie. Er behauptet zwar, diese Form von Jesus direkt übernommen zu haben, aber dies ist aus historischen Gründen auszuschließen. Nichtsdestoweniger geht die paulinische Fassung auf eine ältere Tradition zurück. Vorstellbar ist, dass Paulus hier die Feier der Eucharistie wiedergibt, wie er sie in einer Gemeinde kennengelernt hat. Hier käme die Gemeinde in Antiochia in Frage, in der sich Paulus immer wieder aufhält. Die hier präsentierte Fassung ist stark symetrisch aufgebaut und erweckt einen formelhaften Eindruck. Inwieweit sie den Worten und Gesten Jesu folgt, ist nicht mehr auszumachen.

Die ganze Frage um die Eucharistie wie auch die anderen Probleme, die in Korinth aufbrechen, lassen erkennen, dass von Anfang an nicht von einem Christentum in friedlicher und brüderlicher/schwesterlicher Gemeinschaft die Rede sein kann. Wenn Lk die Anfangszeit des Christentums in seiner Apostelgeschichte anders darstellt, so beschreibt er einen Idealzustand, wie er dem Christentum gut zu Gesicht stünde, aber nicht der Wirklichkeit entsprach.

21.4 Warum muss Paulus den Korinthern zum Thema „Auferstehung“ schreiben? Es ist doch zu vermuten, dass er gerade zu diesem Thema ausführlich gepredigt hat!

Das „Auferstehungskapitel“ 1Kor 15 wurde oben schon wiederholt in Auszügen behandelt. Im Rahmen des Kapitels zitiert Paulus wieder einmal einen älteren Traditionstext, den er bereits aus der frühchristlichen Tradition übernommen hat. Dieses Zitat will in der vorliegenden Form nicht so recht und in Gänze zur Fragestellung passen, und trotzdem bietet Paulus es und sagt damit auch etwas über die Vorrangstellung des Petrus, das Apostolat, über den Gebrauch des AT und auch über Paulus selbst aus. Es geht generell um den Glauben an die Auferstehung von den Toten – während die Auferstehung Jesu offensichtlich nicht zur Disposition steht – und es geht auch – folgerichtig – um das „wie“ der Auferstehung:

> *1Kor 15,1 Ich tue euch aber, Brüder, das Evangelium kund, das ich euch verkündigt habe, das ihr auch angenommen habt, in dem ihr auch steht, 2 durch das ihr auch errettet werdet, wenn ihr festhaltet, mit welcher Rede ich es euch verkündigt habe, es sei denn, daß ihr vergeblich zum Glauben gekommen seid. 3 Denn ich habe euch vor allem überliefert, was ich auch empfangen habe:*
>
> *daß Christus für unsere Sünden gestorben ist*
> *nach den Schriften;*
> *4 und daß er begraben wurde*
>
> *und daß er auferweckt worden ist am dritten Tag*
> *nach den Schriften;*
> *5 und daß er Kephas erschienen ist,*
> *dann den Zwölfen.* [Formatierung von mir]
>
> *6 Danach erschien er mehr als fünfhundert Brüdern auf einmal, von denen die meisten bis jetzt übriggeblieben, einige aber auch entschlafen sind.*
>
> *7 Danach erschien er Jakobus,*
>
> *dann den Aposteln allen;*
>
> *8 zuletzt aber von allen, gleichsam der unzeitigen Geburt, erschien er auch mir. 9 Denn ich bin der geringste der Apostel, der ich nicht würdig bin, ein Apostel genannt zu werden, weil ich die Gemeinde Gottes verfolgt habe.*
>
> *10 Aber durch Gottes Gnade bin ich, was ich bin; und seine Gnade mir gegenüber ist nicht vergeblich gewesen, sondern ich habe viel mehr gearbeitet als sie alle; nicht aber ich, sondern die Gnade Gottes, die mit mir ist.*

11 Ob nun ich oder jene: so jedenfalls predigen wir, und so seid ihr zum Glauben
gekommen. 12 Wenn aber gepredigt wird, daß Christus aus den Toten auferweckt
sei, wie sagen einige unter euch, daß es keine Auferstehung der Toten gebe ? 13 Wenn
es aber keine Auferstehung der Toten gibt, so ist auch Christus nicht auferweckt; 14
wenn aber Christus nicht auferweckt ist, so ist also auch unsere Predigt inhaltslos,
inhaltslos aber auch euer Glaube. 15 Wir werden aber auch als falsche Zeugen
Gottes befunden, weil wir gegen Gott bezeugt haben, daß er Christus auferweckt
habe, den er nicht auferweckt hat, wenn wirklich Tote nicht auferweckt werden. 16
Denn wenn Tote nicht auferweckt werden, so ist auch Christus nicht auferweckt.
17 Wenn aber Christus nicht auferweckt ist, so ist euer Glaube nichtig, so seid ihr
noch in euren Sünden. 18 Also sind auch die, welche in Christus entschlafen sind,
verlorengegangen. 19 Wenn wir allein in diesem Leben auf Christus gehofft haben,
so sind wir die elendesten von allen Menschen. 20 Nun aber ist Christus aus den
Toten auferweckt, der Erstling der Entschlafenen; 21 denn da ja durch einen Menschen der Tod kam, so auch durch einen Menschen die Auferstehung der Toten. 22
Denn wie in Adam alle sterben, so werden auch in Christus alle lebendig gemacht
werden. 23 Jeder aber in seiner eigenen Ordnung: der Erstling, Christus; sodann
die, welche Christus gehören bei seiner Ankunft; 24 dann das Ende, wenn er das
Reich dem Gott und Vater übergibt; wenn er alle Herrschaft und alle Gewalt und
Macht weggetan hat. 25 Denn er muß herrschen, bis er alle Feinde unter seine Füße
gelegt hat. 26 Als letzter Feind wird der Tod weggetan. 27 „Denn alles hat er seinen
Füßen unterworfen.“ Wenn es aber heißt, daß alles unterworfen sei, so ist klar, daß
der ausgenommen ist, der ihm alles unterworfen hat. 28 Wenn ihm aber alles unterworfen ist, dann wird auch der Sohn selbst dem unterworfen sein, der ihm alles
unterworfen hat, damit Gott alles in allem sei. 29 Was werden sonst die tun, die
sich für die Toten taufen lassen ? Wenn überhaupt Tote nicht auferweckt werden,
warum lassen sie sich denn für sie taufen ? 30 Warum sind auch wir jede Stunde
in Gefahr? 31 Täglich sterbe ich, so wahr ihr mein Ruhm seid, Brüder, den ich in
Christus Jesus, unserem Herrn, habe. 32 Wenn ich nur nach Menschenweise mit
wilden Tieren gekämpft habe zu Ephesus, was nützt es mir? Wenn Tote nicht
auferweckt werden, so „laßt uns essen und trinken, denn morgen sterben wir“! ...35
Es wird aber jemand sagen: Wie werden die Toten auferweckt? Und mit was für
einem Leib kommen sie? 36 Tor! Was du säst, wird nicht lebendig, es sterbe denn.
37 Und was du säst, du säst nicht den Leib, der werden soll, sondern ein nacktes
Korn, es sei von Weizen oder von einem der anderen Samenkörner. 38 Gott aber
gibt ihm einen Leib, wie er gewollt hat, und jedem der Samen seinen eigenen Leib...
42 So ist auch die Auferstehung der Toten. Es wird gesät in Vergänglichkeit, es wird
auferweckt in Unvergänglichkeit. 43 Es wird gesät in Unehre, es wird auferweckt
in Herrlichkeit; es wird gesät in Schwachheit, es wird auferweckt in Kraft; 44 es
wird gesät ein natürlicher Leib, es wird auferweckt ein geistlicher Leib. Wenn es
einen natürlichen Leib gibt, so gibt es auch einen geistlichen. 45 So steht auch geschrieben: „Der erste Mensch, Adam, wurde zu einer lebendigen Seele“, der letzte
Adam zu einem lebendig machenden Geist... 50 Dies aber sage ich, Brüder, daß

Fleisch und Blut das Reich Gottes nicht erben können, auch die Vergänglichkeit nicht die Unvergänglichkeit erbt. 51 Siehe, ich sage euch ein Geheimnis: Wir werden nicht alle entschlafen, wir werden aber alle verwandelt werden, 52 in einem Nu, in einem Augenblick, bei der letzten Posaune; denn posaunen wird es, und die Toten werden auferweckt werden, unvergänglich sein, und wir werden verwandelt werden. 53 Denn dieses Vergängliche muß Unvergänglichkeit anziehen und dieses Sterbliche

Paulus bekräftigt noch einmal seine Auferstehungsbotschaft und unterstreicht sie nicht nur durch das (von mir) strophisch gesetzte Zitat, sondern auch, indem er eine ganze Reihe von Zeugen der Auferstehungsoffenbarung nennt, von denen die meisten noch am Leben sind und daher befragt werden können. Petrus wird als Primärzeuge genannt, obwohl die johanneische Tradition hier Maria von Magdala anführt. Man kann schon sagen, dass der Evangelist Johannes das Primat des Petrus nicht bestreitet, aber doch sehr relativiert und dem „Lieblingsjünger" Jesu eine zumindest gleichwertige Rolle zuweist. In den frühen Gemeinden hat sich aber offensichtlich, wie in diesem kleinen Lehrstück, die Primärerscheinung des Petrus schon durchgesetzt. Dies stellt kein Angriff auf die Frauen dar. Vielmehr hätte die von Frauen bezeugte Auferstehungsbotschaft nicht als glaubwürdig gegolten (vgl. Lk 24,11). Es ist interessant, dass als weiterer Einzelzeuge neben Petrus ein Mann genannt wird, der in der frühchristlichen Tradition schon sehr bald eine Führungsrolle in der Jerusalemer Gemeinde einnimmt und mit dem sich auch Paulus auseinandersetzen muss: Es ist Jakobus, der so genannte Herrenbruder, der schon bald zu den „Angesehenen" in Jerusalem zählt (Gal 2,2.6).

Es wird zum Zweiten deutlich, dass zumindest für Paulus die Zwölf und die Apostel nicht identisch sind, ganz im Gegensatz zum Lk-Ev (und wohl auch im Gegensatz zu frühchristlichen Richtungen). Paulus bezeichnet sich zu Recht als Apostel, denn er versteht darunter all jene, denen eine Auferstehungsoffenbarung zuteil wurde. Ihre Zahl ist unklar, denn auch sonst nicht weiter bekannte Personen werden von Paulus dazugerechnet. So heißt es in *Röm 16,7 Grüßet Andronikus und Junia(s), meine Verwandten und meine Mitgefangenen, welche unter den Aposteln ausgezeichnet sind, die auch vor mir in Christo waren.* Zum Apostel kann man nicht etwa durch herausragende Tätigkeit aufsteigen; Apostel zu sein ist eine Gnade Gottes, der seinen Sohn offenbart. Apostel ist demnach ein Titel der ersten Generation und nicht weiter vererbbar. Ihr Auftreten ist auf das erste Jahrhundert limitiert; neue kommen (zumindest nach Vorstellung des Paulus) nicht mehr hinzu

Er selbst sieht sich als den Letzten in der Reihe der Auferstehungszeugen. Ob es danach keine Ostererfahrung mehr gegeben hat, entzieht sich unserer Kenntnis. Paulus setzt sich selbst gegenüber den Vorgenannten herab, weil er ursprünglich ein Christenverfolger war. Diese Herabsetzung stellt freilich auch eine Privilegierung dar, denn trotz seines Vorlebens wird er von Gott ausgewählt und einer Offenbarung für würdig befunden. Ganz so demütig ist Paulus an dieser Stelle also auch wieder nicht, zumal er behauptet, er selbst sei der Eifrigste in der Verkündigung, und dies mag sogar zutreffend sein.

Es ist nun auch interessant, wie in dieser alten Formel das AT (gemäß den Schriften) als „Beweis" oder besser Hinweis auf Jesu Geschick verwertet wird:

daß Christus für unsere Sünden gestorben ist nach den Schriften;

Hier stellt sich gleich die Frage, ob der Tod Jesu aus den Schriften zu belegen ist oder der Heilstod „für unsere Sünden". Als Bezugsstelle kommt hier am ehesten das vierte Gottesknechtslied aus Jes 53 in Betracht, wo beides, der Tod an sich wie auch der Tod als Stellvertretung, thematisiert wird, wenn es heißt:

Jes 53,4 Jedoch unsere Leiden – er hat sie getragen, und unsere Schmerzen – er hat sie auf sich geladen. Wir aber, wir hielten ihn für bestraft, von Gott geschlagen und niedergebeugt. 5 Doch er war durchbohrt um unserer Vergehen willen, zerschlagen um unserer Sünden willen... 53,8b Wegen des Vergehens seines Volkes hat ihn Strafe getroffen...

Der Gottesknecht wird sogar als „Schuldopfer" bezeichnet (53,10).

Die zweite Stelle in der obigen Glaubensformel, die auf die Schrift verweist lautet:

und daß er auferweckt worden ist am dritten Tag nach den Schriften;

Hier ist es nicht so einfach eine Referenzstelle im AT zu finden, denn außer beim Propheten Daniel ist nirgends von der endzeitlichen Auferstehung die Rede und dort findet sich auch kein Bezug auf einen „dritten Tag". Genau genommen kennt man den „Tag" der Auferstehung nicht. Das NT erzählt von dem Auffinden des leeren Grabes oder auch von Begegnungen mit dem Auferstandenen, aber letztlich ist das Datum der Auferstehung unbekannt. Der „dritte Tag" kann daher auch aus der atl. Stelle, auf die hier Bezug genommen wird, geschlossen sein. Am ehesten kommt ein Text des Propheten Hosea in Betracht. Der dritte Tag wird im Rahmen der Leidensweissagungen genannt, im Bild vom Fisch, in dem Jona saß und am dritten Tag wieder ausgespieen wurde (Jon 2,1 vgl. Mt 12,40). Bei Hos heißt es nun:

Hos 6,2 Er wird uns nach zwei Tagen neu beleben, am dritten Tag uns aufrichten, daß wir vor seinem Angesicht leben.

Es ist kaum daran zu zweifeln, dass die frühen Christen in diesem Prophetenwort, das von JHWHs heilvoller Zuwendung spricht, einen Reflex auf die Auferweckung des Gekreuzigten sehen konnten und auch gesehen haben. Der „dritte Tag" ist daher nicht als ein chronologisches, sondern als ein theologisches oder auch soteriologisches Datum zu sehen, d.h. als Tag der Rettung.

Was bezweckt Paulus nun mit dem Zitat des kleinen Auferstehungsbekenntnisses sowie der Nennung einer großen Schar von Zeugen, einschließlich ihm selbst? Er möchte die Auferstehung Jesu „beweisen", obwohl diese doch angeblich gar nicht in Frage gestellt wird. Paulus aber stellt zwischen der Auferstehung Jesu und der Auferstehung der Christen einen untrennbaren Argumentationszusammenhang her, und in diesem ist es wichtig, dass die Auferstehung Jesu ohne jeden Zweifel geglaubt wird:

> *1Kor 15,12 Wenn aber gepredigt wird, daß Christus aus den Toten auferweckt sei, wie sagen einige unter euch, daß es keine Auferstehung der Toten gebe? 13 Wenn es aber keine Auferstehung der Toten gibt, so ist auch Christus nicht auferweckt; 14 wenn aber Christus nicht auferweckt ist, so ist also auch unsere Predigt inhaltslos, inhaltslos aber auch euer Glaube. 15 Wir werden aber auch als falsche Zeugen Gottes befunden, weil wir gegen Gott bezeugt haben, daß er Christus auferweckt habe, den er nicht auferweckt hat, wenn wirklich Tote nicht auferweckt werden. 16 Denn wenn Tote nicht auferweckt werden, so ist auch Christus nicht auferweckt. 17 Wenn aber Christus nicht auferweckt ist, so ist euer Glaube nichtig, so seid ihr noch in euren Sünden.*

Das Problem in Korinth ist also folgendes: Es gibt eine gläubige Gemeinde von Christen, die „das Evangelium" angenommen hat. Offensichtlich glaubt man aber nur an die Auferstehung Jesu, nicht aber an die allgemeine Totenauferweckung; zumindest wird dies von „einigen" in Abrede gestellt. Wenn Tote nicht auferweckt werden, so ist aber auch Christus nicht auferweckt, argumentiert Paulus. Umgekehrt gilt: Wenn Christus auferweckt worden ist, werden auch Tote auferweckt. Dass Christus aber auferweckt wurde, glauben die Christen in Korinth. Also muss es auch die Auferweckung der Toten geben, an die die Korinther – zumindest teilweise – nicht glauben.

Es ist aber nicht davon auszugehen, dass die Leugner eine eschatologische Gemeinschaft auch der verstorbenen Christen mit dem Herrn in Abrede gestellt haben. Es deutet vieles darauf hin – insbesondere die Rede des Pls ab V 12 – dass „nur" die Auferstehung des (irdischen?) Leibes negiert wird, und Paulus etwas pauschalisierend dann von einer Leugnung von Auferstehung schlechthin spricht.

Wie konnte es zu dieser Fehleinschätzung kommen? Möglicherweise geht es auch hier wieder um die „weisen", „freien" Christen, die Pneumatiker, d.h. die mit dem Geist begabten, die Christuspartei in Korinth, die Aussagen des Paulus, das Heil sei da, seit der Taufe auf Jesus Christus so verstanden haben, als lebe man bereits jetzt, im Diesseits, im Heilszustand. Aussagen des Paulus, die derart missverstanden worden sein können, sind z.B. folgende:

> *Röm 6,4 So sind wir nun mit ihm begraben worden durch die Taufe in den Tod, damit, wie Christus aus den Toten auferweckt worden ist durch die Herrlichkeit des Vaters, so auch wir in Neuheit des Lebens wandeln.*
>
> *Gal 2,19 Denn ich bin durchs Gesetz dem Gesetz gestorben, auf daß ich Gott lebe; 20 ich bin mit Christo gekreuzigt, und nicht mehr lebe ich, sondern Christus lebt in mir; was ich aber jetzt lebe im Fleische, lebe ich durch Glauben, durch den an den Sohn Gottes, der mich geliebt und sich selbst für mich hingegeben hat.*

Gal 3,25 Nachdem aber der Glaube gekommen ist, sind wir nicht mehr unter einem Zuchtmeister; 26 denn ihr alle seid Söhne Gottes durch den Glauben in Christus Jesus. 27 Denn ihr alle, die ihr auf Christus getauft worden seid, ihr habt Christus angezogen.

1Kor 6,9 Oder wißt ihr nicht, daß Ungerechte das Reich Gottes nicht erben werden? Irrt euch nicht! Weder Unzüchtige noch Götzendiener, noch Ehebrecher, noch Lustknaben, noch Knabenschänder, noch Diebe, noch Habsüchtige, noch Trunkenbolde, noch Lästerer, noch Räuber werden das Reich Gottes erben. 11 Und das sind manche von euch gewesen; aber ihr seid abgewaschen, aber ihr seid geheiligt, aber ihr seid gerechtfertigt worden durch den Namen des Herrn Jesus Christus und durch den Geist unseres Gottes.

Die Vorstellung, man befinde sich bereits gegenwärtig im endzeitlichen Heil, die so genannte präsentische Eschatologie, die Paulus in seinen Briefen anklingen lässt und sicher auch Bestandteil seiner mündlichen Predigt war, wurde in den nicht von Paulus verfassten „Deuteropaulinen" offensichtlich noch ausgebaut:

Eph 2,4 Gott aber, der reich ist an Barmherzigkeit, hat um seiner vielen Liebe willen, womit er uns geliebt hat, 5 auch uns, die wir in den Vergehungen tot waren, mit dem Christus lebendig gemacht – durch Gnade seid ihr errettet! 6 Er hat uns mitauferweckt und mitsitzen lassen in der Himmelswelt in Christus Jesus, 7 damit er in den kommenden Zeitaltern den überragenden Reichtum seiner Gnade in Güte an uns erwiese in Christus Jesus.

Kol 2,13 Und euch, die ihr tot wart in den Vergehungen und in der Unbeschnittenheit eures Fleisches, hat er mit lebendig gemacht mit ihm, indem er uns alle Vergehungen vergeben hat.

Kol 2,20 Wenn ihr mit Christus den Elementen der Welt gestorben seid, was unterwerft ihr euch Satzungen, als lebtet ihr noch in der Welt.

Dass es tatsächlich derartige Vorstellungen im frühen Christentum gab, wird durch eine außerkanonische Schrift bestätigt: Es handelt sich dabei um eine Evangelienschrift, die in Nag Hammadi gefunden wurde, einem kleinen Ort in Oberägypten, 127 km nördlich von Luxor. Weltbekannt wurde Nag Hammadi durch die dort im Dezember 1945 gefundenen Bücher in koptischer Sprache. Seit 1975 befinden sich die Schriften im Koptischen Museum in Kairo. Der Fund besteht aus 13 in Leder gebundenen Papyrus-„Büchern" (so genannte Kodizes) mit 47 darin enthaltenen Schriften, manche mehrfach, so dass es insgesamt 53 Texte sind. Die Manuskripte stammen aus dem Zeitraum zwischen dem 3. Jahrhundert und dem 4. Jahrhundert, die Texte selbst aus dem 1.(?) bis 2. Jahrhundert Die meisten dieser Schriften, vorwiegend gnostischer Orientierung, waren bis dahin nicht oder nur in Fragmenten bekannt. Zu ihnen gehört neben dem Philippus-Ev auch das Thomas-Ev. Vermutlich handelt es sich bei dem Fund um Texte eines nahegelegenen Klosters. Die Gnosis ist eine Geistesrichtung, die v.a. durch ihre dualistische Sicht von Welt geprägt ist. Danach ist Materie und damit auch alle

Körperlichkeit zweitrangig, ja minderwertig, gegenüber der Welt des Geistes und der Erkenntnis. Aus diesem Merkmal, der Erkenntnis, hat die Richtung auch ihren Namen „Gnosis“. Wo und wann diese Richtung entstand, ist ungewiss. Gesichert ist hingegen, dass es auch im Christentum „gnostische“ Strömungen gab, die Etliches an Literatur hervorgebracht haben. Wie schon erwähnt handelt es sich bei der Christuspartei in Korinth, die sich ihrer „Erkenntnis“ sicher ist, vielleicht um eine Vorstufe zur Gnosis. Zur o.g. Fragestellung ist ein Text aus dem so genannten Philippus Evangelium interessant:

> *Spruch 90: „Die, die behaupten: ‚Man wird zuerst sterben und dann auferstehen‘ irren sich. Wenn man nicht die Auferstehung zu Lebzeiten empfängt, wird man nichts empfangen, wenn man stirbt. Entsprechend redet man auch von der Taufe, wenn gesagt wird: ‚Groß ist die Taufe; denn wenn man sie empfängt, wird man leben‘“. https://web.archive.org/web/20071105191958/http://wwwuser.gwdg.de/~rzellwe/nhs/node88.html (1.10.2018)*

Paulus verwendet die hier vorliegende Formel, die er die Korinther vielleicht schon einmal gelehrt hat, also erneut und in apologetischer Absicht, um die Tatsächlichkeit der Auferstehung des Leibes zu „beweisen“. Dass Paulus dabei zwischen Körper (dem optisch in Erscheinung tretenden Material) und Leib differenziert, zeigt der folgende Kontext. Er spricht hier nicht von Körper und Leib, sondern

Abb. 21: Auferstehung. Der Abstieg Jesu in die Totenwelt mit der Auferweckung von Adam und Eva. Fresko im Chorakloster, Istanbul

vom „irdischen", „natürlichen" einerseits und vom „himmlischen" oder „geistlichen" Leib andererseits.

Das „wie" der Auferstehung erfolgt also laut Paulus (und auch nach den Worten Jesu in der Sadduzäerfrage vgl. *Mk 12,25 Denn wenn sie aus den Toten auferstehen, heiraten sie nicht, noch werden sie verheiratet, sondern sie sind wie Engel in den Himmeln*) im Sinne einer Verwandlung:

> *1 Kor 15,35 Es wird aber jemand sagen: Wie werden die Toten auferweckt? Und mit was für einem Leib kommen sie? 36 Tor! Was du säst, wird nicht lebendig, es sterbe denn. 37 Und was du säst, du säst nicht den Leib, der werden soll, sondern ein nacktes Korn, es sei von Weizen oder von einem der anderen ›Samenkörner‹. 38 Gott aber gibt ihm einen Leib, wie er gewollt hat, und jedem der Samen seinen eigenen Leib... 40 Und es gibt himmlische Leiber und irdische Leiber. Aber anders ist der Glanz der himmlischen, anders der der irdischen;...*
>
> *42 So ist auch die Auferstehung der Toten. Es wird gesät in Vergänglichkeit, es wird auferweckt in Unvergänglichkeit. 43 Es wird gesät in Unehre, es wird auferweckt in Herrlichkeit; es wird gesät in Schwachheit, es wird auferweckt in Kraft; 44 es wird gesät ein natürlicher Leib, es wird auferweckt ein geistlicher Leib. Wenn es einen natürlichen Leib gibt, so gibt es auch einen geistlichen. 45 So steht auch geschrieben: „Der erste Mensch, Adam, wurde zu einer lebendigen Seele", der letzte Adam zu einem lebendig machenden Geist.*

Von einer Trennung von Leib und Seele im Augenblick des Todes wird hier bei Paulus freilich nicht gesprochen.

Zusammenfassung

In Korinth wird die Auferstehung der Toten in Frage gestellt. Es geht nicht um die Auferweckung Jesu – diese steht scheinbar auch für die Korinther nicht zur Debatte – wohl aber um die Auferweckung von Toten überhaupt.

Paulus argumentiert in einer Art Zirkelschluss und sagt: Wenn Jesus nicht auferstanden ist, dann stehen auch die Toten nicht auf und Jesus kann nur dann auferstanden sein, wenn es eine Auferstehung von den Toten gibt. Da die Auferstehung Jesu geglaubt wird – er sichert sie durch die Nennung von Zeugen noch einmal eigens ab – gehört auch die Auferweckung der Toten zum unaufgebbaren Glaubensgut. Die Auferstehung erfolgt nach Paulus freilich nicht durch eine Wiederbelebung von Körpern, sondern durch die Verwandlung der Toten in einen „himmlischen" Leib. Verwandelt werden im Übrigen auch all jene, die bei der Wiederkunft Christi, der Parusie, noch am Leben sind. Dass dies der Fall sein kann und Paulus selbst sogar mit seinem „Überleben" rechnet, wurde oben schon aus einem Text aus 1Thess 4 belegt. Somit ist Paulus ein Kritiker einer allzu materialistisch vorgestellten Auferstehung, die bis in unsere Zeit reicht und die Kunst über Jahrhunderte geprägt hat.

22. War Paulus ein Frauenfeind?

Lange Zeit und immer wieder wurde Paulus das Etikett angehängt, er sei ein Frauenfeind. Ansätze dazu finden sich angeblich wiederum im 1Kor. Dieser Frage soll im Folgenden nachgegangen werden.

Es gibt schon einige Hinweise darauf, dass Paulus Probleme mit Frauen hatte. Er selbst war nicht verheiratet und ist der Ansicht, das sei auch besser so.

> *1Kor 7,1 Was aber das betrifft, wovon ihr mir geschrieben habt, so ist es gut für einen Menschen, keine Frau zu berühren. 2 Aber um der Unzucht willen habe jeder seine eigene Frau, und jede habe ihren eigenen Mann.3 Der Mann leiste der Frau die eheliche Pflicht, ebenso aber auch die Frau dem Mann. 4 Die Frau verfügt nicht über ihren eigenen Leib, sondern der Mann; ebenso aber verfügt auch der Mann nicht über seinen eigenen Leib, sondern die Frau. 5 Entzieht euch einander nicht, es sei denn nach Übereinkunft eine Zeitlang, damit ihr euch dem Gebet widmet und dann wieder zusammen seid, damit der Satan euch nicht versuche, weil ihr euch nicht enthalten könnt. 6 Dies aber sage ich als Zugeständnis, nicht als Befehl. 7 Ich wünsche aber, alle Menschen wären wie ich; doch jeder hat seine eigene Gnadengabe von Gott, der eine so, der andere so. 8 Ich sage aber den Unverheirateten und den Witwen: es ist gut für sie, wenn sie bleiben wie ich. 9 Wenn sie sich aber nicht enthalten können, so sollen sie heiraten, denn es ist besser, zu heiraten als vor Verlangen zu brennen. 10 Den Verheirateten aber gebiete nicht ich, sondern der Herr, daß eine Frau sich nicht vom Mann scheiden lassen soll.*

Diesen Ausführungen zufolge hat Paulus nicht eben eine sehr hohe Meinung von Ehe und Partnerschaft. Die Ehe, so scheint es, dient nur dem Zweck, sexuelle Bedürfnisse zu befriedigen (bes. VV 2.9). Am liebsten wäre ihm, alle Menschen wären unverheiratet wie er selbst (V 8), wobei er seine Ehelosigkeit als Charisma, als Gnade, betrachtet, die eben nicht jedem gegeben ist (auch hier anders Trobisch 93-98, der u.a. auf frühchristliche Schriftsteller des 2. und 3. Jahrhundert verweist, die davon ausgehen, dass Paulus verheiratet war). Zur Frage einer Ehescheidung beruft er sich einmal mehr auf ein „Wort des Herrn", wobei sich in diesem Falle dieses Wort aus den Evangelien sogar verifizieren lässt: Die Evangelien sprechen sich grundsätzlich – wenn auch mit sprachlichen Varianten und der Matthäusklausel als Einschränkung – gegen die Ehescheidung aus: Matthäus erlaubt die Trennung der Ehegatten im Falle von Unzucht/Hurerei (porneia). Einige Jahrzehnte später heißt es dann freilich in 1Tim 5:

> *11 Jüngere Witwen [unter sechzig Jahren vgl. V 9] aber weise ab! Denn wenn sie Christus zuwider üppig geworden sind, wollen sie heiraten 12 und fallen unter das Urteil, daß sie das erste Gelöbnis verworfen haben. 13 Zugleich aber lernen sie auch, müßig in den Häusern umherzulaufen, nicht allein aber müßig, sondern auch*

> *geschwätzig und vorwitzig, indem sie reden, was sich nicht geziemt. 14 Ich will nun, daß jüngere Witwen heiraten, Kinder gebären, den Haushalt führen, dem Widersacher keinen Anlaß zur Schmähung geben*

Diese Wende hinsichtlich des Status der Witwen hat durchaus seine Gründe, wie gleich zu sehen sein wird.

Eine zweite wichtige Stelle, die einen Blick auf das paulinische Verhältnis zu Frauen freigibt, findet sich mit 1Kor 14:

> *31 Denn ihr könnt einer nach dem anderen alle weissagen, damit alle lernen und alle getröstet werden. 32 Und die Geister der Propheten sind den Propheten untertan. 33 Denn Gott ist nicht ein Gott der Unordnung, sondern des Friedens.*
>
> *Wie es in allen Gemeinden der Heiligen ist, 34 sollen die Frauen in den Gemeinden schweigen, denn es wird ihnen nicht erlaubt, zu reden, sondern sie sollen sich unterordnen, wie auch das Gesetz sagt. 35 Wenn sie aber etwas lernen wollen, so sollen sie daheim ihre eigenen Männer fragen; denn es ist schändlich für eine Frau, in der Gemeinde zu reden.*
>
> *36 Oder ist das Wort Gottes von euch ausgegangen? Oder ist es zu euch allein gelangt? 37 Wenn jemand meint, ein Prophet oder sonst ein Geistbegabter zu sein, so erkenne er, daß das, was ich euch schreibe, ein Gebot des Herrn ist. [gegliederte Darstellung von mir]*

Ohne Umschweife verbietet Paulus hier in 14,33b-35 den Frauen das öffentliche Reden in den Gemeinden und verweist darauf, dass dies in allen christlichen Gemeinden („der Heiligen") so gehandhabt wird. Ob diese Vorschrift oder die Aussagen zum Prophezeien „ein Gebot des Herrn" (V 37) sind, wird zunächst nicht ganz klar.

Nun bestehen freilich berechtigte Zweifel an der Echtheit der Aussage über die Frauen. D.h., dass mit guten Gründen bestritten werden kann, dass Paulus diese Verse, die den kontextlichen Zusammenhang zum Thema „Prophetie" durchbrechen, selbst verfasst hat. Vielmehr ist anzunehmen, dass das Redeverbot für Frauen aus einer späteren Sicht eingetragen wurde, zu einer Zeit, in der die Frauen wieder ins Haus verbannt werden, auf Küche und Kinder verwiesen (vgl. 1Tim 2,15; 5,10.14). Diese Sicht der Frauen hat sich über Jahrhunderte hindurch gehalten und selbst die Worte der großen Frauen des Mittelalters wie etwa jene der Mystikerin Hildegard von Bingen wurden keineswegs widerstandslos akzeptiert.

Auch wenn diese Aussage zu den Frauen die Ausführungen des Paulus zur Prophetie unterbrechen (vgl. 1Kor 14,31-33. 36f) bedarf es weiterer Argumente, um die Unechtheit der Stelle zu behaupten. Schließlich ist dies keineswegs die einzige Stelle im Werk des Paulus, an der er kurzfristig vom Thema abweicht, ehe er den früheren Erzählfaden wieder aufgreift.

Das wohl nachdrücklichste Argument liegt in 1Kor 11 vor:

> *1 Nehmt mich zum Vorbild, wie ich Christus zum Vorbild nehme. 2 Ich lobe euch, daß ihr in allem an mich denkt und an den Überlieferungen festhaltet, wie ich sie euch übergeben habe. 3 Ihr sollt aber wissen, daß Christus das Haupt des Mannes ist, der Mann das Haupt der Frau und Gott das Haupt Christi. 4 Wenn ein Mann betet oder prophetisch redet und dabei sein Haupt bedeckt hat, entehrt er sein Haupt. 5 Eine Frau aber entehrt ihr Haupt, wenn sie betet oder prophetisch redet und dabei ihr Haupt nicht verhüllt. Sie unterscheidet sich dann in keiner Weise von einer Geschorenen. 6 Wenn eine Frau kein Kopftuch trägt, soll sie sich doch gleich die Haare abschneiden lassen. Ist es aber für eine Frau eine Schande, sich die Haare abschneiden oder sich kahlscheren zu lassen, dann soll sie sich auch verhüllen. 7 Der Mann darf sein Haupt nicht verhüllen, weil er Abbild und Abglanz Gottes ist; die Frau aber ist der Abglanz des Mannes. 8 Denn der Mann stammt nicht von der Frau, sondern die Frau vom Mann. 9 Der Mann wurde auch nicht für die Frau geschaffen, sondern die Frau für den Mann. 10 Deswegen soll die Frau mit Rücksicht auf die Engel das Zeichen ihrer Vollmacht auf dem Kopf tragen. 11 Doch im Herrn gibt es weder die Frau ohne den Mann noch den Mann ohne die Frau. 12 Denn wie die Frau vom Mann stammt, so kommt der Mann durch die Frau zur Welt; alles aber stammt von Gott. 13 Urteilt selber! Gehört es sich, daß eine Frau unverhüllt zu Gott betet? 14 Lehrt euch nicht schon die Natur, daß es für den Mann eine Schande, 15 für die Frau aber eine Ehre ist, lange Haare zu tragen? Denn der Frau ist das Haar als Hülle gegeben. 16 Wenn aber einer meint, er müsse darüber streiten: Wir und auch die Gemeinden Gottes kennen einen solchen Brauch nicht.*

Hier schreibt Paulus eindeutig in V 5 *Eine Frau aber entehrt ihr Haupt, wenn sie betet oder prophetisch redet und dabei ihr Haupt nicht verhüllt.*

Das aber heißt doch im Klartext, dass die Frau sehr wohl in der Öffentlichkeit der Gemeinde beten und auch prophezeien kann, wenn auch unter der Bedingung, dass sie dabei ihren Kopf bedeckt. Diese Anweisung versucht Paulus mit einer ganzen Reihe verschiedenster Argumente zu stützen, angefangen von der „naturgegebenen" Unterordnung der Frau unter den Mann, die Paulus vermutlich aus der Schöpfungsgeschichte ableitet, bis hin zu der Behauptung (vgl. oben 14,33b), in den anderen Gemeinden würde ebenso verfahren (zur Frage der Interpolation vgl. Broer 302-304).

Es sollen nicht alle Argumente des Paulus eingehender betrachtet werden, aber V 10 bedarf denn doch noch einer Erklärung: *Darum soll die Frau eine Macht auf dem Haupt haben um der Engel willen. [ELB] vgl. Deswegen soll die Frau mit Rücksicht auf die Engel das Zeichen ihrer Vollmacht auf dem Kopf tragen [EÜ]*

Die „Rücksicht auf die Engel" dürfte ein Motiv aufgreifen, das in Gen 6,2 eigentlich nur angedeutet wird, im äthiopischen Henochbuch, das im ersten nachchristlichen Jahrhundert seinen Abschluss erfahren hat und somit zeitgenössisch zu Paulus ist, breit ausgeführt wird:

> *Gen 6,2 da sahen die Söhne Gottes die Töchter der Menschen, wie schön sie waren, und sie nahmen sich von ihnen allen zu Frauen, welche sie wollten.*

Vgl. äthHen 6.7:

6,1 Nachdem die Menschenkinder sich gemehrt hatten, wurden ihnen in jenen Tagen schöne und liebliche Wörter [sic! Töchter] geboren. 2 Als aber die Engel, die Himmelssöhne, sie sahen, gelüstete es sie nach ihnen, und sie sprachen untereinander: „Wohlan, wir wollen uns Weiber unter den Menschentöchtern auswählen und uns Kinder zeugen. 3 Semjasa aber, ihr Oberster, sprach zu ihnen: „Ich fürchte, ihr werdet wohl diese That nicht ausführen wollen, so daß ich allein eine so große Sünde zu büßen haben werde." 4 Da antworteten ihm alle und sprachen: „Wir wollen alle einen Eid schwören und durch Verwünschungen uns untereinander verpflichten, diesen Plan nicht aufzugeben, sondern dies beabsichtigte Werk auszuführen." 6 Da schwuren alle zusammen und verpflichteten sich untereinander durch Verwünschungen dazu. Es waren ihrer im Ganzen 200, die in den Tagen Jarebs auf den Gipfel des Berges Hermon herabstiegen. Sie nannten aber den Berg Hermon, weil sie auf ihm geschworen und durch Verwünschungen sich untereinander verpflichtet hatten. 7 Dies sind die Namen ihrer Anführer: Semjasa, ihr Oberster, Urarkib, Arameel, (Sammael), Akibeel, Tamiel, Ramuel, Danel, Ezeqeel, Saraqujal, Asael, Armers, Batraal, Anani, Zaqebe, Samsaveel, Sartael, (Tumael?), Turel, Jomjael, Arasjal, 8 Dies sind ihre Dekarchen.

7,1 Diese und alle übrigen mit ihnen nahmen sich Weiber, jeder von ihnen wählte sich eine aus, und sie begannen zu ihnen hineinzugeb[h]en und sich an ihnen zu verunreinigen, sie lehrten sie Zaubermittel, Beschwörung(sform)e(l)n und das Schneiden von Wurzeln und offenbarten ihnen die (heilkräftigen) Pflanzen. 2 Sie wurden aber schwanger und gebaren 3000 Ellen lange Riesen, die den Erwerb der Menschen aufzehrten. Als aber die Menschen ihnen nichts mehr gewähren konnten, wandten sich die Riesen gegen sie und fraßen sie auf, und die Menschen begannen sich an den Vögeln, Tieren, Reptilien und Fischen zu versündigen, das

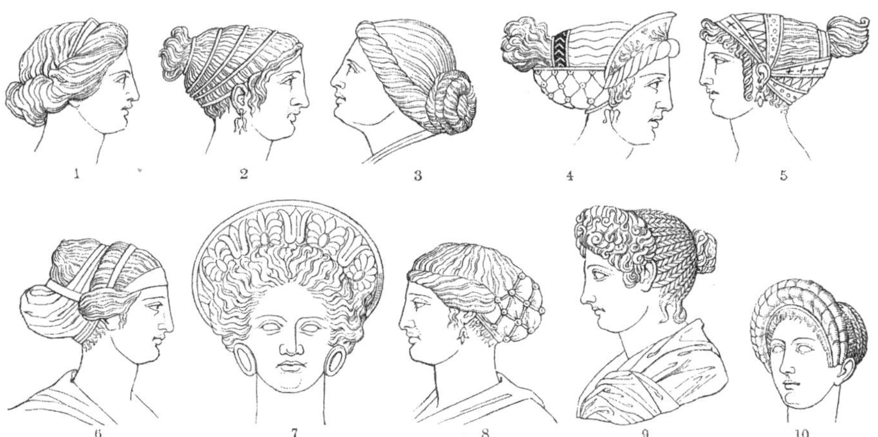

Abb. 22: Römische Frisurenmode

Fleisch voneinander aufzufressen, und tranken das Blut. 6 Da klagte die Erde über die Ungerechten. (http://homepage.ruhr-uni-bochum.de/michael.luetge/Himmelsr.html#_Toc256247438, 1.10.2018)

Trifft dieser Bezug zu, so sieht Paulus in der Haarpracht der Frauen eine Gefährdung, „eine Macht“, (vgl. *1Tim 2,9 ebenso, daß auch die Frauen sich in würdiger Haltung mit Schamhaftigkeit und Sittsamkeit schmücken, nicht mit Haarflechten und Gold oder Perlen oder kostbarer Kleidung)* nicht nur für Männer schlechthin, sondern sogar für die Gottessöhne/Engel, die von der Schönheit der Frauen verführt werden könnten. Um diese Gefährdung auszuschließen, plädiert er nachdrücklich dafür, dass Frauen bei öffentlichen Auftritten in der Gemeinde ihre Haare bedecken sollen.

Paulus wird also kaum in Kap. 11 den Frauen das öffentliche Rederecht in den Gemeinden unter Auflagen zusprechen um dann im gleichen Schreiben, drei Kap. später, ein generelles Verdikt gegen Frauen auszusprechen.

Auch andere Aussagen des Paulus signalisieren, dass Frauen unterschiedslos in der Mission, also in der Verkündigung, tätig waren. Er spricht, besonders im Briefschluss des Römerbriefes (Röm 16) von diversen Frauen, die mit ihm zusammengearbeitet haben, die für ihn eine Hilfe waren, die seine Mitarbeiter waren, die sich mit ihm abgemüht haben in der Verkündigung.

Angesichts dieser Texte ist dann doch die Frage zu stellen, warum sich Paulus gegen die Ehe ausspricht und meint, am Besten sollten alle ehelos leben wie er selbst bzw. die Witwen sollten nicht wieder heiraten. Hätten die frühen Christen seinen Rat befolgt, so wäre das Christentum vermutlich längst ausgestorben. Dies aber lag mit Sicherheit nicht in der Intention des Völkerapostels. Zwar ist es möglich, dass er Ehepaaren begegnete, die nicht miteinander harmonierten und die ihm als abschreckendes Beispiel gedient haben mögen, aber der eigentliche Grund ist der, dass er nachlassenden Eifer im Christsein befürchtet, entsprechend dem Wort aus den Evangelien: Niemand kann zwei Herren dienen: *1Kor 7,32 Ich will aber, daß ihr ohne Sorge seid. Der Unverheiratete ist für die Sache des Herrn besorgt, wie er dem Herrn gefallen möge; 33 der Verheiratete aber ist um die Dinge der Welt besorgt, wie er der Frau gefallen möge, …*

Gerade für Paulus ist bezeichnend, dass er uneingeschränkte Aufmerksamkeit für den Glauben erwartet und diese auch in einem ausgesprochen hohen Maß selbst praktiziert. Es dürfte schon bis hierher deutlich geworden sein, wie Paulus nahezu rastlos die Verkündigung betreibt. Dieser Eifer ist aber nicht nur ein individueller Charakterzug des Paulus, sondern ist der Kürze der Zeit bis zur Wiederkunft des Herrn, der Parusieerwartung geschuldet. Vereinfacht gesagt: Für einen Menschen ohne Ehefrau lohnt es sich angesichts des nahe bevorstehenden Endes überhaupt nicht mehr, in den letzten verbleibenden Tagen noch zu heiraten. Wenn Paulus in 1Thess 4 feststellt, dass er zu jenen gehören dürfte, denen das Kommen des Herren zu Lebzeiten widerfahren wird, dann bedarf es in der Tat keiner Ehefrau.

Fragt man nach der Relevanz der paulinischen Sicht der Frau für die heutige Zeit, so scheint er nichts zu sagen, was noch relevant sein könnte. Seine Zurückhaltung gegenüber der Ehe ist längst nicht mehr aktuell, da seine Begründung, die Naherwartung, keine Bedeutung mehr hat.

Interessanter wird es jedoch, wenn man die Frage nach der Rolle der Frau im Gottesdienst stellt, denn diesbezüglich hat sich das Christentum, und nicht nur die katholische Kirche, auf den Standpunkt gestellt, die Frau habe in der Gemeindeversammlung zu schweigen. Diese Haltung ist jedoch ungeachtet der Echtheitsfrage – wie gesehen – nur *eine* neutestamentliche Position. Und so ist zu diskutieren, mit welcher Begründung man im Laufe der Geschichte an dieser Position festgehalten hat. Ganz sicher reicht es dabei nicht, auf die Tradition zu verweisen, denn diese ist nicht vom Himmel gefallen, sondern hat sich, auch im Ringen mit wechselnden soziokulturellen Gegebenheiten, herausgebildet. Gerade dieser Aspekt, nämlich das Verhaftetsein von Glaube und Kirche in der Geschichte, wird aber gerne übersehen oder gar verleugnet mit der Begründung, die Kirche dürfe sich nicht dem (bösen) „Zeitgeist“ anpassen. Das aber hat sie immer wieder getan, z.B. in der wechselnden „Mode“ beim Kirchenbau. Warum sollte dies jetzt nicht mehr gestattet sein?

Im Gegensatz zum ersten Eindruck ist daher die paulinische Haltung zur Frau hoch aktuell: Frauen sind genauso in der Verkündigung tätig wie Männer. Dies gilt auch und besonders im Hinblick auf Gal 3,28 (*Da ist nicht Jude noch Grieche, da ist nicht Sklave noch Freier, da ist nicht Mann und Frau; denn ihr alle seid einer in Christus Jesus*), womit Paulus ethnische, soziale wie auch Geschlechter-Unterschiede in der Gemeinde auflöst. Natürlich werden diese äußerlich nicht verändert: Eine Frau bleibt eine Frau und ein Mann ein Mann, aber im gemeinsamen Glauben sind sie aufgehoben.

Zusammenfassung

Paulus ist definitiv kein Frauenfeind. Er schätzt die Mitarbeit der Frauen in der Verkündigung in gleicher Weise wie die der Männer. Scheinbare Ressentiments gegen Frauen konnten als unpaulinisch identifiziert werden. Die Tatsache, dass er ehelos geblieben ist, rührt nicht aus Vorbehalten gegen Frauen, sondern zum einen aus der ungeteilten Hingabe an sein Verkündigungswerk, welches aber zum anderen deshalb so dringlich ist, weil das Kommen des Herrn unmittelbar bevorsteht. Eine Frau würde nicht nur zu viel Aufmerksamkeit von der wichtigeren Aufgabe der Verkündigung abziehen, sondern angesichts des bevorstehenden Endes ist es auch müßig, jetzt noch zu heiraten.

23. Wieso kann man den Galaterbrief als „Kampfschrift" des Paulus bezeichnen?

Vom Galaterbrief war oben schon mehrfach die Rede. Hier soll noch einmal ein kurzer Überblick über ihn gegeben werden.

Der Eingang des Briefes lässt bereits nichts Gutes ahnen. Nach den üblichen Eingangsformeln mit Absender und Empfänger kommt Paulus in Gal 1,6 sofort zur Sache, ohne vorher eine Danksagung an seine Adressaten ausgesprochen zu haben:

> *Gal 1,6 Ich wundere mich, daß ihr euch so schnell von dem, der euch durch die Gnade Christi berufen hat, abwendet zu einem anderen Evangelium,...*

Damit spricht der Völkerapostel sofort das Problem an, das er bei den Galatern vorfindet. Woher er davon weiß, ist nicht bekannt. Es ist denkbar, dass er diese Gemeinde zweimal besucht hat und beim zweiten Mal auf die veränderten Gegebenheiten stößt. Dann aber stellt sich die Frage, warum Paulus nicht dort bleibt und die Dinge wieder geraderückt. Im Sinne eines zweimaligen Aufenthalts kann der Vers Gal 4,13 – je nach Übersetzung – verstanden werden:

> *Gal 4,13 Ihr wißt, daß ich krank und schwach war, als ich euch zum erstenmal das Evangelium verkündigte;...[EÜ]*

> *Gal 4,13 Ihr wißt aber, daß ich euch einst in Schwachheit des Fleisches das Evangelium verkündigt habe,...[ELB]*

Wie auch immer: Paulus ist zu Ohren gekommen, dass sich die Galater vom Evangelium, das er verkündigte, abgewandt haben. In welcher Weise dies geschah, lässt sich aus seinen Angriffen und Verteidigungsreden erheben. Paulus hat in diesem Brief ganz offensichtlich Gegner seiner Verkündigung im Auge, welche die Galater vom richtigen Weg, den Paulus gelehrt hat, abbringen. Es ist nun freilich so, dass uns keine einzige Notiz von den Gegnern selbst überliefert worden ist. Wir können ihr Profil nur aus den Darstellungen des Paulus rekonstruieren. Dass auf diese Weise kein „objektives" Bild der Gegner gezeichnet werden kann, versteht sich von selbst, denn es besteht die Wahrscheinlichkeit, dass sie Paulus überzeichnet oder vielleicht sogar karikiert.

Es wurde oben schon gesagt, dass Paulus mit einem ungeheuren Selbstbewusstsein, fast schon mit Überheblichkeit, sein Evangelium verteidigt. Es gibt kein anderes Evangelium als das, welches er gelehrt hat, ganz gleich, wer da behaupten möge, er sei auf der richtigen Spur.

> *Gal 1,8 Wenn aber auch wir oder ein Engel aus dem Himmel euch etwas als Evangelium entgegen dem verkündigten, was wir euch als Evangelium verkündigt haben: er sei verflucht!*

Als er dann laut Gal nach Jerusalem kommt und sein Evangelium den „Angesehenen“, d.h. Petrus, Johannes und Jakobus, vorlegt, relativiert er deren Bedeutung und kann zudem am Ende behaupten, dass ihm keinerlei Auflagen für die Verkündigung gemacht wurden. Es ist anzunehmen, dass es im Falle der Nichtakzeptanz der paulinischen Botschaft schon hier zu einem Bruch, vielleicht sogar zu einer Spaltung des Christentums gekommen wäre.

Im Wesentlichen geht es den Gegnern einerseits und Paulus andererseits um die Frage, inwieweit die frühen Christen, die keine Juden waren, an die Gebote des Judentums gebunden sind. Offensichtlich gab es Leute – Paulus nennt sie falsche Brüder oder auch Pseudoapostel (Gal 2,4; 2Kor 11,13), welche die Einhaltung der Gesetze forderten, und dies nicht nur bei den Galatern. Dass Paulus hierbei nicht übertreibt, geht aus einer kurzen Notiz in der Apg hervor:

> *Apg 15,5 Einige aber von denen aus der Sekte der Pharisäer, die gläubig waren, traten auf und sagten: Man muß sie beschneiden und ihnen gebieten, das Gesetz Moses zu halten.*

Diese Leute – hier werden sie als Pharisäer bezeichnet – konnten das paulinische Denken offensichtlich nicht teilen, dass „aus Werken des Gesetzes“ niemand gerechtfertigt wird und der Weg zum Heil einzig und allein über den Glauben an Jesus Christus führt. Sie ließen sich zwar selbst taufen und glaubten sicher auch an Jesus Christus als den Auferstandenen, waren aber darüber hinaus vermutlich der Ansicht, dass Gottes Bund mit Israel, der die Gabe des Gesetzes einschließt, nach wie vor der Ausgangspunkt des Heiles sei. Sie opponierten also keineswegs gegen die Taufe der Heiden, forderten aber zugleich deren Eintritt ins Judentum. Paulus predigt entschieden dagegen an: Wenn das Heil aus dem Gesetz kommt, dann ist Christus vergeblich gestorben (*Gal 2,21 Ich mache die Gnade Gottes nicht ungültig; denn wenn Gerechtigkeit durch Gesetz kommt, dann ist Christus umsonst gestorben*). D.h., Einhaltung des Gesetzes einerseits und Glaube an den Auferstandenen andererseits schließen einander als Heilswege aus.

Im Laufe des Galaterbriefes berichtet Paulus in biographisch gefüllten Abschnitten, wie er seine Richtung durchgesetzt hat, dabei freilich auch Niederlagen einstecken musste. Trotz allem scheint in den Briefen des Paulus die alte Auseinandersetzung immer wieder durch und Paulus betont ja auch mehr als einmal: Aus Werken des Gesetzes wird niemand gerechtfertigt. Niemand!

> *Gal 3,11 Daß aber durch Gesetz niemand vor Gott gerechtfertigt wird, ist offenbar, denn „der Gerechte wird aus Glauben leben“.*

Und:

> *Gal 3,25 Nachdem aber der Glaube gekommen ist, sind wir nicht mehr unter einem Zuchtmeister;*

Die Forderungen der paulinischen Gegner zeichnen sich besonders im Galaterbrief ab.

Gal 4,9b Wie wendet ihr euch wieder zu den schwachen und armseligen Elementen zurück, denen ihr wieder von neuem dienen wollt? 10 Ihr beobachtet Tage und Monate und bestimmte Zeiten und Jahre (vgl. Gal 4,3).

Gal 5,1 Für die Freiheit hat Christus uns freigemacht. Steht nun fest und laßt euch nicht wieder durch ein Joch der Sklaverei belasten! 2 Siehe, ich, Paulus, sage euch, daß Christus euch nichts nützen wird, wenn ihr euch beschneiden laßt 3 Ich bezeuge aber noch einmal jedem Menschen, der sich beschneiden läßt, daß er das ganze Gesetz zu tun schuldig ist. 4 Ihr seid von Christus abgetrennt, die ihr im Gesetz gerechtfertigt werden wollt; ihr seid aus der Gnade gefallen

Gal 6, 12 So viele im Fleisch gut angesehen sein wollen, die nötigen euch, beschnitten zu werden, nur damit sie nicht um des Kreuzes Christi willen verfolgt werden. Denn auch sie, die beschnitten sind, befolgen selbst das Gesetz nicht, sondern sie wollen, daß ihr beschnitten werdet, damit sie sich eures Fleisches rühmen können.

Was versteht der Autor unter den Elementen oder Elementarmächten, den „stoicheiá tou kosmou"?

Stoicheia bedeutet zunächst einmal „Reihe". In philosophischem Sprachgebrauch sind damit auch „die Elemente" gemeint.

Auch in jüdischen Texten versteht man unter „Stoicheia" die Grundstoffe, die Elemente, aus denen die Welt gestaltet wurde (Lohse, 1Kor 147; Gnilka, Galater 293-303); es sind dies Luft, Feuer, Wasser und Erde. Im hellenistischen Synkretismus aber auch mythologisierend werden sie allerdings als belebte Geister vorgestellt, als personenhafte Wesen.

Darüber hinaus werden aber auch die Gestirne als Stoicheia bezeichnet und damit die Sternbilder. Wenn diese Bezeichnung dem Judentum ebenfalls geläufig war, konnten auch die Sternenlenker, die Engel, als Stoicheia mitverstanden werden (vgl. äthHen 43:

> *1 Und ich sah wiederum Blitze und die Sterne des Himmels. Und ich sah, wie er sie je (einzeln) bei ihrem Namen rief und (wie) sei auf ihn hörten. 2 Und ich sah die gerechte Waage, wie sie (darauf) gewogen wurden nach ihrem Licht, nach der Weite ihrer Räume und dem Tag ihres Aufgehens, und (ich sah wie) ihre Umdrehung den Blitz erzeugt, (und ich sah) ihren Umlauf entsprechend der Zahl der Engel und (wie) sie sich untereinander ihre Treue bewahren...*

Diesen Elementen hat man Verehrung zu erweisen; der Mensch hat sich in die kosmische Ordnung einzufügen. Es könnte also auch einfach sein, dass gegen diese Lehre bzw. Anschauung der Verfasser des Kol (2,8) jetzt Christus setzt als den, der das alles relativiert, der sie entmachtet hat, so dass keine Verehrung mehr erforderlich ist. In Kol heißt es:

Seht zu, daß niemand euch einfange durch die Philosophie und leeren Betrug nach der Überlieferung der Menschen, nach den Elementen der Welt und nicht Christus gemäß!

Christus statt Philosophie? Ob aus der Gegenüberstellung geschlossen werden kann, dass die Gegner ein Sowohl-als-auch betrieben (und somit christliche Synkretisten waren), muss offenbleiben.

Paulus wirft den Galatern und denjenigen, die sie verführt haben vor, Kalenderfrömmigkeit zu betreiben und den „Elementen" zu dienen. Insbesondere in der Zeit des Frühjudentums, d.h. des nachexilischen Judentums kam es in verschiedenen Gruppierungen desselben zu Streitigkeiten um den Kalender, der im Judentum eine gewichtige Rolle spielt, denn es geht um nichts weniger als um die richtigen Termine für die Festtage. Dies scheint auch hier von Bedeutung zu sein, wenn Paulus behauptet, die Galater würden Tage, Monate und Jahre beobachten.

Letzten Endes ist die Kalenderfrage jedoch nur die Folge der Judaisierung. Wenn man Jude geworden ist, dann spielen auch die festgesetzten Zeiten als Termine der Feiertage eine Rolle. Der eigentlich Kern des Streits liegt daher in der Tatsache, dass die Gegner des Paulus die Galater dazu anhalten, sich beschneiden zu lassen und nach dem jüdischen Gesetz zu leben. Dies betrachtet Paulus aber als Unterwerfung unter Zwänge – gegen die Freiheit des Christentums.

Dabei behauptet Paulus sogar, dass die Judenmission seiner Gegner nicht aus Überzeugung erfolgt, sondern in erster Linie dazu dient, sich selbst gut darzustellen und mit Missionserfolgen prahlen zu können (s.o. 6,12)

Diesen Bemühungen seiner Gegner stemmt sich Paulus kämpferisch entgegen und hofft in seinem Schlusswort, dass ihm die Galater nicht weiterhin Mühe bereiten. Ob er letzten Endes Erfolg hat, wissen wir leider nicht.

Zusammenfassung

Kein anderer Brief des Paulus hört sich so vergleichsweise kämpferisch, ja militant an wie der Galaterbrief. Paulus greift seine Gegner an, nicht um sich selbst zu rechtfertigen, sondern um die Richtigkeit seines Evangeliums zu erweisen. Denn dieses wird von mutmaßlich getauften Judenchristen in Frage gestellt. Seine Gegner sind nach Paulus Weggang aus Galatien in die Gemeinde eingebrochen und versuchen die Galater zur Einhaltung „des Gesetzes" zu zwingen, und dies schließt auch die Beschneidung der männlichen Christen ein. In verschiedener Weise wendet sich Paulus gegen deren Forderungen. Dafür berichtet er auch von Vereinbarungen und Abkommen mit den Jerusalemer Autoritäten, obschon er diesen nur eine bedingte Kompetenz in dieser Frage einräumt. Ein wichtiges Argument des Paulus lautet: Wer sich beschneiden lässt, muss auch das Gesetz einhalten. Wenn aber das Heil vom Gesetz erwartet wird, stellt sich die Frage, wozu Christus überhaupt gestorben ist. Und er stellt fest: der Mensch wird nicht durch Gesetzeswerke vor Gott als Gerechter erwiesen, sondern durch Tod und Auferstehung Jesu, welche die zeitliche Begrenztheit des Gesetzes einläuten.

24. Worum geht es im Zweiten Korintherbrief?

Zu Beginn schreibt Paulus von einer Todesgefahr in der Provinz „Asien“, aus der er jedoch durch Gott gerettet wurde. Worin diese bestand und an welchem Ort Paulus dergleichen widerfuhr, sagt er, wie üblich, nicht. Möglich wäre, dass Paulus von seiner Inhaftierung in Ephesus spricht, die er im Kontext des Aufstands der Silberschmiede durchleiden musste (Apg 19).

In Korinth ist es zu Störungen im Verhältnis zwischen Paulus und den christlichen Gemeinden gekommen. Worauf diese beruhen, wird nicht recht deutlich. Es ist zu Auseinandersetzungen zwischen Paulus und zumindest einem Gemeindemitglied gekommen, und möglicherweise kam es auch zu Handgreiflichkeiten. Es ist auch nicht zu erfahren, weshalb Paulus nicht nach Korinth reist und die Differenzen in einem persönlichen Gespräch aus der Welt schafft. Hatte er keine Zeit für diese Reise, oder war die Situation derart vergiftet, dass er darin keinen Sinn sah? Möglicherweise befürchtete er, der Streit könnte weiter eskalieren.

> *2Kor 2,1 Ich habe aber dies für mich beschlossen, nicht wieder in Traurigkeit zu euch zu kommen. 2 Denn wenn ich euch traurig mache, wer ist dann noch da, der mich fröhlich mache außer dem, der durch mich traurig gemacht wird?...*

Von dieser aktuellen Situation schreibt Paulus vor allem in einem Abschnitt, der als „Tränenbrief“ (2Kor 2,4-11) bezeichnet wird:

> *2Kor 2,4 Denn aus viel Bedrängnis und Herzensangst schrieb ich euch mit vielen Tränen, nicht damit ihr traurig gemacht würdet, sondern damit ihr die Liebe erkennen möchtet, die ich besonders zu euch habe.*

Diese Passagen werden als „Brief“ bezeichnet, weil man in den vergangenen Jahrzehnten davon ausging, es handele sich dabei um einen ursprünglich selbständigen Brief, der von einem späteren Redaktor zusammen mit anderen paulinischen Texten zum zweiten Korintherbrief zusammengestellt worden sei. In der Tat existieren im zweiten Korintherbrief eine ganze Reihe von inhaltlichen Brüchen, so z.B. scheinbar ein neuer Briefanfang in 2Kor 2,14 (vgl. auch Dorn, Neues Testament). Es könnte sich dabei aber – zumindest teilweise – ebenso gut um gedankliche Sprünge des Paulus handeln, zumal der Brief aufgrund seines Umfangs kaum an einem Stück entstand.

Im „Tränenbrief“ jedenfalls spricht Paulus von gegenseitiger „Betrübnis“, aber auch davon, dass die Gemeinde dem Betreffenden bereits eine Strafe auferlegt hat: *2Kor 2,6 Dem Betreffenden genügt diese Strafe von den meisten der Gemeinde...* Dies ist vermutlich so zu verstehen, dass Paulus die von der Gemeinde ausgesprochene Strafe für ausreichend hält und nunmehr wieder zur Versöhnung, zum

Trost und zur Liebe rät (2Kor 2,7). Die Mehrheit der Gemeinde scheint demnach auf der Seite von Paulus zu stehen. In Kap. 7 kommt er noch einmal auf diesen Vorfall zurück und gibt seiner Freude Ausdruck, dass die Korinther fest hinter ihm standen.

Dieser Vorfall ist freilich ein punktueller und betrifft eine sehr konkrete Situation im Verhältnis des Paulus zu den Korinthern.

Auch die Ausführungen zur Kollekte (2Kor 8f), die Paulus zugunsten der Jerusalemer Gemeinde einzieht – laut Gal 2,10 die einzige Vereinbarung der Zusammenkunft zwischen den Angesehenen und Paulus in Jerusalem (vgl. auch Apg 15) – erscheint nicht bleibend aktuell. Wir wissen zudem nicht, ob es sich dabei um eine einmalige Aktion handelt oder um fortlaufende Sammlungen zugunsten der Jerusalemer. Fakt ist jedenfalls, dass Paulus und seine Mitarbeiter eine(?) Kollekte unter den paulinischen Gemeinden durchgeführt haben und diese auch in Jerusalem abgeliefert haben. Diese Sammlung scheint Paulus mehr bedeutet zu haben als die Erfüllung einer lästigen Pflicht oder die Einlösung einer Zusage. Er verstand sie auch als ein wichtiges Zeichen der Einheit zwischen den judenchristlichen und heidenchristlichen Gemeinden und damit auch als Zeichen der Akzeptanz der paulinischen Mission. Immerhin wissen wir nicht, ob die Kollekte in Jerusalem angenommen wurde: Die Apg berichtet nichts darüber. Vielmehr raten ihm die Glaubensbrüder in Jerusalem, sich dort als Jude zu präsentieren (Apg 21), um angesichts seiner Heidenmission keinen Anstoß zu erregen.

Von bleibender Aktualität ist hingegen die so genannte „Narrenrede" des Paulus in 2Kor 11, die oben bereits angeführt wurde:

Paulus wird – wieder einmal – von Gegnern angegriffen, die sich als Apostel „tarnen" (2Kor 11,13), von Paulus aber als „Überapostel" und „Pseudoapostel" bezeichnet werden. Ihre Angriffe auf Paulus sind einmal mehr nur aus der Verteidigung des Paulus zu rekonstruieren.

Offensichtlich macht man Paulus zunächst den Vorwurf, dass er nicht auf Kosten der Gemeinde lebe. Er betont, dass er den Korinthern nicht zur Last gefallen sei und sich nicht hat aushalten lassen. Wie oben schon erwähnt, ging Paulus während seines Aufenthaltes in Korinth einer geregelten Arbeit in der Werkstatt von Priscilla und Aquila nach. Was er zusätzlich brauchte, erhielt er freiwillig von den Brüdern aus Mazedonien, der Gemeinde von Philippi.

In Phil 4,10-18 heißt es dazu:

> *10 Ich habe mich aber im Herrn sehr gefreut, daß ihr endlich einmal wieder aufgeblüht seid, an mich zu denken, worauf ihr eigentlich auch bedacht wart, aber ihr hattet keine Gelegenheit. 11 Nicht, daß ich es des Mangels wegen sage, denn ich habe gelernt, mich darin zu begnügen, worin ich bin. 12 Sowohl erniedrigt zu sein, weiß ich, als auch Überfluß zu haben, weiß ich; in jedes und in alles bin ich eingeweiht, sowohl satt zu sein als auch zu hungern, sowohl Überfluß zu haben als auch Mangel zu leiden. 13 Alles vermag ich in dem, der mich kräftigt. 14 Doch habt ihr wohl daran getan, daß ihr an meiner Bedrängnis teilgenommen habt. 15 Ihr*

wißt aber auch, ihr Philipper, daß im Anfang des Evangeliums, als ich aus Mazedonien wegging, keine Gemeinde mich am gegenseitigen Geben und Empfangen beteiligt hat als nur ihr allein. 16 Denn sogar schon, als ich in Thessalonich war, habt ihr mir nicht nur einmal, sondern zweimal für meinen Bedarf gesandt. 17 Nicht, daß ich die Gabe suche, sondern ich suche die Frucht, die sich zugunsten eurer Rechnung mehrt. 18 Ich habe aber alles erhalten und habe Überfluß, ich habe die Fülle, da ich von Epaphroditus das von euch Gesandte empfangen habe, einen duftenden Wohlgeruch, ein angenehmes Opfer, Gott wohlgefällig.

In den ntl. Aussendungsreden ist davon die Rede (*vgl. z.B. Lk 10,5 In welches Haus ihr aber eintretet, sprecht zuerst: Friede diesem Haus! 6 Und wenn dort ein Sohn des Friedens ist, so wird euer Friede auf ihm ruhen; wenn aber nicht, so wird er zu euch zurückkehren. 7 In diesem Haus aber bleibt, und eßt und trinkt, was sie haben! Denn der Arbeiter ist seines Lohnes wert. Geht nicht aus einem Haus in ein anderes! 8 Und in welche Stadt ihr kommt, und sie nehmen euch auf, da eßt, was euch vorgesetzt wird*), dass die Missionare als Wanderprediger auf Kosten der Gemeinden leben dürfen – wo immer sie auch aufgenommen werden. Wahrscheinlich haben die Gegner des Paulus dies nicht nur selbst praktiziert, sondern zusätzlich Paulus verunglimpft, weil er dies eben nicht getan hat – eben um die Gemeinde nicht zu beanspruchen. Darüber hinaus aber haben die Gegner offensichtlich richtig damit angegeben, welche Mühsal sie im Laufe ihrer Missionstätigkeit auf sich genommen und ertragen haben. Ihnen begegnet Paulus mit einer langen Liste von Widerfahrnissen, die *ihm* das Leben schwer machten und ihn auch in Todesgefahr brachten. Dies überhaupt zu erwähnen, um damit zu prahlen, wie es seine Gegner tun, betrachtet Paulus als Narretei. Die bleibende Aktualität gerade dieser Verse besteht darin, dass niemand völlig davon gefeit ist, mit seinen „Leistungen" zu prunken, auch nicht bei Leistungen im Rahmen des Glaubens. Paulus sagt: Dies ist etwas für Narren!

In der (heutigen) Praxis kann dies bedeuten: Die Familie, die Sonntags regelmäßig im Gottesdienst erscheint, kann daraus keinen Anspruch auf die besten Plätze ableiten. In der Praxis kann es dazu durchaus zu Diskussionen kommen.

Die Irritationen in Korinth sind sicher auch ein Grund dafür, dass es in 2Kor weniger um konkrete Gemeindeprobleme geht – ganz im Gegensatz zu 1Kor.

Zusammenfassung

Die Ausführungen im Zweiten Korintherbrief gehen deutlich in eine andere Richtung als in 1Kor, wo Paulus scheinbar eine ganze Liste von Anfragen aus Korinth „abarbeitet". In 2Kor hat es Paulus mit zumindest einem Gegner in Korinth zu tun, mit dem es zu irgendwelchen Streitigkeiten kam. Die Gemeinde selbst hat diesen Mann bestraft und Paulus fordert die Gemeinde auf, wieder zur „Normalität" einer christlichen Gemeinde zurückzukehren.

Ein zweiter Schwerpunkt liegt in der Kollekte, die Paulus aus seinen Gemeinden für die Jerusalemer Gemeinde einzieht. Es sieht so aus, als wenn diese Aktion recht gut laufen würde.

Ein dritter Punkt, mit bleibender Aktualität, ist die so genannten Narrenrede aus 2Kor 11, in der Paulus seinen Gegnern, die sich ihrer Anstrengungen in der Missionsarbeit rühmen, seine eigenen Erlebnisse entgegenhält, dies aber eher zur Verhöhnung der Gegner denn als Nachweis seines Missionseifers. Wer meint, er habe viel in der Verkündigung des Glaubens geleistet, möge 2Kor 11 lesen und sich dann wie ein Narr fühlen.

25. Kennen Sie Philemon und Onesimus?

Vermutlich nicht. Es sind zwei Menschen, die im einzigen Privatbrief des Paulus eine Rolle spielen. Bei Philemon handelt es sich um einen mehr oder weniger begüterten Herrn und Onesimus ist sein Sklave, der sich auf der Flucht befindet. Der Brief ist als privates Schreiben des Paulus entsprechend kurz und wird daher nicht in Kapitel eingeteilt, sondern häufig nur mit Versangaben versehen.

Wie Onesimus mit Paulus zusammengetroffen ist, wissen wir nicht. Es ist möglich, dass er als entlaufener Sklave erwischt wurde und zusammen mit Paulus sowie einem uns sonst nicht bekannten Epaphras (23) im Gefängnis sitzt (Phlm 1.9.10). In der Briefadresse wird Philemon als „Mitkämpfer" bezeichnet, d.h., er hat mit hoher Wahrscheinlichkeit mit Paulus in der Verkündigung zusammengearbeitet und ist ihm auf jeden Fall persönlich bekannt mitsamt seiner Hausgemeinde. Wie schon erwähnt, trafen sich die frühen Christen zum Gebet oder auch zur Eucharistie in ihren Wohnhäusern, sofern diese entsprechend geräumig waren. Neben Philemon werden in der Adressatenangabe noch weitere Personen, auch Frauen, genannt.

An Selbstbewusstsein mangelt es Paulus wieder einmal nicht, wenn er schreibt, dass er Philemon eigentlich auch Anweisung geben könnte, wenn er nur wollte (8). Er verzichtet, indes darauf, weil er Wert darauf lege, dass sein Anliegen frei von Zwängen ist und von Philemon freiwillig erfüllt wird (14). Deshalb bittet er ihn darum, seinen entflohenen Sklaven Onesimus bei dessen Rückkehr wieder aufzunehmen und zwar nicht mehr als Sklaven, sondern als „Bruder" (16). Der Brief ist demnach eine Art Empfehlungsschreiben für Onesimus, den Paulus seinem Herrn zurückschickt, obwohl er ihn, wie er sagt, gut hätte gebrauchen können. Er sei ihm, Paulus, sehr nützlich gewesen, obwohl er früher offensichtlich als Nichtsnutz galt (11).

Onesimus wird sich vermutlich nicht frohgemut auf den Weg zu seinem Herrn gemacht haben, denn als entlaufener Sklave hatte er Grund, sich vor einer Bestrafung zu fürchten. Sein Leben lag in der Hand seines Herrn, denn er war rechtlos und galt als Sache, nicht als Person. Er konnte geschlagen, mit einem Brandmal versehen, eingekerkert, in Ketten gelegt oder gar hingerichtet werden. Letzteres dürfte wohl weniger häufig vorgekommen sein (außer bei Ermordung des Herrn), denn ein Sklave war durch seine Arbeitskraft auch eine Kapitalanlage.

Paulus wirft sein ganzes Ansehen Philemon gegenüber in die Waagschale, um für Onesimus die Akzeptanz seines Herrn zu erreichen: *Phm 17 Wenn du mich nun für deinen Gefährten hältst, so nimm ihn auf wie mich!* Paulus ist sogar dazu bereit, für Onesimus finanziell einzustehen, sofern er seinem Herrn etwas schuldig sei (18f). Wenn man bedenkt, dass Paulus immer wieder von seiner Hände Arbeit gelebt hat und kaum jemals Mittel im Überfluss besaß, erkennt man, wie sehr er sich für den Sklaven einsetzt.

Zum Schluss bittet er noch Philemon, ein Zimmer für ihn freizuhalten, denn er wolle in absehbarer Zeit bei ihm vorbeikommen – vorausgesetzt, dass er aus der Haft wieder freikommt. Paulus scheint dies aber mehr oder weniger sicher anzunehmen.

Der Brief passt mit seinen Aussagen in die sonstigen Aussagen des Paulus wie auch in die Stellung von Sklaven in der ntl. Zeit. Das frühe Christentum dachte nicht daran, den Sklavenstand abzuschaffen. Dies lag weder in seinen Möglichkeiten noch wurde derartiges überhaupt erwogen. Man konnte sich die Gesellschaft ohne Sklaven offensichtlich überhaupt nicht vorstellen. Sie gehörten zur Struktur der antiken Gesellschaft, auch im Judentum. Allerdings tritt das Christentum deutlich für einen humanen, ja familiären Umgang mit Sklaven ein. Dazu passt nicht nur der schon zitierte Vers aus *Gal 3,28:*

> *Da ist nicht Jude noch Grieche, da ist nicht Sklave noch Freier, da ist nicht Mann und Frau; denn ihr alle seid einer in Christus Jesus*

> *vgl. Kol 3,11 Da ist weder Grieche noch Jude, Beschneidung noch Unbeschnittenheit, Barbar, Skythe, Sklave, Freier, sondern Christus alles und in allen.*

Dazu passen auch entsprechende Verhaltensanweisungen an Sklaven *und* Herren in den nachpaulinischen Briefen:

> *Eph 6,5 Ihr Sklaven, gehorcht euren irdischen Herren mit Furcht und Zittern, in Einfalt eures Herzens, als dem Christus; 6 nicht mit Augendienerei, als Menschengefällige, sondern als Sklaven Christi, indem ihr den Willen Gottes von Herzen tut! 7 Dient mit Gutwilligkeit als dem Herrn und nicht den Menschen! 8 Ihr wißt doch, daß jeder, der Gutes tut, dies vom Herrn empfangen wird, er sei Sklave oder Freier. 9 Und ihr Herren, tut dasselbe ihnen gegenüber, und laßt das Drohen! da ihr wißt, daß sowohl ihr als auch euer Herr in den Himmeln ist und daß es bei ihm kein Ansehen der Person gibt.*

> *Kol 3,22 Ihr Sklaven, gehorcht in allem euren irdischen Herren, nicht in Augendienerei, als Menschengefällige, sondern in Einfalt des Herzens, den Herrn fürchtend! 23 Was ihr auch tut, arbeitet von Herzen als dem Herrn und nicht den Menschen, 24 da ihr wißt, daß ihr vom Herrn als Vergeltung das Erbe empfangen werdet; ihr dient dem Herrn Christus. 25 Denn wer unrecht tut, wird das Unrecht empfangen, das er getan hat; und da ist kein Ansehen der Person. 4,1 Ihr Herren, gewährt euren Sklaven, was recht und billig ist, da ihr wißt, daß auch ihr einen Herrn im Himmel habt!*

> *1Tim 6,1 Alle, die Sklaven unter dem Joch sind, sollen ihre eigenen Herren aller Ehre für würdig halten, damit nicht der Name Gottes und die Lehre verlästert werde. 2 Die aber, die gläubige Herren haben, sollen sie nicht geringachten, weil sie Brüder sind, sondern ihnen noch besser dienen, weil sie Gläubige und Geliebte sind, die sich des Wohltuns befleißigen. Dies lehre und ermahne!*

> *Tit 2,9 Die Sklaven ermahne, ihren eigenen Herren sich in allem unterzuordnen, sich wohlgefällig zu machen, nicht zu widersprechen, 10 nichts zu unterschlagen, sondern alle gute Treue zu erweisen, damit sie die Lehre unseres Heiland-Gottes in allem zieren! 11 Denn die Gnade Gottes ist erschienen, heilbringend allen Menschen... 3,1 Erinnere sie, staatlichen Gewalten und Mächten untertan zu sein, Gehorsam zu leisten, zu jedem guten Werk bereit zu sein...*

Den Herren, d.h. Besitzern von Sklaven, wird u.a. in listenartigen Verhaltensanweisungen gesagt, wie sie mit ihrem Hausstand, ihrer Frau und ihren Kindern, aber auch mit ihren Sklaven umgehen sollen (und umgekehrt). Eph und Kol verweisen in diesem Kontext als Begründung darauf, dass auch die Herren unter einem Herrn stehen – unter Jesus Christus. Der Verfasser von 1Tim 6 sieht sich sogar dazu veranlasst, die Sklaven zu ermahnen, sich gegenüber ihrem (ebenfalls) christlichen Herrn nicht respektlos zu benehmen. Wenige Jahrhunderte später durfte kein Christ mehr einen Menschen als Sklaven halten, der Christ geworden war. Sicherlich führte dies zu einem Anstieg von Taufen, besonders unter Sklaven, die damit der Unfreiheit entgingen.

Obwohl also das Christentum die Sklaverei nicht beseitigt hat, dürfte es zu einer spürbaren Erleichterung des Sklavendaseins, insbesondere in christlichen Haushalten, beigetragen haben, und dies mit dem Verweis auf den gemeinsamen Herrn Jesus Christus.

Zusammenfassung

Paulus schreibt einen Empfehlungsbrief an seinen Bekannten Philemon, dem sein Sklave Onesimus entlaufen ist. Dieser trifft mit Paulus zusammen, der zu dieser Zeit im Gefängnis sitzt. Paulus schickt ihn zurück an seinen Herrn und schreibt ihm, dass er für Onesimus bürgt. Er hebt hervor, wie sehr er dem Sklaven verbunden ist und wie wertvoll er für ihn, Paulus, geworden ist. Entsprechend fällt das Empfehlungsschreiben aus: Paulus bittet um Wiederaufnahme des Onesimus als „Bruder“, d.h., er ist Christ geworden.

Das frühe Christentum hat die Sklaverei nicht abgeschafft, aber in verschiedenen Verhaltensanweisungen werden nicht nur die Sklaven, sondern auch deren Herrn aufgefordert, sich mit Blick auf den gemeinsamen Herrn im Himmel zu verhalten. Die Sklaven bleiben Sklaven, sind ihrem Herrn untergeordnet, der wiederum dazu aufgefordert wird, ihnen *was recht und billig ist* zukommen zu lassen.

26. Was und warum schreibt Paulus an die Römer?

Wenn die neutestamentliche Wissenschaft nicht völlig falsch liegt, war Paulus bis zu der Zeit der Abfassung des Römerbriefes noch nie in Rom gewesen. Seine letzte Reise führt ihn dorthin – so sagt es zumindest die Apostelgeschichte – aber eben nur dieses eine Mal. Umso erstaunlicher ist es, wenn Paulus einen Brief an die Gemeinde in Rom schreibt, und es ist sogar sein längster Brief. Andererseits scheint Paulus in Rom auch kein völlig Unbekannter zu sein, wenn man sich die Grußliste am Ende des Briefes einmal anschaut. Dort werden eine große Zahl von Menschen, wahrscheinlich Christen, aufgezählt, die Paulus aus irgendeinem Grund zu kennen scheinen. Er wird ihnen im Laufe seiner Missionstätigkeit irgendwie und irgendwo begegnet sein. Falls Priska und Aquila die gleichen Personen sind, die in der Apg Priszilla und Aquila genannt werden – und dies ist wahrscheinlich – dann ist ihnen Paulus zum ersten Mal in Korinth begegnet und hat ca. zwei Jahre bei und mit ihnen gearbeitet. Die beiden mussten möglicherweise wegen des Claudius-Edikts, das die Judenchristen aus Rom vertrieb (Apg 18,2), nach Korinth umsiedeln, scheinen der Grußliste in Röm 16 zufolge später allerdings wieder nach Rom zurückgekehrt zu sein. Alle anderen, die in Röm 16 gegrüßt werden, sind weithin unbekannt mit Ausnahme des Erastos, der auch in Apg 19,22 genannt wird. Und dennoch weiß Paulus darüber Bescheid, dass einige von ihnen missionarisch tätig sind oder waren, wenn er davon spricht, dass einige für die Gemeinde gearbeitet haben (16,6), Mitarbeiter sind (16,9) oder mitgearbeitet haben (16,12). Dies lässt zumindest auf einen regen Informationsaustausch zwischen den frühchristlichen Gemeinden schließen.

Freilich geht es im Römerbrief nicht einfach nur darum, Bekannte in Rom zu grüßen. Vielmehr hofft Paulus darauf, selbst einmal in Rom vorbeizukommen und ansonsten seine Mission nach Westen hin, genauer nach Spanien, weiter auszubreiten:

> *Röm 15,23 Nun aber, da ich in diesen Gegenden keinen Raum mehr habe und seit vielen Jahren ein großes Verlangen, zu euch zu kommen, 24 falls ich nach Spanien reise – denn ich hoffe, auf der Durchreise euch zu sehen und von euch dorthin geleitet zu werden, wenn ich euch vorher etwas genossen habe – 25 nun aber reise ich nach Jerusalem im Dienst für die Heiligen. 26 Denn es hat Mazedonien und Achaja wohlgefallen, eine Beisteuer zu leisten für die Bedürftigen unter den Heiligen, die in Jerusalem sind. 27 Es hat ihnen nämlich wohlgefallen, auch sind sie ihre Schuldner. Denn wenn die Nationen ihrer geistlichen Güter teilhaftig geworden sind, so sind sie verpflichtet, ihnen auch in den leiblichen zu dienen. 28 Wenn ich dies nun vollbracht und diese Frucht ihnen versiegelt habe, so will ich über euch nach Spanien reisen. 29 Ich weiß aber, daß, wenn ich zu euch komme, ich in der*

Fülle des Segens Christi kommen werde. 30 Ich ermahne euch aber, Brüder, durch unseren Herrn Jesus Christus und durch die Liebe des Geistes, mit mir zu kämpfen in den Gebeten für mich zu Gott...

Paulus kommt hier auf die Kollekte zu sprechen, die er vorher erst noch in Jerusalem abliefern möchte, ehe er sich auf den Weg nach Westen macht. Es ist interessant zu lesen, dass Paulus eine gewisse Verpflichtung der „Nationen", also der Heidenchristen, sieht, für die Jerusalemer Gemeinde einen Obolus zur Verfügung zu stellen (15,27), weil sie von der christlichen Botschaft, die von Jerusalem ausgegangen ist, profitieren. Paulus hat den Brief demnach spätestens auf seiner dritten Missionsreise geschrieben, ehe er sich auf den Weg nach Jerusalem macht. Seine Spanienpläne konnte er, wie wir wissen, nicht mehr realisieren, denn er wird, zumindest nach den Aussagen der Apg, in Jerusalem festgenommen und gefangen gesetzt. Seine Freiheit erlangt er daraufhin nicht wieder, auch wenn es außerneutestamentliche Überlieferungen gibt, dass er die Spanienreise von Rom aus unternommen habe. Es wird u.a. damit argumentiert, dass sich sein Prozess etwa drei Jahre hingezogen habe und er sich in der Zwischenzeit mehr oder weniger frei bewegen konnte. Hintergrund ist hier wohl die Vorstellung: Was Paulus plant, erreicht er auch.

In V 24 findet sich ein Motiv für den Brief: Er hofft auf freundliche Aufnahme in Rom für einen etwas längeren Aufenthalt sowie auf (personelle) Unterstützung der römischen Gemeinde für seine Reise in den Westen. Vielleicht ist hier die Frage angebracht, ob es denn nicht selbstverständlich sei, einen Mann wie Paulus zu unterstützen. Für ihn selbst ist dies aber scheinbar keineswegs der Fall und vielleicht liegt hier auch der Schlüssel dafür, warum Paulus diesen langen Brief schreibt: Er sucht nicht nur Zustimmung für sich als Person, sondern vor allem für seine Theologie, Christologie und v.a. Soteriologie – für die Frage nach der christlichen Heilserwartung also. Anders macht der Brief an die dem Paulus unbekannten Römer mit seiner ausführlichen Darlegung des paulinischen „Evangeliums" kaum einen Sinn. Dieses scheint demnach noch immer nicht überall angekommen oder vielmehr überall akzeptiert zu sein. Vielleicht ist es auch in Rom umstritten und so breitet er die ihm wichtigen Themen vor den Römern aus, um auf diese Weise Zustimmung zu finden, derer er notwendigerweise für seine Missionstätigkeit in Spanien bedarf.

Wenn es Paulus um sein Evangelium geht, dann steht zu erwarten, dass sich ein entsprechend großer Teil mit dem Thema *Gesetz* und *Werke des Gesetzes* befasst im Gegensatz zu *Rechtfertigung des Menschen durch Tod und Auferstehung Jesu Christi*. Es erstaunt daher nicht, dass der Römerbrief vielfach im Inhalt mit dem Galaterbrief übereinstimmt, wenn auch nicht in der Schärfe der Argumentation. Der Römerbrief also als weichgespülte Variante des Galaterbriefes? In einigen Teilen ist dies so. Paulus kann hier nicht mit der Schärfe des Galaterbriefes argumentieren, denn er kennt zum einen die Haltung der Römer nicht, zum zweiten möchte er ja gerade für seine Position werben und zum dritten geht es nicht um die Abwehr von Anfeindungen gegen seine Haltung und seine Person, wie dies im Galaterbrief aufgrund des Auftretens seiner Gegner der Fall ist. Die Gemeinsamkeiten zwischen Röm und Gal sind derart, dass in jüngster Zeit die Ansicht vertreten wurde, Gal sei ein unechter Paulusbrief, der auf der Basis des Röm sekundär geschaffen wurde.

Der Brief befasst sich also von 1,18 bis 3,20 mit dem Zorn Gottes über Abirrungen der Menschen, der fehlenden Gotteserkenntnis und der Androhung des göttlichen – gerechten – Gerichts. Das Kennen des Gesetzes allein macht den Menschen nicht gerecht, sondern allein das Tun. Er geht sogar so weit zu behaupten, dass „Heiden" das Gesetz zwar nicht haben, aber auf Grund des Gewissens gesetzesgemäß handeln:

> *Röm 2,14 Denn wenn Nationen, die kein Gesetz haben, von Natur dem Gesetz entsprechend handeln, so sind diese, die kein Gesetz haben, sich selbst ein Gesetz.15 Sie beweisen, daß das Werk des Gesetzes in ihren Herzen geschrieben ist, indem ihr Gewissen mit Zeugnis gibt und ihre Gedanken sich untereinander anklagen oder auch entschuldigen... 29 sondern der ist ein Jude, der es innerlich ist, und Beschneidung ist die des Herzens, im Geist, nicht im Buchstaben. Sein Lob kommt nicht von Menschen, sondern von Gott.*

Das sieht zunächst einmal so aus, als wenn Paulus seine Ansicht geändert hätte und nunmehr doch dem Gesetz noch eine Heilsrelevanz zuschreiben würde. Dem ist aber nicht so, wie er zusammenfassend feststellt:

> *3,9 Was nun? Haben wir [als Juden und Empfänger der Offenbarung Gottes: 3,2] einen Vorzug? Durchaus nicht! Denn wir haben sowohl Juden als auch Griechen vorher beschuldigt, daß sie alle unter der Sünde seien, 10 wie geschrieben steht: „Da ist kein Gerechter, auch nicht einer; 11 da ist keiner, der verständig ist; da ist keiner, der Gott sucht. 12 Alle sind abgewichen, sie sind allesamt untauglich geworden; da ist keiner, der Gutes tut, da ist auch nicht einer."*

Für Paulus bietet demnach das Gesetz deshalb keine Heilsmöglichkeit, weil es bekannt oder nur als Gewissensentscheidung bekannt – nicht eingehalten wird. Es gibt keinen einzigen Gerechten! Und deshalb wird und muss er auch hier feststellen: Durch Werke des Gesetzes wird kein Mensch vor Gott gerecht.

> *3,20 Darum: aus Gesetzeswerken wird kein Fleisch vor ihm gerechtfertigt werden; denn durch Gesetz kommt Erkenntnis der Sünde (vgl. 3,28).*

Stattdessen verkündet er hier ab 3,21 bis 5,21, wie auch im Galaterbrief, seinen theologischen Spitzensatz: Die Gerechtigkeit kommt aus dem Glauben und nur aus diesem, und zwar aus dem Glauben an Jesus Christus und die Taufe auf seinen Namen. Und sie fließt dem Menschen umsonst zu, aus der Gnade Gottes (3,24f), denn Gott hat ihn, Christus, zum Sühneort gemacht. Dahinter steht der hier nicht unmittelbar ausgesprochene Gedanke, dass es einen Ort gibt, an dem der Mensch entsühnt werden kann. Für einen Juden ist dies selbstverständlich der Tempel in Jerusalem, an dem der Mensch durch ein individuelles Sühnopfer oder das Volk als Ganzes durch den Hohe Priester am Tag Jom Kippur, dem „Tag der Bedeckung", entsühnt wurde. Statt dieses geographischen Sühneortes ist nun der Glaube an Christus zum „Sühneort" geworden, nicht mehr als ein fester Platz, sondern als Person:

> *Röm 4,24 ... denen es zugerechnet werden soll, die wir an den glauben, der Jesus, unseren Herrn, aus den Toten auferweckt hat, 25 der unserer Übertretungen wegen dahingegeben und unserer Rechtfertigung wegen auferweckt worden ist.*

Nur der Vollständigkeit halber sei erwähnt, dass Paulus auch in diesem Kontext mit dem Beispiel des Abraham (Kap. 4) argumentiert – wie er es auch schon im zeitlich früheren Gal getan hat.

Paulus setzt folgerichtig in 6,1-8,31 den aus Gal ebenfalls schon bekannten Gedanken der Befreiung des Getauften vom Gesetz fort, dessetwegen er in Gal und laut Apg auf dem Apostelkonvent so heftig gerungen hat.

Wenn Paulus feststellt, dass es zum einen „keinen Gerechten" gibt, zum anderen, daraus folgend, aus dem Gesetz kein Mensch gerechtfertigt werden kann und schließlich Israel daher auch keinen Vorteil daraus ziehen kann, dass es die Weisungen Gottes erhalten hat, erhebt sich die Frage: Was geschieht mit Israel? Paulus kann es unmöglich entgangen sein, gerade aufgrund seiner häufig erfolgreichen Heidenmission, dass sich Israel nicht in gleicher Weise dem Evangelium zuwendet. Letztendlich hätte dies zur Folge, dass Israel vom Heil ausgeschlossen ist. Für Paulus, der selbst Jude ist, der weiß, dass „das Heil von den Juden kommt" (Joh 4,22) und der natürlich auch sieht, wie sich andere Apostel (im wörtlichen Sinne) um Israel bemühen, ist dies keine Option. In Kap. 9 bis 11 seines Briefes stellt er, kurz zusammengefasst, fest, dass Gott seinen Bund mit Israel nicht aufgekündigt hat. Er steht zu seiner Verheißung und damit ist auch Israel mit hineingenommen ins endzeitliche Heil. Meines Erachtens geschieht das in der Weise, dass Gott mit Israel einen Sonderweg geht. Andere sind der Auffassung, dass es am Ende der Zeit zu einer Hinwendung Israels zum Christus kommt. Auf jeden Fall spricht Paulus vom „nie gekündigten Bund" und damit ist auch jeder Substitutionslehre, d.h. dem Gedanken, die Christen lösten Israel als Bundesvolk ab, der Boden entzogen. Dies gilt unabhängig davon, wer das behaupten mag. Insbesondere Papst Benedikt XVI. tut sich mit diesem Gedanken offenbar sehr schwer und hat mehrfach andere Positionen publiziert, zuletzt in der theologischen Zeitschrift „Comunio": Mehrfach stellt er fest, dass die so genannte Substitutionstheorie, d.h. die Ansicht, das Christentum löse das Judentum ab und ersetze es als Heilsvolk, nicht zutreffend sei. Aber: „Der ganze Weg Gottes mit seinem Volk findet schließlich seine Zusammenfassung und endgültige Gestalt im Abendmahl Jesu Christi, das Kreuz und Auferstehung vorwegnimmt und in sich trägt" (404). Und: „Die Umstiftung des Sinai-Bundes in den neuen Bund im Blute Jesu, das heißt in seiner den Tod überwindenden Liebe, gibt dem Bund eine neue und für immer gültige Gestalt" (405).

Das soll wohl heißen, dass der Bund bzw. die diversen Bünde Gottes mit seinem Volk nicht als beendet oder gar überwunden angesehen werden können, aber erst im Heilsereignis von Tod und Auferstehung ihre konsequente Fortführung erfahren und erst in diesem zur Vollendung kommen. Das kann man so verstehen, dass die Erwählung Israels defizitär, fehlerhaft und nicht ausreichend ist. Diese Aussagen haben im Judentum heftige Proteste ausgelöst – vor dem Hintergrund der paulinischen Heilsaussage an Israel gemäß Röm 11 zu Recht.

In den verbleibenden Kapiteln des Briefes 12,1-15,13 finden sich Ermahnungen des Paulus an die Gemeinde und auch Aussagen zum Gemeindeleben, die aber aufgrund der Gegebenheiten relativ allgemein gehalten sind. So schreibt er, den Ausführungen in Gal ähnlich, von den unterschiedlichen „Gaben", d.h. Fähigkeiten der Gemeindemitglieder, um in der Gemeinde zu wirken, ermahnt zu brüderlichem Verhalten und zur Bewährung in der Verfolgung.

Zwei Sätze in diesem Kontext haben im Laufe der Jahrhunderte aber immer wieder „Kariere" gemacht und für Missstände und Unterdrückung gesorgt, mit oft katastrophalen Folgen, und dies über den Raum der Kirche hinaus. Es handelt sich dabei mehr oder weniger um einen Freibrief der Herrschenden zum Umgang mit Abhängigen:

> *Röm 13,1Jede Seele unterwerfe sich den übergeordneten staatlichen Mächten! Denn es ist keine staatliche Macht außer von Gott, und die bestehenden sind von Gott verordnet. 2 Wer sich daher der staatlichen Macht widersetzt, widersteht der Anordnung Gottes; die aber widerstehen, werden ein Urteil empfangen.*

Dabei wurde von Seiten der Mächtigen – bewusst oder unbewusst – unterschlagen, dass die staatliche Macht ihrerseits auch im Sinne Gottes handeln muss. Dafür gibt es aber sowohl im AT wie auch im NT genügend Hinweise, wie das auszusehen hat. Die Könige des AT hatten sich als Hirten des Volkes Israel zu verstehen, die Gottes Volk in seinem Auftrag weiden sollten. Eine zentrale Forderung an den König bestand z.B. darin, das Recht der Witwen und Waisen durchzusetzen. Wenn Jesus von der Königsherrschaft Gottes spricht, ohne diese inhaltlich näher zu bestimmen, dann konnte er dies nur deshalb, weil Israel wusste, wie ein gerechter König zu regieren hat. Im Bereich des NT gilt die zentrale Forderung Jesu: Wer unter euch der Erste sein will, soll der Diener aller sein – und niemand soll sich „Herr" nennen lassen. Das spätere Evangelium des Lukas bewertet die staatlichen Gewalten schon deutlich negativer, wenn es in Lk 4,5f heißt:

> *Und er [der Teufel – Diabolos] führte ihn auf einen hohen Berg und zeigte ihm in einem Augenblick alle Reiche des Erdkreises. 6 Und der Teufel sprach zu ihm: Dir will ich alle diese Macht und ihre Herrlichkeit geben; denn mir ist sie übergeben, und wem immer ich will, gebe ich sie.*

Die Offenbarung des Johannes, verfasst zu Zeiten erster Christenverfolgungen in Kleinasien unter der Regentschaft des Domitian, kann schließlich an der Herrschaft der Römer überhaupt nichts Positives mehr finden: Die römische Herrschaft ist ein grausames gotteslästerliches Tier, das vom Satan alle Macht erhalten hat und als blutrünstiger Drache die Welt und insbesondere die Christen unterdrückt. Gut geht es nur jenen, die sich dem Tier andienen und mit seinem Zeichen versehen sind. Die negative Bewertung der Staatsmacht im NT ist ein weiteres Beispiel dafür, wie Aussagen der Schrift einerseits den Durchbruch in die Praxis von Kirche und Staat schaffen und Jahrhunderte prägen und andere andererseits in der Versenkung verschwinden. Hier ist es ganz offensichtlich die Verbindung von Kirche und der staatlichen Macht die dazu führt, nur eine Hälfte der Medaille als Regel gelten zu lassen.

Leider existiert keine Antwort der Christen Roms auf diesen Brief. Falls es eine gab, ist sie verloren. Vermutlich wurde sie aber von den geschichtlichen Gegebenheiten um Paulus, seiner Festnahme, überholt und die Römer damit von einer Antwort entbunden. Nur so viel ist zu sagen: Letztlich hat sich das paulinische Evangelium, das freilich auch von anderen Verkündigern wie etwa Stephanus mitgetragen wurde, in der Welt durchgesetzt. Die Judenmission wie auch der gesamte jüdische Zweig des Christentums hat sich nur in sektenartig anmutenden Zirkeln von „Judenchristen“ oder „messianischen Juden“ fortgesetzt, von denen es freilich bis heute noch kleine Kreise gibt. Judenmission wird heute noch von evangelikalen Kreisen, insbesondere protestantischer Herkunft, betrieben, während die Großkirchen der Orthodoxie, des Katholizismus und der evangelischen Kirchen darauf verzichten, auch aufgrund paulinischer Sichtweisen.

Zusammenfassung

Man bezeichnet den Römerbrief mit einigem Recht oft als „Testament“ des Paulus. Es bestehen keine Zweifel daran, dass dieser Brief, vom Umfang her der längste, historisch aber das jüngste Schreiben des Paulus ist.
Der Brief geht an die christlichen Gemeinden in Rom, die Paulus bisher noch nicht besucht hat und die er sicherlich auch nicht gegründet hat. Aus einer langen Grußliste in Kap. 16 geht aber immerhin hervor, dass Paulus etliche Gemeindemitglieder persönlich kennt.

Das persönliche Anliegen des Paulus scheint klein: Er hofft, bald nach Rom zu kommen und sich dort etwas aufzuhalten, um dann nach Spanien weiter zu ziehen. Dabei hofft er auf Unterstützung der Römer. Diese aber kann er nur erwarten, wenn die römischen Christen auch seinem Evangelium zustimmen, und deshalb legt er die zentralen Gedanken seiner bisherigen Tätigkeit vor: Das Gesetz kann den Menschen vor Gott nicht gerecht machen, denn niemand kann es halten. Der Glaube an den Auferweckten ist der neue Heilsweg. Dafür ist die Einhaltung des Gesetzes absolut nicht erforderlich. Und schließlich: Für Israel besteht weiterhin der Bund Gottes mit seinem Volk. Gott wird daher dafür sorgen, dass Israel am Ende der Zeit das Heil erreicht. Eine Ablösung Israels als Heils- oder Bundesvolk durch das Christentum gibt es nicht!

27. Hat Paulus Jesus doch gekannt?

Paulus verwendet in seinen Briefen Texte, die er nicht selbst so formuliert, sondern die aus frühchristlichen Überlieferungen stammen, die in Gemeinden geprägt wurden.

Ein derartiger Text wurde bereits eingehender behandelt: 1 Kor 15,3-5, den er mit der Wendung einleitet: *Denn ich habe euch vor allem überliefert, was ich auch empfangen habe...*

Hier markiert zusätzlich ein einleitendes „daß" das Zitat. So verhält es sich auch in Röm 10,19: *daß, wenn du mit deinem Mund Jesus als Herrn bekennen und in deinem Herzen glauben wirst, daß Gott ihn aus den Toten auferweckt hat, du errettet werden wirst.*

Bei einer ganzen Reihe von Zitaten verwendet er keine eigene Einleitung. Dass es sich tatsächlich um ein Zitat handelt, wird daran ersichtlich, dass der Text strophisch daherkommt, wie etwa in Phil 2,6-11 der so genannte Philipperhymnus:

> *Habt diese Gesinnung in euch, die auch in Christus Jesus war, 6 der in Gestalt Gottes war und es nicht für einen Raub hielt, Gott gleich zu sein. 7 Aber er machte sich selbst zu nichts und nahm Knechtsgestalt an, indem er den Menschen gleich geworden ist, und der Gestalt nach wie ein Mensch befunden, 8 erniedrigte er sich selbst und wurde gehorsam bis zum Tod, ja, zum Tod am Kreuz. 9 Darum hat Gott ihn auch hoch erhoben und ihm den Namen verliehen, der über jeden Namen ist, 10 damit in dem Namen Jesu jedes Knie sich beuge, der Himmlischen und Irdischen und Unterirdischen, 11 und jede Zunge bekenne, daß Jesus Christus Herr ist, zur Ehre Gottes, des Vaters.*

Dieser Text lässt sich sehr gut in Strophen darstellen und zeigt dadurch, wie auch durch unpaulinische Sprache und Theologie, dass er traditionell ist.

6 welcher, da er in Gestalt Gottes war,
es nicht für einen Raub achtete, Gott gleich zu sein,

7 sondern sich selbst zu nichts machte und Knechtsgestalt annahm,
indem er in Gleichheit der Menschen geworden ist,

8 und, in seiner Gestalt wie ein Mensch erfunden,
sich selbst erniedrigte,
indem er gehorsam ward bis zum Tode, ja, zum Tode am Kreuze.

9 Darum hat Gott ihn auch hoch erhoben
und ihm einen Namen gegeben,
der über jeden Namen ist,

10 auf daß in dem Namen Jesu
jedes Knie sich beuge,
der Himmlischen und Irdischen und Unterirdischen

11 und jede Zunge bekenne,
daß Jesus Christus Herr ist,
zur Ehre Gottes, des Vaters.

Neben der hier abgedruckten sechsstrophigen Rekonstruktion finden sich in der Forschung auch fünfstrophige, dreistrophige oder zweistrophige Varianten (vgl. Gnilka: Philipperbrief 133-138). Der kurze Nebensatz in V 8: „bis zum Tod am Kreuz“ wird allgemein als paulinische Zufügung beurteilt.

Bisweilen passt ein Zitat auch einfach nicht hundertprozentig zum Kontext:

> *Gal 1,1 Paulus, Apostel, nicht von Menschen her, auch nicht durch einen Menschen, sondern durch Jesus Christus und Gott, den Vater, der ihn aus den Toten auferweckt hat, ...*

In diesem Fall wird der Vater durch den im Kontext nicht erforderlichen Zusatz: *„der ihn von den Toten auferweckt hat“* ergänzt. *Paulus, Apostel, nicht von Menschen her, auch nicht durch einen Menschen, sondern durch Jesus Christus und Gott, den Vater* wäre hier für die Aussage, die Paulus treffen will, absolut ausreichend.

Neben diesen (und anderen) Beispielen finden sich jedoch auch einige wenige, bei denen Paulus behauptet, er habe sie „vom Herrn“ erhalten. Diese Formulierung erweckt den Eindruck einer unmittelbaren Belehrung des Paulus durch Jesus. Immerhin behauptet Paulus in *2Kor 5,16:*

> *Daher kennen wir von nun an niemand nach dem Fleische; wenn wir aber auch Christum nach dem Fleische gekannt haben, so kennen wir ihn doch jetzt nicht mehr also.*

Es ist nun allerdings völlig auszuschließen, dass Paulus im Offenbarungsereignis, seiner Berufung, einen ausführlichen Lehrauftrag vom Auferstandenen erhielt, vielleicht sogar noch mit wörtlichen Anweisungen.

Die Aussage in 2Kor 5,16 hört sich einer anderen Übersetzung zufolge aber ganz anders an:

> *Also schätzen wir von jetzt an niemand mehr nur nach menschlichen Maßstäben ein; auch wenn wir früher Christus nach menschlichen Maßstäben eingeschätzt haben, jetzt schätzen wir ihn nicht mehr so ein. [EÜ]*

Das Wort „kata“, das Paulus hier verwendet, ist in der Tat sehr polysem, d.h., es besitzt eine sehr große Bedeutungsbreite und schließt beide oben genannten Übersetzungsmöglichkeiten ein.

Demzufolge findet sich bei Paulus ein anderes Verständnis von Unmittelbarkeit. Wahrscheinlich stammen auch diese Aussagen aus der Tradition der Gemeinde, die sie bereits als Originalton Jesu weitergegeben hat. Paulus selbst ist nicht in der Lage, die Urheberschaft zu überprüfen und gibt daher die aus der Gemeindetradition entnommenen angeblich jesuanischen Wendungen mit diesem Zertifikat versehen weiter.

Es sind dies nur wenige Texte. Die letztendliche Rückführung auf Jesus selbst gewinnt an Wahrscheinlichkeit, wenn sich auch in der Evangelientradition wörtliche oder sinngemäß gleiche Parallelen finden.

Für die folgende Aussage ist ein Wort oder eine Äußerung Jesu nicht nachweisbar und es findet sich auch keine Parallele in den Evangelien:

> *1Thess 4,15 Denn dies sagen wir euch in einem Wort des Herrn, daß wir, die Lebenden, die übrigbleiben bis zur Ankunft des Herrn, den Entschlafenen keineswegs zuvorkommen werden.*

Zu dem folgenden Text aus 1Thess bietet die Evangelienliteratur hingegen eine ganze Reihe von motivlichen Parallelen; insbesondere gilt dies für den Spruch vom Dieb:

> *1Thess 5,1 Was aber die Zeiten und Zeitpunkte betrifft, Brüder, so habt ihr nicht nötig, daß euch geschrieben wird. 2 Denn ihr selbst wißt genau, daß der Tag des Herrn so kommt wie ein Dieb in der Nacht. 3 Wenn sie sagen: Friede und Sicherheit! dann kommt ein plötzliches Verderben über sie, wie die Geburtswehen über die Schwangere; und sie werden nicht entfliehen. 4 Ihr aber, Brüder, seid nicht in Finsternis, daß euch der Tag wie ein Dieb ergreife; 5 denn ihr alle seid Söhne des Lichtes und Söhne des Tages; wir gehören nicht der Nacht und nicht der Finsternis. 6 Also laßt uns nun nicht schlafen wie die übrigen, sondern wachen und nüchtern sein! 7 Denn die da schlafen, schlafen bei Nacht, und die da betrunken sind, sind bei Nacht betrunken. 8 Wir aber, die dem Tag gehören, wollen nüchtern sein, bekleidet mit dem Brustpanzer des Glaubens und der Liebe und als Helm mit der Hoffnung des Heils.*
>
> *Vgl. Mt 24,43 Das aber erkennt: Wenn der Hausherr gewußt hätte, in welcher Wache der Dieb kommt, so hätte er wohl gewacht und nicht zugelassen, daß in sein Haus eingebrochen wird.*
>
> *Vgl. Lk 17, 26 Und wie es in den Tagen Noahs geschah, so wird es auch sein in den Tagen des Sohnes des Menschen: 27 sie aßen, sie tranken, sie heirateten, sie wurden verheiratet bis zu dem Tag, da Noah in die Arche ging und die Flut kam und alle umbrachte.*

Lk 12,45 Wenn aber jener Knecht in seinem Herzen sagt: Mein Herr läßt sich Zeit mit dem Kommen, und anfängt, die Knechte und Mägde zu schlagen und zu essen und zu trinken und sich zu berauschen, ...

Den folgenden schon bekannten Text aus 1Kor 11 hat Paulus mit Sicherheit nicht vom Herrn selbst empfangen, sondern zusammen mit den Einsetzungsworten als Gemeindetradition kennen gelernt:

1Kor 11,23 Denn ich habe von dem Herrn empfangen, was ich auch euch überliefert habe, daß der Herr Jesus in der Nacht, in der er überliefert wurde, Brot nahm

Beim Scheidungsverbot hingegen dürfte es sich tatsächlich um eine Weisung Jesu handeln. Dies legen die Parallelen in den Evangelien nahe:

1Kor 7,10 Den Verheirateten aber gebiete nicht ich, sondern der Herr, daß eine Frau sich nicht vom Mann scheiden lassen soll

Vgl. Mark 10,11 und er spricht zu ihnen: Wer seine Frau entläßt und eine andere heiratet, begeht Ehebruch gegen sie. 12 Und wenn sie ihren Mann entläßt und einen anderen heiratet, begeht sie Ehebruch.

Paulus gibt fairerweise aber auch an, wenn er in einer Frage keine Weisung „des Herrn" erhalten hat und „nur" seine eigene Meinung wiedergibt:

1Kor 7,25 Über die Jungfrauen aber habe ich kein Gebot des Herrn; ich gebe aber eine Meinung als einer, der vom Herrn die Barmherzigkeit empfangen hat, vertrauenswürdig zu sein.

Zusammenfassung

Paulus behauptet gelegentlich, er würde ein „Wort des Herrn" wiedergeben oder habe ein solches „vom Herrn" empfangen. Parallelen in den Evangelien zeigen mehrfach an, dass es sich dabei tatsächlich um Aussagen Jesu handeln könnte, die Paulus jedoch nicht von Jesus selbst, sondern aus der frühchristlichen Tradition erhalten hat. Für eine unmittelbare Begegnung des Paulus mit Jesus fehlen jegliche Belege.

28. Wie verläuft die letzte Reise des Paulus?

Aufgrund der Anrufung des kaiserlichen Gerichts wird Paulus nach Rom überführt – nachdem er vor Festus und König Agrippa II. seine Sache vorgetragen hat. Agrippa II ist ein Nachkomme Herodes des Großen und erhielt von den Römern nicht nur ein Königreich, sondern auch die Aufsicht über die Gewänder des Hohe Priesters. Somit hatte er auch eine gewisse Verantwortung über kulturelle und religiöse Bereiche des gesamten Judentums.

Beide, Festus wie Agrippa, stellen fest, dass Paulus freigelassen werden könne, also keine strafbare Handlung begangen hat. Nachdem er aber an den Kaiser appelliert hatte, muss das römische Recht durchgesetzt und Paulus an den Kaiser überstellt werden. Dies geschieht auf dem Seeweg.

> *Apg 25,25 Ich [Festus] aber, da ich fand, daß er nichts Todeswürdiges begangen, dieser selbst aber sich auch auf den Augustus berufen hat, habe beschlossen, ihn zu senden... 26,31 Und als sie [Festus und Agrippa] sich zurückgezogen hatten, redeten sie miteinander und sagten: Dieser Mensch tut nichts, was des Todes oder der Fes-*

Abb. 23: Das Imperium Romanum während der Herrscherzeit des Claudius von 41 n. Chr. bis zu seinem Tod im Jahr 54 n. Chr.

seln wert wäre. 32 Agrippa aber sprach zu Festus: Dieser Mensch hätte losgelassen werden können, wenn er sich nicht auf den Kaiser berufen hätte.

In Kap. 27 schildert der Verfasser der Apg dann die Seereise des Paulus und den Schiffbruch:

> *Apg 27,1 Als es aber beschlossen war, daß wir nach Italien absegeln sollten, überlieferten sie sowohl Paulus als auch einige andere Gefangene einem Hauptmann mit Namen Julius von der Schar des Augustus. 2 Nachdem wir aber in ein adramyttisches Schiff gestiegen waren, das im Begriff stand, die Orte längs der Küste Asiens zu befahren, fuhren wir ab; und es war bei uns Aristarch, ein Mazedonier aus Thessalonich. 3 Und am anderen Tag legten wir in Sidon an. Und Julius behandelte den Paulus sehr wohlwollend und erlaubte ihm, zu den Freunden zu gehen, damit er ihrer Fürsorge teilhaftig wurde. 4 Und von da fuhren wir ab und segelten unter Zypern hin, weil die Winde widrig waren. 5 Und als wir das Meer von Zilizien und Pamphylien durchsegelt hatten, kamen wir nach Myra in Lyzien; 6 und als der Hauptmann dort ein alexandrinisches Schiff fand, das nach Italien segelte, brachte er uns auf dasselbe. 7 Als wir aber viele Tage langsam segelten und mit Mühe in die Nähe von Knidos gekommen waren, segelten wir, da uns der Wind nicht heranließ, unter Kreta hin, gegen Salmone; 8 und als wir mit Mühe daran entlangfuhren, kamen wir an einen Ort, Guthafen genannt, in dessen Nähe die Stadt Lasäa war. 9 Da aber viel Zeit verflossen und die Fahrt schon unsicher war, weil auch das Fasten schon vorüber war, mahnte Paulus 10 und sprach zu ihnen: Männer, ich sehe, daß die Fahrt mit Unheil und großem Schaden, nicht nur der Ladung und des Schiffes, sondern auch unseres Lebens, vor sich gehen wird. 11 Der Hauptmann aber glaubte dem Steuermann und dem Schiffsherrn mehr als dem, was Paulus sagte. 12 Da aber der Hafen zum Überwintern ungeeignet war, rieten die meisten dazu, von dort abzufahren, ob sie etwa nach Phönix gelangen und dort überwintern könnten, einem Hafen von Kreta, der gegen Südwesten und gegen Nordwesten sieht. 13 Als aber ein Südwind sanft wehte, meinten sie, ihre Absicht erreicht zu haben, lichteten die Anker und fuhren näher an Kreta hin. 14 Aber nicht lange danach erhob sich von dorther ein Sturmwind, Eurakylon genannt. 15 Als aber das Schiff mit fortgerissen wurde und dem Wind nicht widerstehen konnte, gaben wir es preis und ließen uns treiben. 16 Als wir aber unter einer kleinen Insel, Kauda genannt, hinliefen, konnten wir kaum des Rettungsbootes mächtig werden. 17 Dieses zogen sie herauf und wandten Hilfsmittel an, indem sie das Schiff umgürteten; und da sie fürchteten, in die Syrte verschlagen zu werden, ließen sie das Takelwerk nieder und trieben so dahin. 18 Da wir aber sehr unter dem Sturm litten, warfen sie am folgenden Tag Ladung über Bord; 19 und am dritten Tag warfen sie mit eigenen Händen das Schiffsgerät fort. 20 Da aber viele Tage lang weder Sonne noch Sterne schienen und ein nicht geringes Unwetter uns bedrängte, schwand zuletzt alle Hoffnung auf unsere Rettung. 21 Und als man lange Zeit ohne Speise geblieben war, da stand Paulus in ihrer Mitte auf und sprach: O Männer! Man hätte mir freilich gehorchen und nicht von Kreta abfahren und dieses*

> *Unglück und den Schaden vermeiden sollen. 22 Und jetzt ermahne ich euch, guten*
> *Mutes zu sein, denn keiner von euch wird verloren gehen, nur das Schiff. 23 Denn*
> *ein Engel des Gottes, dem ich gehöre und dem ich diene, stand in dieser Nacht bei*
> *mir 24 und sprach: Fürchte dich nicht, Paulus! Du mußt vor den Kaiser gestellt*
> *werden; und siehe, Gott hat dir alle geschenkt, die mit dir fahren. 25 Deshalb seid*
> *guten Mutes, ihr Männer! Denn ich vertraue Gott, daß es so sein wird, wie zu mir*
> *geredet worden ist. 26 Wir müssen aber auf irgendeine Insel verschlagen werden.*
> *27 Als aber die vierzehnte Nacht gekommen war und wir im Adriatischen Meer*
> *umhertrieben, meinten gegen Mitternacht die Matrosen, daß sich ihnen Land*
> *näherte. 28 Und als sie das Senkblei ausgeworfen hatten, fanden sie zwanzig Faden;*
> *nachdem sie aber ein wenig weiter gefahren waren und das Senkblei wieder ausge-*
> *worfen hatten, fanden sie fünfzehn Faden. 29 Und da sie fürchteten, wir möchten*
> *etwa auf felsige Stellen verschlagen werden, warfen sie vom Hinterschiff vier Anker*
> *aus und wünschten, daß es Tag würde...*

Zu diesem Text sind einige Erklärungen erforderlich:

Der Text liest sich, als ob ein Augenzeuge berichtet, jemand der bei dem Schiffbruch dabei war. Dabei gilt es jedoch zu beachten, dass antike Vorlagen zu Schiffbrucherzählungen existierten, auf die Lk vermutlich zurückgegriffen hat (vgl. Börstinghaus, Sturmfahrt).

Das Schiff stammte aus Adramyttum, einer Stadt in Kleinasien, Vorgängerin des heutigen Edremit.

Die Schifffahrt auf dem Mittelmeer war in dieser Zeit mit hohen Risiken verbunden. Man vermied es nach Möglichkeit, fernab vom Ufer zu fahren und scheute das offene Meer. Vielmehr „hangelte" man sich an der Küste entlang, um im Falle eines Sturmes an Land kommen zu können. Wie die Geschichte zeigt, war dieses Vorgehen freilich auch nicht ungefährlich. Fuhr man zu nahe am Ufer, bestand die Gefahr in Untiefen auf Grund zu laufen und das ganze Schiff zu riskieren. Zudem wurde in der ganzen Antike, mal mehr, mal weniger, Seeräuberei betrieben, auch wenn dem römischen Imperium daran gelegen war, diese Gefahr zu beseitigen. Von Cäsar wird berichtet, er habe die Seeräuber weitestgehend dezimiert, nachdem er sogar selbst einmal in die Hände der Freibeuter gefallen war. Lukrativ war es nicht nur, die Ladung des Schiffes zu übernehmen, sondern auch möglichst prominente Gefangene zu machen und diese gegen hohe Lösegelder wieder freizulassen. Während der Wintermonate ruhte der Schiffsverkehr in der Regel völlig (vgl. V 12).

Angesichts zunächst guter Winde versucht der Kapitän trotz vorgerückter Jahreszeit sein Ziel, Rom, noch zu erreichen. Paulus warnt davor, doch wird ihm kein Gehör geschenkt. Ein fast 14-tägiger Sturm (Apg 27,33) führt letztlich zum Schiffbruch. Wie Paulus verheißen hat, kommt allerdings kein Mensch zu Schaden. Die Besatzung und die Fahrgäste, insgesamt 276 Personen, können sich auf eine Insel retten, die Melite genannt wird (28,1). Als Schauplatz des Schiffbruches des Paulus wird seit dem Beginn der Neuzeit gemeinhin Malta angenommen, während man im Mittelalter die kroatische Adriainsel Mljet favorisierte, die auch „Odysseus-Insel" genannt wird. Der Wechsel der Lokaltradition mag damit zusammenhängen, dass den Johannitern daran gelegen war, ihr abseitiges Eiland Malta als urchristlich und wichtig für die Kirchengeschichte zu verkaufen. Während das mittelalterliche Malta zunächst keine Lobby hatte, durfte sich Mljet venezianischer Protektion erfreuen.

Vor etlichen Jahren wurde der Versuch unternommen, anhand von Strömungs- und Windverhältnissen die „Insel des Paulus" erneut zu lokalisieren. Der Verfasser einer einschlägigen Publikation kommt zu dem Ergebnis, dass es sich um eine Insel in der Adria mit Namen Kephallenia gehandelt haben muss (Warnecke, Romfahrt). Wie auch immer – letztlich gelangte Paulus nach Puteoli und reiste zu Fuß nach Rom weiter. Ob er dort noch einmal freikam und, wie geplant, nach Spanien reisen konnte, ist völlig ungewiss. Von seinem Tod spricht die Apostelgeschichte nicht, obwohl die Abfassung der Apg kaum vorher erfolgte. Entweder weiß Lk davon nichts oder, wahrscheinlicher, er will davon nichts wissen. Ein Mann wie Paulus wird nicht so einfach verurteilt und hingerichtet, und so lässt er das Ende der Geschichte offen. Vom Tod des Paulus erfahren wir nur andeutungsweise aus dem ersten Clemensbrief (1Clem 5,1). Der Brief stammt angeblich vom ersten Presbyter (Ältesten/Gemeindeleiter) Roms, das zu dieser Zeit, d.h. gegen Ende des ersten Jahrhunderts, bereits einen besonderen Autoritätsanspruch reklamiert.

> *Aber, um mit den alten Beispielen aufzuhören, wollen wir nun auf die Kämpfer der neuesten Zeit kommen; wir wollen die hervorstechendsten Beispiele unseres Zeitalters herausgreifen. 2. Wegen Eifersucht und Neid haben die größten und gerechtesten Männer, Säulen waren sie, Verfolgung und Kampf bis zum Tode getragen. 3. Stellen wir uns die guten Apostel vor Augen: 4. einen Petrus, der wegen ungerechter Eifersucht nicht ein oder zwei, sondern vielerlei Mühseligkeiten erduldet hat und, nachdem er so sein Zeugnis (für Christus) abgelegt hatte, angelangt ist an dem ihn gebührenden Orte der Herrlichkeit. 5. Wegen Eifersucht und Streit hat Paulus den Beweis seiner Ausdauer erbracht. 6. Siebenmal gefesselt, vertrieben, gesteinigt, Herold (des Evangeliums) im Osten und Westen, holte er sich den herrlichen Ruhm seines Glaubens. 7. Er hatte Gerechtigkeit der ganzen Welt gelehrt, war bis in den äußersten Westen vorgedrungen und hatte vor den Machthabern sein Zeugnis abgelegt, so wurde er weggenommen von dieser Welt und ging ein in den heiligen Ort, das größte Beispiel der Geduld. https://www.unifr.ch/bkv/kapitel4-5.htm (4.9.2018)*

Zusammenfassung

Der römische Staat ist nach Vorstellung des Lukas ein Rechtsstaat. Lynchjustiz wird nicht geduldet. Deshalb wird Paulus, nachdem sich Gegner an ihm vergreifen wollen, in römische Schutzhaft genommen. Es kommt zu allerlei Verzögerungen um seinen Prozess, u.a. wegen des Wechsels des Prokurators von Felix zu Festus.

Lukas vermerkt in seiner Apg ausdrücklich, dass er vom Statthalter von Judäa und auch vom jüdischen König Agrippa – es handelt sich um Agrippa II., der über Teile des Libanon und Syriens herrscht – für unschuldig gehalten wird. Er wird auf eigenen Wunsch nach Rom, an das kaiserliche Gericht, überstellt. Umso mehr muss dann natürlich erstaunen, dass er in Rom zum Tode verurteilt und dort hingerichtet wird, wobei sein Tod nicht im NT überliefert, sondern im ersten Clemensbrief (Ende des ersten Jahrhunderts) angedeutet wird.

29. Und wie stellt Lukas „seinen“ Paulus dar?

Dank Lukas und seiner so genannten Apostelgeschichte erfahren wir eine ganze Menge über Paulus, seine Vita, sein Auftreten. Eigentlich könnte man die Apostelgeschichte auch „die Geschichte des Paulus“ nennen, denn einmal abgesehen von Johannes, Jakobus und Petrus erfahren wir kaum etwas über „die Apostel“. Jakobus, der Bruder des Johannes, wird schon früh hingerichtet, nämlich unter Herodes Agrippa I ca. 42/43 n. Chr. Er wird bald darauf von Jakobus, dem Herrenbruder ersetzt, der nach lk Zählung nicht als Apostel gesehen wird.

Ab Apg 15 steht ausschließlich Paulus im Zentrum der Erzählung. Kurz gesagt ist Paulus für Lukas der große Held, der niemals auf die Nase fällt. Er predigt, wie man es kaum besser machen kann, und seine Reden stehen kaum der eines großen Rhetors der Antike nach. Und diese Reden geschehen nicht in einem stillen Winkel dieser Welt, sondern Paulus spricht vor der Prominenz, vor Statthaltern und Königen. Diese wiederum erkennen an, dass die Botschaft des Paulus in keiner Weise gegen irgendwelches Recht verstößt und natürlich auch gegen keines der römischen Gesetze. Wo immer er auch vor einem Gericht steht, wird er nach kürzester Frist wieder freigelassen, nicht zuletzt aufgrund der Tatsache, dass er das römische Bürgerrecht besitzt. Letztlich käme er auch nach seiner Verhaftung in Jerusalem wieder frei, wenn er nicht an das kaiserliche Gericht appelliert hätte. Aber der römische Staat ist ein Rechtsstaat – das ist Lukas besonders wichtig – und so muss dem Ersuchen des Paulus auch Folge geleistet werden.

Die Reden, die Paulus hält, galten zu meiner Studienzeit als Produkte des Schriftstellers Lk. Dies umso mehr, als die neutestamentliche Exegese schon lange davon ausgeht, dass – im Gegensatz zu Aussagen aus dem 2. Jahrhundert – Lukas nicht der Reisebegleiter des Paulus war. Die so genannten „Wir-Passagen“ der Apg, die man früher als Beleg für die Begleitung des Paulus durch Lk wertete, wurden als stilistisches Mittel des Lk ausgewiesen. In neuerer Zeit neigt man allerdings zu der Annahme, Lukas habe auf eine Art Redenskizze des Paulus zurückgreifen können, wie er auch über ein Reisetagebuch verfügte, mittels dessen er die Beschreibung der Reisestationen und Reiserouten des Paulus nachzeichnen konnte. Die Debatten über die Quellen des Lk sollen hier aber nicht weitergeführt werden. Es genügt festzustellen, dass Paulus immer wieder verfolgt wird, dass er leiden muss, aber letztlich gegen kein römisches Gesetz verstößt. Wie schon oben erwähnt, erzählt Lk nichts vom Tod des Paulus, obwohl die Apg sicher erst nach dessen Tod geschrieben wurde.

Paulus selbst sieht sich dagegen völlig anders. Seine Gegner werfen ihm ja vor, dass er schwach im Reden, aber stark in seinen Briefen sei. Das passt nun so gar nicht zur Darstellung des Lk. Nachdem Paulus die Aussagen seiner Gegner nicht korrigiert, werden sie wohl recht gehabt haben.

Man kann daraus den Schluss ziehen, dass Lk bei der Darstellung des Paulus eine „Figur“ entwirft und diese zum Gegenstand seiner Darstellung macht. Es wäre sicherlich falsch zu sagen, der lk Paulus stimme mit dem „echten“ Paulus in keiner Weise überein, aber es ergeben sich doch deutliche Differenzen zwischen Paulus selbst und seinem lk „Pendant“. Man muss Lk zudem zu Gute halten, dass sich Paulus selbst ja auch nicht „objektiv“ darstellt, sondern in allem *seine* Sicht der Dinge vorträgt.

Zusammenfassung

Zwischen der Darstellung des „Völkerapostels“ Paulus bei Lukas und der Sicht des Paulus auf sich selbst gibt es deutliche Unterschiede. Lukas macht aus Paulus eine literarische Gestalt, natürlich nicht unter Vernachlässigung des „echten“, biographischen Paulus, aber mit deutlichen Überzeichnungen. Wie schon erwähnt, wird Paulus zu einer wirkmächtigen und redegewandten Persönlichkeit, die vor den Größen der damaligen Zeit aufrecht und ohne Furcht seine Botschaft verbreitet.

Dabei ist er überaus erfolgreich, trotzt jeder Gefahr und überlebt alle Anschläge auf seine Person.

30. Zusammenfassung: Ein Interview mit Paulus

FRAGE: Herr Paulus, es ist allgemein bekannt, dass Sie ursprünglich Saulus hießen, Saulus ben Benjamin, und einen neuen Namen angenommen haben, als Sie sich zum Christentum bekehrten.

PAULUS: Es tut mir leid, aber an Ihrer Frage ist so ziemlich alles falsch. Ich hieß schon immer Paulus, in der griechisch-römischen Welt, wie ich auch schon immer Saulus hieß. Ich stamme aus dem Stamm Benjamin, das ist richtig, und so erhielt ich den Namen unseres Königs Saul. Ich habe zwei Namen: Saulus ist mein hebräischer Name, Paulus mein Name in der hellenistischen Welt.

FRAGE: Also keine Namensänderung – z.B. bei Ihrer Bekehrung?

PAULUS: Nein, ich bin nicht vom Saulus zum Paulus geworden, wie es bei Ihnen immer wieder heißt. Ein bisschen Wahrheit ist freilich in Ihrer Aussage enthalten: Nach meinem Offenbarungserlebnis habe ich mich in erster Linie unter Heiden aufgehalten und nicht unter Juden. Der Name Paulus ist in dieser Zeit gängiger als der jüdische.

Sie sprachen in Ihrer Frage auch meine so genannte Bekehrung an. Ich bin nicht bekehrt worden. Ich bin auch nicht vom Judentum ins Christentum eingetreten. Ich wurde vielmehr von Gott berufen, das uns in Jesus, dem Herrn, geschenkte Heil zu den Völkern zu bringen. Berufung ist also etwas völlig anderes. Sie trägt einen Auftrag in sich! Und zum Christentum konnte ich mich nicht bekehren, weil es das noch gar nicht gab. Meine Briefe gehören zur Entstehungsgeschichte des Christentums.

FRAGE: Wie war denn dann eigentlich ihr Werdegang?

PAULUS: Nun ja, ich bin zeitlich sehr nahe der Geburt unseres Herrn geboren, und zwar in Tarsus. Tarsus ist eine nicht unbedeutende Stadt in Kleinasien, wie Sie das Gebiet wohl nennen. Über den Fluss Kydnos hat sie sogar einen eigenen Hafen. Freilich muss man den Fluss ständig wieder neu vertiefen und das Schwemmland aus dem Fluss holen, damit er nicht verlandet. Anderen Städten wie Ephesus am Menderes oder dem mächtigen Antiochia am Orontes geht es genauso. Tarsus hat aber noch eine weitere Bedeutung: Es kontrolliert die Passstraße über das Taurusgebirge, die Kilikische Pforte, die von der Küste hinauf ins anatolische Hochland führt.

FRAGE: Und weiter? Wie kamen Sie als Jude dorthin und wie haben Sie dort gelebt und woher beherrschen Sie das Griechische so gut?

Paulus: Moment! Eine Frage nach der anderen:

Wie ich dorthin kam? Meine Eltern wohnten schon dort und vermutlich auch meine Groß- und Urgroßeltern. Ich kann mich nicht mehr so genau erinnern. Ich glaube sie sind aus Palästina ausgewandert, weil sie dort kein Auskommen mehr hatten. Es waren also Wohlstandsmigranten oder -Asylanten, wie das bei ihnen heißt. Wenn Sie mal ein bisschen recherchieren, werden Sie feststellen, dass viele, vielleicht sogar die meisten Menschen auf dieser Erde irgendwann einmal ihre Heimat aufgegeben haben, um es woanders besser zu haben.

Frage: Und sie haben dort das römische Bürgerrecht erworben?

Paulus: Wie kommen Sie darauf? Davon habe ich doch nie erzählt!

Frage: Sie sind also kein römischer Bürger?

Paulus: Doch, ich habe das Bürgerrecht. Ich habe es geerbt. Mein Vater hatte es schon. Aber behauptet habe ich das nie, nirgends in meinen Briefen.

Frage: Ich möchte die zweite Frage noch einmal wiederholen: Wie sind sie dort aufgewachsen und wie haben Sie dort gelebt?

Paulus: Mein Vater hat dafür gesorgt, dass ich eine gute hellenistische Ausbildung bekam. Ich habe nicht nur Sprache und Schrift gelernt, sondern habe auch diverse große griechische Autoren gelesen. Ich habe gelernt, mich auszudrücken und die Kunst der Diskussion und Argumentation mit echten oder auch scheinbaren Gegnern geübt. Darüber hinaus wurde ich aber auch in einem Handwerk ausgebildet, das man überall im römischen Reich ausüben kann. Ich bin von Beruf Sattler, manche sagen auch Zeltmacher. Der Unterschied ist nicht gar so groß. Und diesen Beruf habe ich auch immer wieder ausgeübt, um davon zu leben.

Frage: Entschuldigen Sie die vielleicht etwas persönliche Frage: Sie sind Jude. Woher haben sie Ihre religiöse Ausbildung?

Paulus: Zunächst von meinem Vater, wie jeder männliche Nachkomme in einer Familie. Darüber hinaus habe ich aber auch einige Zeit in Israel gelebt. Dort habe ich meine Kenntnisse über das Judentum vertieft und mich an der Lehre und Lebensweise der Pharisäer orientiert. Übrigens lebt meine Schwester dort. Sie ist in Jerusalem verheiratet und hat Kinder. Während meiner Zeit in Israel habe ich mich dann auch richtig den Pharisäern angeschlossen und dort viel über die Auslegung unserer Gebote gelernt. Und ich war ein guter und eifriger Schüler, wenn ich das einmal bemerken darf.

Frage: Und wann und wie kamen sie in Kontakt mit den messianischen Juden, die sich auf diesen Jesus Christus berufen?

Paulus: Ich hörte davon, dass es da eine Gruppe gibt, die behauptet, dieser Jesus, der auf Betreiben unserer Vornehmen durch die Römer gekreuzigt wurde, sei auferstanden. Er sei der Messias und täglich sei mit seiner Wiederkehr zu rechnen. Dabei würde bei seinem Kommen das Reich unseres Gottes auf Erden anbrechen.

Frage: Und dabei kamen auch Sie zum Glauben?

Paulus: Nein, wahrhaftig nicht. Ich war nicht nur ein eifriger Schüler, sondern auch ein Eiferer für die Sache Gottes, den wir Juden JHWH nennen. Ich habe diese Nazarener verfolgt, um sie von ihrem Irrglauben abzubringen. Die Jüdischen Behörden haben meine Bemühungen unterstützt. Aber schon bald bemerkte ich, dass sich dieser Irrglaube rasch verbreitete, auch außerhalb Israels. Er schien wie ein Lauffeuer durch die jüdische Welt zu gehen. Deshalb machte ich mich auf den Weg nach Damaskus, um dort die jüdischen Brüder und Schwestern vor der Irrlehre zu warnen. Und dabei, auf dem Weg, passierte es. Ich weiß nicht wie. Ich erlebte etwas Unbeschreibliches. Ich kann es nur so verstehen, dass mir Gott diesen Jesus Christus geoffenbart hat und mir den Auftrag erteilte, seine Botschaft in die ganze heidnische Welt zu tragen – und das schnell.

Frage: Wieso sollte das schnell gehen?

Paulus: Nun, stellen Sie sich doch einmal Folgendes vor: Wir Juden – zumindest die meisten – glauben ja an die Auferstehung, dass Gott am Ende der Zeit die Toten lebendig macht. Umgekehrt heißt das aber doch: Wenn Gott *einen* der Toten lebendig macht, dann stehen wir geradewegs vor dem Ende der Zeit. Und am Ende der Zeit, sagt unser Prophet Jesaja, werden die Völker zum Zion kommen und allesamt unseren Gott, den Gott Israels, verehren. Was schließen wir daraus? Allen Völkern muss verkündet werden, dass diese Zeit angebrochen ist, dass Christus gestorben und von Gott auferweckt worden ist.

Frage: Wenn ich richtig gehört habe, behaupten Sie aber auch, dass das jüdische Gesetz keine Gültigkeit mehr habe.

Paulus: Ganz so einfach ist das nicht. Ich sage, dass der Glaube an diesen Jesus, der Glaube an seine Auferweckung ein neuer Weg Gottes ist, die Menschen gerecht zu machen. Um gerecht zu sein, müssen die Völker nicht erst und nicht mehr das jüdische Gebot lernen und sich schon gar nicht beschneiden lassen.

Frage: Was meinen Sie mit „gerecht machen"?

Paulus: Vielleicht hätte ich einen anderen Begriff wählen sollen. Aber „gerecht machen" heißt einfach nur, dass der Mensch vor Gott als Gerechter dasteht.

Frage: Ich habe immer noch nicht ganz verstanden.

Paulus: Dann sagen Sie doch einfach statt „gerecht machen" Gnade oder Heil schenken. Gott schenkt den Menschen sein Heil, wenn sie an Jesus Christus als den auferstanden Herrn glauben und sich in seinem Namen taufen lassen.

Frage: Welches Heil?

Paulus: Alle Juden glauben, dass irgendwann der Tag des Herrn anbricht. Es ist der Tag, an dem Israel wiederhergestellt wird, an dem die Völker zum Zion wallfahren und an dem Gott den Menschen und der Welt sein Schalom gibt: Friede, Wohlstand, Liebe untereinander, Erweckung der Toten, Gesundheit – kurz: alles was der Mensch von einem Königreich Gottes erwartet und für den Menschen und die Welt gut ist. Er, JHWH, macht alles gut.

Frage: Und was hat das mit dem jüdischen Gesetz zu tun?

Paulus: Bevor Jesus kam, glaubten wir, die Juden, dass Gottes Heil diejenigen Menschen trifft, die das Gesetz des Mose einhalten, und das heißt: das Heil gilt mehr oder weniger ausschließlich Israel. Jetzt aber mit der Auferweckung Jesu beginnt die Endzeit und alle Völker sollen sie sehen. Es ist doch klar, dass somit das jüdische Gesetz nicht mehr der einzige Heilsgarant ist, ja mehr noch, für die Völker überhaupt keine Relevanz mehr besitzt.

Frage: Herr Paulus, entschuldigen Sie: Sie sind ein Antinomist, ein Gesetzloser! Anarchie wird ausbrechen.

Paulus: Das haben mir meine Gegner, und nicht nur die jüdischen, sondern auch christliche Brüder und Schwestern auch schon vorgeworfen, aber das stimmt nicht. Das Gebot der Liebe, das uns Jesus Christus gegeben habt, geht weit über das jüdische Gesetz hinaus. Es gilt daher, dieses Gebot des Herrn zu halten. Damit wird es niemals zur Anarchie kommen!

Im Übrigen gibt es viele Hinweise darauf, dass das Gesetz hinter dem Glauben zurückstehen muss: Schauen Sie doch einmal: Jesus von Nazareth ist aufgrund des Gesetzes verurteilt und gekreuzigt worden. Man hat ihn hingerichtet, weil er angeblich gegen das Gesetz verstieß. Nun hat ihn Gott aber auferweckt. Das heißt aber doch: Gott hat Jesus über das Gesetz gestellt, mehr noch, er macht deutlich, dass das Urteil über Jesus, das gemäß dem Gesetz gefällt wurde, ein Fehlurteil war. Damit hat das Gesetz seine Bedeutung verloren. Es war ohnehin nur eine Weisung Gottes aus zweiter Hand, denn es war ein Engel, sagt unsere Überlieferung, die Mose das Gesetz übergeben hat. Jesus aber kommt nicht als Engel, sondern er kommt direkt vom Vater und steht damit über dem Gesetz!

Frage: So langsam verstehe ich Ihre Argumentation. Und das alles haben Sie in die heidnische Welt, zu den Völkern getragen?

Paulus: Ja, und das war nicht immer ganz einfach, denn es gibt noch viele Schwestern und Brüder des auserwählten Volkes, die meiner Meinung nicht gefolgt sind – auch Petrus nicht.

Frage: Israel bleibt also das auserwählte Volk?

Paulus: Aber ja! Gott hat seinen Bund geschlossen und bricht diesen nicht. Israel wird am Ende der Zeit ebenso gerettet werden wie die christlichen Schwestern und Brüder. Das Verhältnis zwischen Gott und seinem Volk ist auch keine Zwischenstation, die sich erst mit dem Glauben an unseren Herrn Jesus Christus erfüllt. Gott hat den Bund geschlossen und er steht dazu, trotz des Todes und der Auferstehung des Herrn. Wie Gott das zustande bringt, weiß ich allerdings nicht und das sollten wir auch getrost ihm überlassen.

FRAGE: Sie sagten gerade: Nicht alle sind Ihrer Ansicht gefolgt. Kam es da zu Richtungsstreitigkeiten oder Machtkämpfen?

PAULUS: Von Machtkämpfen würde ich nicht sprechen. Auch meine Gegner waren und sind davon überzeugt, richtig zu handeln. Aber zu Richtungsstreitigkeiten kam es tatsächlich, z.B. in der Frage, ob getaufte Juden mit getauften Heiden zusammen essen dürfen. Meine Antwort wird Sie nicht überraschen: Ja, sie dürfen, denn mit der Taufe sind alle eine Gemeinschaft in Jesus Christus. Petrus beispielsweise sah das zumindest früher anders. Aber ich weiß, dass ich Recht habe! So hat es mir Gott geoffenbart!

FRAGE: Haben sich die Petriner und Pauliner voneinander getrennt?

PAULUS: Nein. Gott sei es gedankt. Es gab keine Trennung. Aufgrund der Probleme wurden aber später dann doch Vereinbarungen darüber getroffen, wie unter bestimmten Voraussetzungen der Verkehr zwischen Juden und Heiden möglich ist. Jakobus, der Herrenbruder, hat angeblich an dieser Übereinkunft maßgeblich mitgewirkt. Ich für meinen Teil erhielt für mein Evangelium keinerlei Auflagen.

FRAGE: Und die Voraussetzungen, die Sie gerade nannten?

PAULUS: Die sind unerheblich. Die hält jeder Mensch ohnedies von sich aus ein seit der Zeit des Noach. Die Übereinkunft beinhaltet, kein Blut zu essen, keine Unzucht zu treiben und kein Fleisch zu essen, das im Zusammenhang mit Götzenopfern steht. Das Blut ist der Sitz des Lebens. Deshalb gehört es Gott. Wer nimmt schon Blut zu sich? Mit dem Götzenopfer ist es freilich so eine Sache. Wir als Juden wie auch als Getaufte glauben ohnehin nicht an die Existenz von Götzen. Für uns gibt es nur einen Gott, den Vater Jesu Christi. Deshalb gibt es streng genommen auch kein Götzenopferfleisch, aber diesen Gedankenschritt kann nicht jeder so ohne Weiteres nachvollziehen. Deswegen bin ich da etwas, wie soll ich sagen, vorsichtig? konservativ?

FRAGE: Und wie ging es weiter?

PAULUS: Ich bin dann viel gereist, mehrfach von Jerusalem oder Antiochia aus zu den Griechen und wieder zurück. Ich habe viele Briefe geschrieben, an viele Gemeinden. Jedes Mal, wenn ich davon hörte, dass eine Gemeinde Schwierigkeiten hatte oder machte, habe ich geschrieben, um sie auf den rechten Weg zu bringen. Manchmal habe ich auch gegen Mitchristen geschrieben, die meine Gemeinden in die falsche Richtung führten. Manche von diesen falschen Brüdern schreckten nicht davor zurück, schlecht über mich zu reden und Lügen zu verbreiten. So behaupten sie überall, ich sei kein richtiger Apostel, weil ich z.B. nicht auf Kosten der Gemeinden lebe, sondern meinen Unterhalt stets selbst erwirtschaftet habe. Ich frage Sie: Ist das nicht eine äußerst merkwürdige Definition von Apostel? Teilweise brüsten sie sich damit, wie schwer doch der Dienst der Verkündigung sei und wie vieles sie dabei erleiden müssen. Denen habe ich aber mal aufgezählt, was *mir* alles zugestoßen ist. Ich habe das auch in meinem Brief an die Korinther geschrieben (2Kor 11). Danach habe ich nichts mehr davon gehört.

FRAGE: Noch einmal eine sehr persönliche Frage: Sie gelten als Frauenfeind. Wie steht es damit denn wirklich?

PAULUS: Ausgerechnet ich ein Frauenfeind? Ich habe und hatte immer wieder mit Frauen zu tun, Sie waren genauso wie ich in der Verkündigung tätig, es waren meine Mitarbeiterinnen und Mitstreiterinnen. Lesen Sie mal meine Briefe, dann werden auch Sie zugeben müssen, dass an diesem Vorwurf rein gar nichts dran ist. Ich habe mich sogar dafür ausgesprochen, dass Frauen im Gottesdienst öffentlich auftreten, dort beten und verkündigen. Auch da gibt es freilich Leute, die etwas dagegen haben, weil es angeblich dem Frau-Sein widerspricht. Diese Argumentation habe ich nie verstanden! Gerade jetzt, vor der Wiederkunft des Herrn, kann es doch nur heißen: Wir alle sind eins in Christus. *Da gibt es nicht Juden und Griechen, nicht Sklaven und Freie, nicht Mann und Frau* (*Gal* 3,28).

FRAGE: Aber Sie sind unverheiratet?

PAULUS: Das ist richtig, auch wenn man in der frühen Kirche anderslautende Aussagen liest. Das hat aber nichts mit meiner Haltung zu Frauen zu tun. Wie schon gesagt: Meiner Ansicht nach steht die Wiederkehr des Herrn bald bevor. Warum sollte ich da jetzt noch heiraten. Zudem bin ich ständig auf Reisen – nun gut, Petrus hat seine Frau auch mit auf seine Reisen genommen, aber ich wollte das keiner Frau zumuten.

FRAGE: Herr Paulus, wie sehen Sie ihre Zukunft?

PAULUS: Ich hoffe, dass ich auch noch ganz in den Westen unserer Welt kommen werde, um auch dort zu predigen, nach Spanien. Aber Sie wissen ja, dass man mir in Jerusalem nicht sehr wohlgesonnen ist. Es kann also sein, dass meine Mission schneller endet, als ich denke. Aber wie auch immer: Ich erwarte das Kommen des Herrn und mit ihm das Heil.

FRAGE: Herr Paulus, wir danken Ihnen für das Gespräch.

Die Vita des Paulus im Überblick

Jahr (circa)	Ereignis/Ort, **Brief**	Belege
1-3?	Geburt des Paulus in Tarsus in Kleinasien als Diasporajude.	Apg 9,11
Bis ca. 33	Er kann lesen und schreiben, seine Muttersprache ist vermutlich Griechisch Von Beruf ist er Zeltmacher/Sattler. Er schließt sich der Partei der Pharisäer an, wahrscheinlich aber erst während seines Aufenthalts in Israel. Verfolgung der frühen Christen	Phil 3,5 Apg 9,1; Gal 1,13f;
ca. 33	Berufung/“Bekehrung“ des Paulus	Gal 1,15-17; ; Apg 9,5; 22,8; 26,15
34-35?	Arbeit in „Arabien“ (Arabia)	Gal 1,17
35	Rückkehr nach Damaskus und Flucht aus der Stadt; 14-tägiger Besuch in Jerusalem	Apg 9,20-30 2Kor 11,32 Gal 1,18
36-48	Tätigkeit in Zypern, Pamphylien, Pisidien bzw. in Syrien und Zilizien	Apg 13; 14 Gal 1,21
48/49	Apostelkonzil in Jerusalem	Apg 15,1-29 Gal 2,1-10
49	Antiochenischer Zwischenfall	Gal 2,11-22
49-53	Zweite Missionsreise: Phrygien, Galatien, Troas, Philippi, Thessalonisch, Athen, Korinth	Apg 15,41; 16-18
50	Korinth: **1Thess**	
51/52	Paulus vor dem Statthalter Gallio	Apg 18,12-17
52/53	Von Korinth nach Ephesus – **Erster, verlorener Brief an die Korinther**	Apg 18,18-22 1Kor 5,9
52/53-60?	Dritte Missionsreise: Antiochia, Galatien, Ephesus	Apg 18; 19,1
54	Ephesus: **Galaterbrief?; Korintherbriefe**	

54/55	Paulus in Ephesus in Gefangenschaft: **Philipperbrief; Philemonbrief**	
56/57	Mazedonien: **Galaterbrief? Teile der Korintherbriefe?**	Apg 20,1
57	Korinth/Ephesus? **Römerbrief**	Apg 20,2
57/58	Philippi; Milet, Cäsarea; Jerusalem	Apg 20,3-21,17
58-60	Verhaftung in Jerusalem; Überführung nach Cäsarea und Antipatris; Prokuratoren Felix und Festus	Apg 21,33; 23-26
60-63	Reise nach Rom und Gefangenschaft dort	Apg 27; 28
63	Tod in Rom	1 Clem

Literatur

Die Abkürzungen von Zeitschriften und wissenschaftlichen Reihen richten sich nach Schwertner, Siegfried: TRE Abkürzungsverzeichnis. Berlin [u.a.] [3]2014

Apostolische Väter: Erster Brief des Klemens an die Korinther 5,1.

https://www.unifr.ch/bkv/kapitel4-5.htm (4.10.2018)

Der Babylonische Talmud. Übersetzt von Lazarus Goldschmidt. XI, Frankfurt 1996

Börstinghaus, Jens: Sturmfahrt und Schiffbruch. Zur lukanischen Verwendung eines literarischen Topos in Apostelgeschichte 27,1-28,6. Tübingen 2010 (WUNT = Wissenschaftliche Untersuchungen zum Neuen Testament 274)

Broer, Ingo/Weidemann, Hans-Ulrich. Einleitung in das Neue Testament. Würzburg [4]2016 (2006)

Clemens de Lange, Nicholas R.M.: Art. Antisemitismus I, in TRE III, 113-119, 117

Dorn, Klaus: Basiswissen Theologie: Das Judentum. Paderborn 2016 (UTB 4517)

Dorn, Klaus: Jesus Christus. Geschichte – Überlieferung – Glaube. Paderborn 2018 (UTB 4928)

Dorn, Klaus: Basiswissen Bibel: Lesen und Verstehen. Paderborn 2017 (UTB 4747)

Friedrich, Johannes: Rechtfertigung. Festschrift für Ernst Käsemann zum 70. Geburtstag. Tübingen [u.a.], 1976

Gallio: *http://www.efg-hohenstaufenstr.de/downloads/bibel/gallio.html* 18.10. 2018

Gnilka, Joachim: Paulus von Tarsus. Apostel und Zeuge. Freiburg [u.a.] 1996 (HThK S VI) (S. 244 Lit!)

Ders.: Der Philipperbrief. Freiburg [u.a.] 1968 (HThK = Herders Theologischer Kommentar zum Neuen Testament X/3)

Günzelmansur, Timo/Specker, Tobias (Hg.): Paulus von Tarsus, Architekt des Christentums? Islamische Deutungen und christliche Reaktionen. Regensburg 2016 (CIBEDO 4)

Haacker, Klaus: Paulus, der Apostel. Wie er wurde, was er war. Stuttgart 2008

Hecht, Anneliese: Paulus und die Frauen. Stuttgart 2008

Hennecke, Eduard/Schneemelcher,Wilhelm (Hg.): Neutestamentliche Apokryphen in deutscher Übersetzung II: Apostolisches, Apokalypsen und Verwandtes, Tübingen [5]1989 vgl. auch: https://docplayer.org/28057833-Neutestamentliche-apokryphen.html

Hesemann, Michael: Paulus von Tarsus. Archäologen auf den Spuren des Völkerapostels. Augsburg [2]2008

Jacek Machura: Die paulinische Rechtfertigungslehre: Positionen deutschsprachiger katholischer Exegeten in der Römerbriefauslegung des 20. Jahrhunderts. Regensburg 2003 (ESt = Eichstätter Studien; Neue Folge 49. Hochschulschrift: Regensburg, Univ. Diss., 2001)

Kaliber, Walter: Rechtfertigung und Gemeinde: Eine Untersuchung zum paulinischen Kirchenverständnis. Göttingen 1982 (FRLANT = Forschungen zu Religion und Literatur des Alten und Neuen Testamens 127)

Kertelge, Karl: „Rechtfertigung“ bei Paulus. Studien zur Struktur und zum Bedeutungsgehalt des paulinischen Rechtfertigungsbegriffs. Münster 1967 (NTA = Neutestamentliche Abhandlungen Neue Folge 3)

Lehmann Karl/Pannenberg, Wolfhart (Hg.): Lehrverurteilungen – kirchentrennend? Band 2: Materialien zu den Lehrverurteilungen und zur Theologie der Rechtfertigung (DiKi = Dialog der Kirchen 5). Freiburg [u.a.]/Göttingen1989

Paulus. Wegbereiter des Christentums. Stuttgart 2009 (WUB =Welt und Umwelt der Bibel 51)

Pokorny, Petr/Hechel, Ulrich: Einleitung in das Neue Testament. Tübingen 2007 (UTB 2798)

Publius Cornelius Tacitus, Historien. Lateinisch und deutsch. Übersetzt, erläutert und herausgegeben von Helmuth Vrteska, Stuttgart 1989, S. 600-619 [= https://agiw.fak1.tu-berlin.de/Auditorium/LaVoSprA/SO6/TacHist.htm]

Ratzinger, Josef/Benedikt XVI: Anmerkungen zum Traktat „De Iudaeis“, in: IKaZ = Internationale Katholische Zeitschrift Communio 47 (2018) 387-406

Rießler, Paul: Altjüdisches Schrifttum außerhalb der Bibel. Darmstadt [2]1966

Schnelle, Udo: Einleitung in das Neue Testament. Göttingen [8]2013 (2007) (UTB 1830)

Ders.: Gerechtigkeit und Christusgegenwart. Göttingen [2]1986 (GTA = Göttinger Theologische Arbeiten 24)

Seneca, Naturales quaestiones libri septem ad Lucilium: Otto Apelt: Lucius Annaeus Seneca. Philosophische Schriften. Band 3: Briefe an Lucilius. 1. Teil, Brief 1–81. München 1924

Seneca, Epistulae morales ad Lucilium 104: Otto Apelt: Lucius Annaeus Seneca. Philosophische Schriften. Band 4: Briefe an Lucilius. 2.Teil, Brief 82-124. München 1924

Söding, Thomas (Hg.): Worum geht es in der Rechtfertigungslehre? : Das biblische Fundament der „Gemeinsamen Erklärung“ von katholischer Kirche und Lutherischem Weltbund. Freiburg [u.a.] 1999. (QD = Quaestiones disputatae 180)

Steck, Odil Hannes: Israel und das gewaltsame Geschick der Propheten. Neukirchen-Vluyn 1967 (WMANT= Wissenschaftliche Monographien zum Alten und Neuen Testament 23)

C. Suetonis Tranquillus: De Vita Caesarum/Die Kaiserviten, hrsg. v. Martinet, Hans. Suttgart 1991

Sidur Sefat Emet. Mit deutscher Übersetzung von Rab. S.Bamberger. Basel 1999

Tacitus, Cornelius P.: Historiae, hrsg. v. Borst, Joseph. Mannheim [7]2010

Trobisch, David: War Paulus verheiratet? Und andere offene Fragen der Paulusexegese. Gütersloh 2011

Uhlig, Siegbert: Das äthiopische Henochbuch. Gütersloh 1984 (JShrZ = Jüdische Schriften aus hellenistisch-römischer Zeit V)

Warnecke, Heinz: Die tatsächliche Romfahrt des Apostels Paulus. Stuttgart 1987 (SBS = Stuttgarter Bibelstudien 127)

Ders.: Paulus im Sturm. Über den Schiffbruch der Exegese und die Rettung des Apostels auf Kephallenia. Nürnberg [2]2000

Wengst, Klaus: „Freut euch, ihr Völker, mit Gottes Volk!“. Israel und die Völker als Thema des Paulus – ein Gang durch den Römerbrief. Stuttgart 2008

Wilckens, Ulrich: Rechtfertigung als Freiheit. Paulusstudien. Neukirchen-Vluyn 1974

Wolter, Michael:: Rechtfertigung und zukünftiges Heil : Untersuchungen zu Röm 5,1-11. Berlin [u.a.] 1978 (BZNW = Beihefte zur Zeitschrift für die Neutestamentliche Wissenschaft 43)

Weiterführende Literatur

Adam, Jens: Paulus und die Versöhnung aller. Eine Studie zum paulinischen Heilsuniversalismus. Neukirchen-Vluyn 2009

Albus, Michael: Auf den Spuren des Apostels Paulus. Frühe Stätten der Christenheit. Gütersloh 2006

Alkier, Stefan: Das Kapitel eines Reisenden. Die Apostelgeschichte als soziohistorische Quelle. Stuttgart 2017

Bachmann, Michael (Hg.): Umstrittener Galaterbrief. Studien zur Situierung und Theologie des Paulus-Schreibens. Neukirchen-Vluyn 2010 (BThSt = Biblisch-theologische Studien 106)

Bauer, Thomas Johann: Paulus und die kaiserzeitliche Epistolographie. Kontextualisierung und Anaylse der Briefe an Philemon und an die Galater. Tübingen 2011 (WUNT 276)

Baumert, Norbert/Seewann, Maria-Irma: Israels Berufung für die Völker. Übersetzung und Auslegung der Briefe an Philemon, an die Kolosser und an die Epheser. Würzburg 2016

Baur, Wolfgang (Red.): Petrus, Paulus und die Päpste. Geschichte und Bedeutung des Papsttums. Stuttgart 2006 (WUB Sonderheft)

Becker, Jürgen: Paulus, der Apostel der Völker. Tübingen [3]1998 (UTB für Wissenschaft: Mittlere Reihe; 2014)

Ben Chorin, Shalom: Paulus. Der Völkerapostel in jüdischer Sicht. Gütersloh 2006

Betz, Hans Dieter: Der Apostel Paulus in Rom. Berlin [u.a.] 2013

Bendik, Ivana: Paulus in neuer Sicht? Eine kritische Einführung in die „New Perspective on Paul". Stuttgart 2010 (JuChr = Judentum und Christentum 18)

Bergmeier, Roland: Gerechtigkeit, Gesetz und Glaube bei Paulus. Der judenchristliche Heidenapostel im Streit um das Gesetz und seine Werke. Neukirchen-Vluyn 2010 (BThSt 115)

Bieberstein, Sabine/Kosch, Daniel: Paulus und die Anfänge der Kirche. Zürich 2012 (= Studiengang Theologie Neues Testament Teil 2)

Bornkamm, Günther: Paulus (Festschrift Hans von Campenhausen) Stuttgart [u.a.] [7]1993 (Urban-Taschenbücher 119)

Breytenbach, Cilliers (Hg.): Der Römerbrief als Vermächtnis an die Kirche. Neukirchen-Vluyn 2012

Dietzfelbinger, Christian: Der Sohn. Skizzen zur Christologie und Anthropologie des Paulus. Neukirchen-Vluyn 2011 (BthSt 118)

Elliger, Winfried: Mit Paulus unterwegs in Griechenland. Stuttgart 2007

Frey, Jörg (Hg.): Die Theologie des Paulus in der Diskussion. Reflexionen im Anschluss an Michael Wolters Grundriss. Neukirchen-Vluyn 2013 (BThSt 140)

Gerber, Christine: Paulus, Apostolat und Autorität, oder: Vom Lesen fremder Briefe. Zürich 2012 (ThSt(B) = Theologische Studien NF 6)

Gielen, Marlies: Paulus im Gespräch – Themen paulinischer Theologie. Stuttgart 2009 (BWANT = Beiträge zur Wissenschaft vom Alten und Neuen Testament 186)
Haacker, Klaus: Der Brief des Paulus an die Römer. Leipzig [4]2012 (ThHK =Theologischer Handkommentar zum Neuen Testament 6)
Ders.: Stephanus. Verleumdet, verehrt, verkannt. Leipzig 2014 (= Biblische Gestalten 28)
Heid, Stefan (Hg.): Petrus und Paulus in Rom. Eine interdisziplinäre Debatte. Freiburg [u.a.] 2011
Hoppe, Rudolf: Apostel, Gemeinde, Kirche. Beiträge zu Paulus und den Spuren seiner Verkündigung. Stuttgart 2010 (SBAB = Stuttgarter biblische Aufsatzbände 47)
Ders.: Das Paulusbild der Apostelgeschichte. Stuttgart 2009
Horn, Friedrich Wilhelm (Hg.): Paulus-Handbuch. Tübingen 2013
Hornoff, Hans Joachim: Paulus und seine Gegner. Das Schicksal der Sünder: Gesetz oder Glaube. Eine Analyse der Paulusbriefe. Berlin 2014
Jochum, Uwe: Der Urkonflikt des Christentums. Paulus – Petrus – Jakobus und die Entstehung der Kirche. Regensburg 2011 (Topos-Taschenbücher 757)
Kremer, Jacob: 2. Korintherbrief. Stuttgart [2]1998 (SKKNT = Stuttgarter kleiner Kommentar: Neues Testament 8)
Klauck, Hans-Josef: 1. Korintherbrief Würzburg [3]1992 (NEB = Die neue Echter-Bibel 7)
Ders.: 2. Korintherbrief. Würzburg [3]1994 (NEB 8)
Lang, Friedrich: Bibliographie zum 1. und 2. Korintherbrief. Göttingen 1989
Lang, Manfred: Paulus und Paulusbilder. Konstruktion, Reflexion, Transformation. Leipzig 2013 (ABIG = Arbeiten zur Bibel und ihrer Geschichte 31)
Leicht, Barbara: Paulus – Zeuge und Apostel Jesu Christi. Leben und Lehre. Stuttgart 2008
Lips, Hermann von: Timotheus und Titus. Unterwegs für Paulus. Leipzig 2008 (= Biblische Gestalten 19)
Lohse, Eduard: Entstehung des Neuen Testaments. Stuttgart [u.a.] 1972 ff (Evangelische Wissenschaft 4)
Marguerat, Daniel: Paul in Acts and Paul in his letters. Tübingen 2013
Maschmeier, Jens-Christian: Rechtfertigung bei Paulus. Eine Kritik alter und neuer Paulusperspektiven. Stuttgart 2010 (BWANT 189)
Merklein, Helmut: Die Einheitlichkeit des 1. Korintherbriefes, in: ders.: Studien zu Jesus und Paulus. Tübingen 1987 (WUNT 43), 345-375
Ders.: Der 1. Brief an die Korinther (Kap. 1-4). Gütersloh 1992 (ÖTK NT = Ökumenischer Taschenbuchkommentar zum Neuen Testament 7/1)
Neubrand, Maria: Israel, die Völker und die Kirche. Eine exegetische Studie zu Apg 15. Stuttgart 2006 (SBB = Stuttgarter biblische Beiträge 55)
Öhler, Markus (Hg.): Aposteldekret und antikes Vereinswesen. Gemeinschaft und ihre Ordnung. Tübingen 2011 (WUNT 280)
Ortkemper, Franz-Josef: 1. Korintherbrief. Stuttgart 1993 (SKKNT [N.F.], 7)
Pollmann, Ines: Gesetzeskritische Motive im Judentum und die Gesetzeskritik des Paulus. Göttingen 2012 (NTOA = Novum testamentum et orbis antiquus. Studien zur Umwelt des Neuen Testaments 98)

Ramsay, William Mitchell: Paulus in der Apostelgeschichte. Saarbrücken 2010

Riesner, Rainer: Die Frühzeit des Apostels Paulus. Studien zur Chronologie, Missionsstrategie und Theologie. Tübingen 1994 (WUNT 71)

Rubel, Georg: Paulus und Rom. Historische, rezeptionsgeschichtliche und archäologische Aspekte zum letzten Lebensabschnitt des Völkerapostels. Münster 2014 (NTA = Neutestamentliche Abhandlungen 57)

Sänger, Dieter (Hg.): Der zweite Korintherbrief. Literarische Gestalt – historische Situation – theologische Argumentation. Festschrift Dietrich-Alex Koch. Göttingen 2012 (FRLANT 250)

Schäfer, Christoph: Die Zukunft Israels bei Lukas. Biblisch-frühjüdische Zukunftsvorstellungen im lukanischen Doppelwerk im Vergleich zu Röm 9-11. Berlin [u.a.] 2012 (BZNW = Beihefte zur Zeitschrift für die neutestamentliche Wissenschaft und die Kunde der älteren Kirche 190)

Schell, Victor Hugo: Die Aeropagrede des Paulus im Vergleich mit Reden im historiographischen Werk des Josephus. Jena 2013

Schmeller, Thomas: Untersuchungen zu Paulus. Stuttgart 2018 (SBA 66)

Ders.: Der zweite Brief an die Korinther. Neukirchen-Vluyn Bd.1. 2010; Bd. 2. 2015 (EKK = Evangelisch-katholischer Kommentar zum Neuen Testament 8/1+2)

Schnelle, Udo: Paulus. Leben und Denken. Berlin [u.a.] 2014

Schottroff, Luise: Der erste Brief an die Gemeinde in Korinth. Stuttgart 2013 (=Theologischer Kommentar zum Neuen Testament 7)

Schrage, Wolfgang: Der erste Brief an die Korinther. Zürich [u.a.] 1991ff (EKK 7)

Sellin, Gerhard: Hauptprobleme des Ersten Korintherbriefes, in: ANRW II/25,4 (1987) 2940-3044 (ANRW = Aufstieg und Niedergang der römischen Welt)

Stettler, Christian: Das Endgericht bei Paulus. Framesemantische und exegetische Studien zur paulinischen Eschatologie und Soteriologie. Tübingen 2017 (WUNT 371)

Strecker, Christian (Hg.): Paulus unter den Philosophen. Stuttgart 2013 (= Religions-Kulturen 10)

Suhl, Alfred: Die Briefe des Paulus. Eine Einführung (SBS 205)

Tiwald, Markus: Hebräer von Hebräern. Paulus auf dem Hintergrund frühjüdischer Argumentation und biblischer Interpretation. Freiburg [u.a.] 2008 (HBS = Herders biblische Studien 52)

Tomkins, Stephen: Paulus und seine Welt. Freiburg [u.a.] 2008

Trobisch, David: Ein Clown für Christus. Die ganz andere Geschichte über Paulus und seine Zeit. Gütersloh 2010

Thiessen, Jacob: Gottes Gerechtigkeit und Evangelium im Römerbrief. Rechtfertigungslehre des Paulus im Vergleich zu antiken jüdischen Auffassungen und zur neuen Paulusperspektive. Frankfurt 2014

Ders.: Das antike Judentum und die Paulusexegese. Neukirchen-Vluyn 2016 (BThSt 160)

Vegge, Tor: Paulus und das antike Schulwesen. Schule und Bildung des Paulus. Berlin [u.a.] 2006 (BZNW 134)

Walker, Peter: Unterwegs auf den Spuren des Paulus. Das illustrierte Sachbuch zu seinen Reisen. Stuttgart 2008

Wick, Peter: Paulus. Göttingen 2006 (UTB 2858)
Wischmeyer, Oda: Paulus. Leben – Umwelt – Werk – Briefe. Tübingen ²2012 (UTB 2767)
Wolter, Michael: Paulus. Ein Grundriss seiner Theologie. Neukirchen-Vluyn 2011
Ders.: Theologie und Ethos im frühen Christentum. Studien zu Jesus, Paulus und Lukas. Tübingen 2009 (WUNT 236)
Wolff, Christian: Der zweite Brief des Paulus an die Korinther. Berlin 1989 (ThHK = Theologischer Handkommentar zum Neuen Testament 8)
Wolff, Dominik: Paulus beispiels-weise. Selbstdarstellung und autobiographisches Schreiben im Ersten Korintherbrief. Berlin [u.a.] 2017 (BZNW 224)
Wong, Eric Kun Chun: Evangelien im Dialog mit Paulus. Eine intertextuelle Studie zu den Synoptikern. Göttingen 2012 (NTOA 89)
Zeller, Dieter: Studien zu Philo und Paulus. Bonn 2011 (BBB = Bonner Biblische Beiträge 165)
Zimmermann, Christiane: Gott und seine Söhne. Das Gottesbild des Galaterbriefes. Neukirchen-Vluyn 2013 (WMANT 135)
Zugmann, Michael: „Hellenisten" in der Apostelgeschichte. Historische und exegetische Untersuchungen zu Apg 6,1; 9,29; 11,20. Tübingen 2009 (WUNT 264)
Zwierlein, Otto: Petrus und Paulus in Jerusalem und Rom. Vom Neuen Testament zu den apokryphen Apostelakten. Berlin [u.a.] 2013 (UALG = Untersuchungen zur antiken Literatur und Geschichte 109)

Links

Die Reisen des Paulus

1. Reise:
   http://media.freebibleimages.org/stories/FB_Paul_Antioch_Iconium/overview_images/004-paul-antioch-iconium.jpg?1436947799
   https://etgladium.files.wordpress.com/2017/10/1-missionsreise-gesammt1.jpg
2. Reise
   http://www.derkindergottesdienst.de/bilder/13_Paul_Ephesus_Antioch_1024.jpg
3. Reise
   http://www.derkindergottesdienst.de/bilder/11_Paul_Jerusalem_Return_1024.jpg
   http://www-theol.uni-graz.at/~heil/lvws0708/Mission3.jpg

Romreise
   http://www.derkindergottesdienst.de/bilder/10_Paul_Rome_1024.jpg

Karten mit sehr hoher Auflösung aber leider nicht sehr übersichtlich:
   https://www.theologicum.de/?page_id=272

„Bekehrung" des Paulus
   http://4.bp.blogspot.com/-koVnqRHjEpE/UQLtoXTBqCI/AAAAAAAAHGU/kaJsMIoYpBw/s1600/IMG_5020.JPG

Flucht des Paulus
   https://www.google.de/url?sa=i&rct=j&q=&esrc=s&source=images&cd=&cad=rja&uact=8&ved=2ahUKEwjY4eGek-naAhWI-aQKHVZ3ChwQjRx6BAgBEAQ&url=https%3A%2F%2Fwww.alamy.de%2Ffotos-bilder%2Fsaint-paul-mosaic.html&psig=AOvVaw2EMJKT8JOt8VovYHoBgNdh&ust=1525423368020316
   https://zeltmacher.eu/wp-content/uploads/2017/12/218-Paulus-Flucht-Damaskus.jpg

Steinigung des Stefanus
   http://2.bp.blogspot.com/-L5X_ag8YHs8/UQLuCwx7tqI/AAAAAAAAHGc/yc8uVcejgWs/s1600/IMG_5024.JPG

Tod des Paulus
   https://upload.wikimedia.org/wikipedia/commons/thumb/f/fe/Dyck_Apostel_Paulus%40Nieders._Landesmuseum20160811.JPG/800px-Dyck_Apostel_Paulus%40Nieders._Landesmuseum20160811.JPG
   https://sammlung.staedelmuseum.de/images/829/stefan-lochner-martyrium-des-hl-paulus-832--thumb-xl.jpg

Predigt des Paulus
   https://morgenwacht.files.wordpress.com/2017/01/raphael-st-paul-preaching-in-athens.jpg?w=600&h=466

St. Paul vor den Mauern
   http://www.f-rudolph.info/images/romspaolofuorilemura1.jpg

https://encrypted-tbn0.gstatic.com/images?q=tbn:ANd9GcSw720L77m5KzUc
KkDKqE5EcnsMGz1Gw-WMWvfHeZJbjLg0GqPO
https://encrypted-tbn0.gstatic.com/images?q=tbn:ANd9GcTg2Jz-NLnTV5Kig-
d5GEig3f50P09QBR0XEC00mJeV2Z208gth9PQ

Bildquellen

Abb. 4: Teilansicht des Altarfensters der ev. Pauluskirche Gießen, Quelle: https://bibelwelt.de/paulus-starker-typ/

Abb. 7, 10, 16: Schnelle, Einleitung in das Neue Testamen, Göttingen, 9. Aufl. 2017

Abb. 8: Der Armensaal des Hôtel-Dieu in Beaune, Foto: Anaid de Remerk, lizensiert als CC unter Wikimedia Commons: https://commons.wikimedia.org/wiki/File:H%C3%B4tel_Dieu_Armensaal.jpg

Abb. 9: Innenhof des Hôtel-Dieu in Beaune, Foto: Stefan Bauer, lizensiert als CC unter Wikimedia Commons: https://commons.wikimedia.org/wiki/File: Hostel_Dieu_Beaune.jpg

Abb. 11: Vessel being tugged through Corinth canal, looking north, from the road bridge in the middle, Foto: FocalPoint 2006, lizensiert als GNU unter Wikimedia Commons: https://commons.wikimedia.org/wiki/File:Vessel_tugged_through_Corinth_canal.JPG

Abb. 12: Westliches Ende des altgriechischen Schiffkarrenwegs Diolkos über den Isthmus von Korinth (Griechenland). Erosionsschäden des unmittelbar angrenzenden Kanals von Korinth an der antiken Steinquaderpflasterung, Foto: Dan Diffendale, lizensiert als CC unter Wikimedia Commons: https://commons.wikimedia.org/wiki/File:Diolkos,_Western_End._Pic_04.jpg

Abb. 17: The ruins of the Temple of Artemis, at ancient Ephesus (Turkey) _ one of the Seven Wonders of the Ancient World, lizensiert als CC unter Wikimedia Commons: http://creationwiki.org/File:Temple_of_Artemis.jpg

Abb. 22: Römische Frisurenmode, Meyers Lexikon, 1927

Alle übrigen Abbildungen sind gemeinfrei oder wurden von Verlag oder Autor erstellt.